超级 漫画素描技法 基础篇

(日) 林 晃 松本刚彦 森田和明/编著
俞 喆/译

中国青年出版社 CHINA YOUTH PRESS
GRAPHIC-SHA

我们希望能把本书的主题——创想素描用图画简明地表现出来，于是便试着以“罐头”、“青蛙”和“思考”为要素画出了这张封面用图。（全体作者）

卷首语

“这是把假的东西画出真实感的技术吧。”（松本）

“就算分明是假的，也要画成好像是真的那样，这就是动漫啊。”（森田）

——对谈内容摘录

一直以来，“素描”技法是通向“真实”的道路。然而，动漫并不是“真实”的世界，而是由“仿佛真实”、“经过变形处理的绘画”所构成的世界。“仿佛真实”就意味着与现实存在差距。为了让作品具有真实感，不能依靠写生的手法，而必须去掌握创想式的绘画方式。这正是本书所要讲解的内容——“超级漫画素描”。

目录

第1章

边想边画的漫画素描

素描是一项基础的绘画训练，一般要将石膏像、静物或模特置于面前，以画笔捕捉其形态。通过仔细地观察，将对象描画下来是素描的特征之一。与此相反，进行漫画素描创作时，并不看着对象。

虽说在进行漫画素描时，偶尔也会参考照片资料或动漫人物，边看边画，然而动漫业通常要求在有限的时间内画出大量高质量的作品。动漫制作原本就是从不看样本作画的情况中诞生出的技术，这种技术是由根据理论和经验边想边画的方式来达成的。

或许我们可以把孩子们的涂鸦看作是漫画素描的雏形。不过，漫画素描在作画时必须运用各类知识和“头身比”等基本绘画技法，这样的作品具有儿童涂鸦所无法比拟的艺术性。

那么，就让我们来看看漫画素描从无到有的创作现场。

素描和漫画素描的区别

漫画素描的形式多种多样，有角色习作、涂鸦、影视场景的分镜头、参照写真集的练习作品等等。

取自漫画家速写本的截图

这是设定人物形象时的习作。通过描绘人物的各种姿势，来确定其性格以及动作、姿态的特征。

这是格斗动作的习作。通常还会加上效果线、表现速度感的斜线等常用的漫画处理手法。

这些是漫画涂鸦。把自己喜爱的动漫作品中的角色或场面画下来，也是一项重要的绘画练习。不断积累作画经验能提高作画能力。

除了一丝不苟地描绘目的明确的事物之外，轻松地去画大量涂鸦也会带来长进。平时随心所欲地把自己感兴趣的东西画个够，从中可以培养出边想边画的漫画素描技巧。

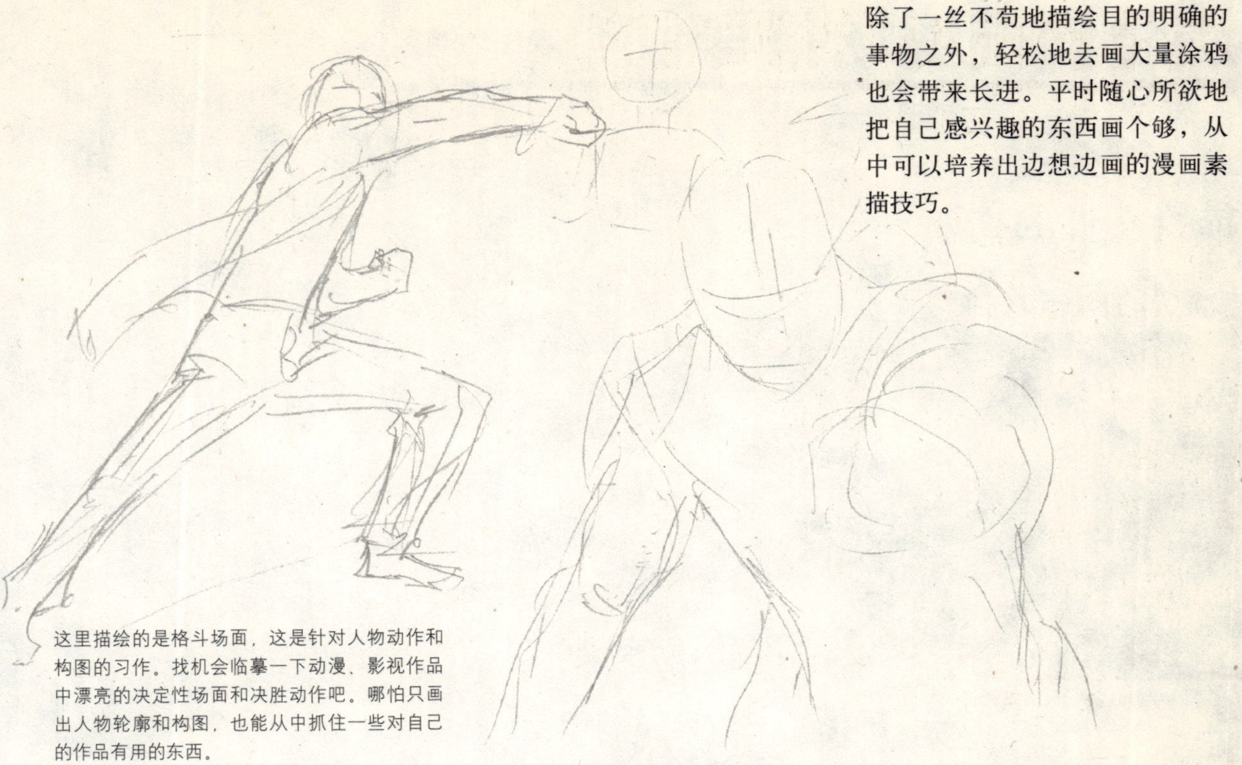

这里描绘的是格斗场面，这是针对人物动作和构图的习作。找机会临摹一下动漫、影视作品中漂亮的决定性场面和决胜动作吧。哪怕只画出人物轮廓和构图，也能从中抓住一些对自己的作品有用的东西。

这是根据照片资料仔细画下的习作画面。除了人物以外，也试着简单地画一下背景吧。

这是局部特写的习作。要通过大量的练习来研究如何表现眼珠和睫毛。

漫画素描现场报导——1、森田和明篇

让我们去看看运用漫画素描表现人物的作画现场。
(报导人：林晃)

描绘女性的立姿

“突然就提笔画了起来”

“粗略地画出人物外形。”——通常这一步也可以被称为画出大概轮廓或草图。那么，森田先生所谓的粗略是—

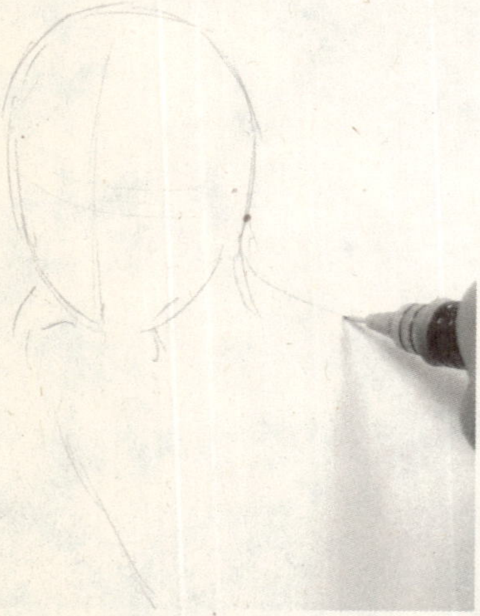

人物的头部和上半身逐渐被画了出来。究竟人物长成什么样子、会摆出怎样的姿势，这些问题的答案只有正在作画的森田先生知道。我们在一旁安静地注视着这个人物的诞生过程。

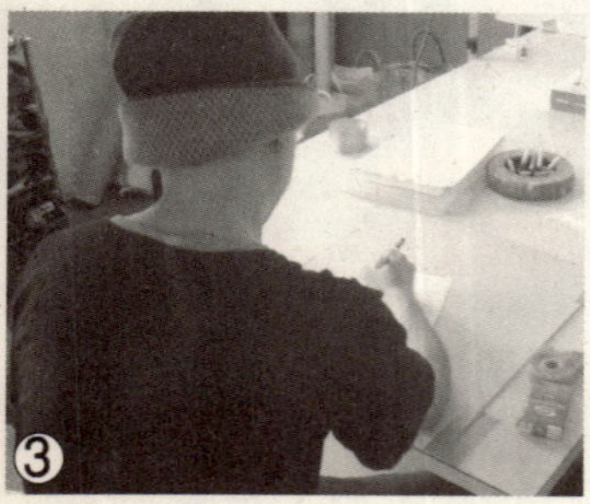

森田先生握笔的手不断挥动，于是—

才过了几秒钟，人物全身的概貌便在纸上呈现出来了。森田先生没有使用橡皮，就用活动铅笔一口气把脑海中的形象画了出来。

转眼间，充满魅力的身体线条和面孔就画出来了。

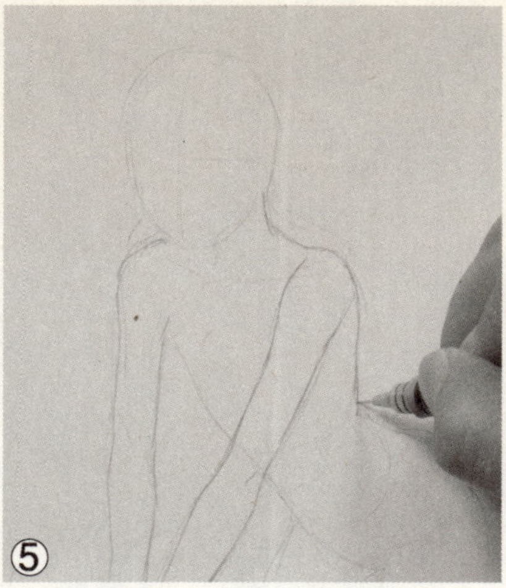

⑤ 把画好的线条描一遍，让原本淡淡的轮廓线变得清晰。这就是漫画创作中的勾线过程。

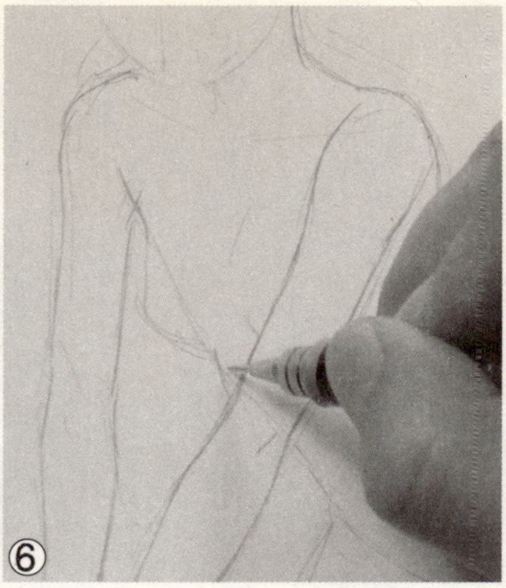

⑥ 在平板状的躯干上画出胸部。胸部的大小和形状可以根据需要自由发挥。

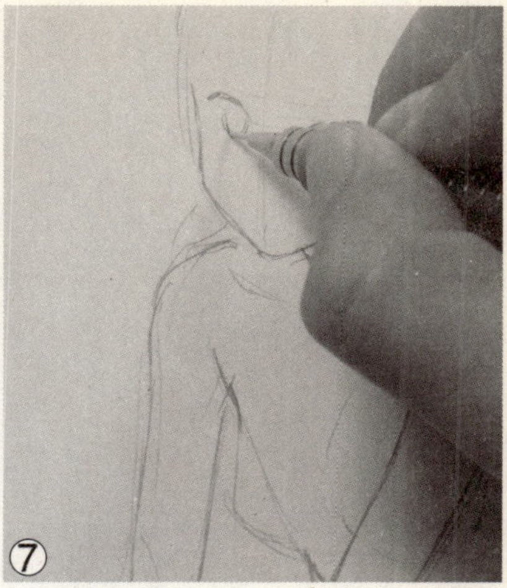

⑦ 还是一点也不用橡皮，在清晰地勾勒出脸部轮廓后，画上眼睛。

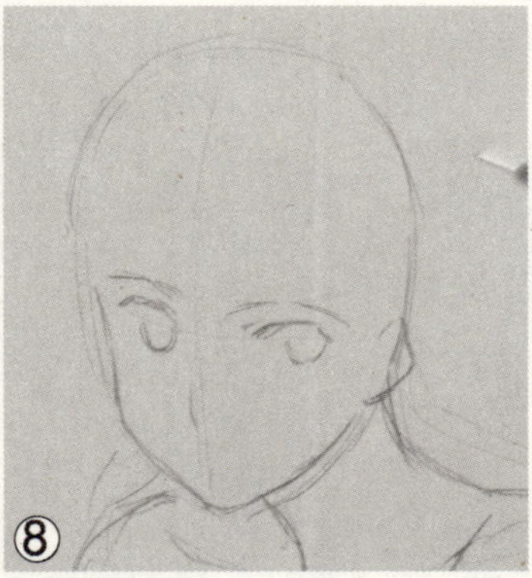

⑧ 看起来好像和尚头，即使在外行人看来，这样的头形也显得不太对劲。

⑨ ″脑袋看上去扁扁的吧？因为只画了大概轮廓，就像这样，在画头发的时候把头形修正。″我们看出森田先生正在调整后脑勺的体积。

⑩ 森田先生挥动活动铅笔，画出柔顺的头发。″如果头发画得好，就能给画面带来动感，同时也能让人物出彩。头发是表现人物的重要一环。″这下人物应该算是基本成形了。

“接下来要进行漫画中的勾线工作”

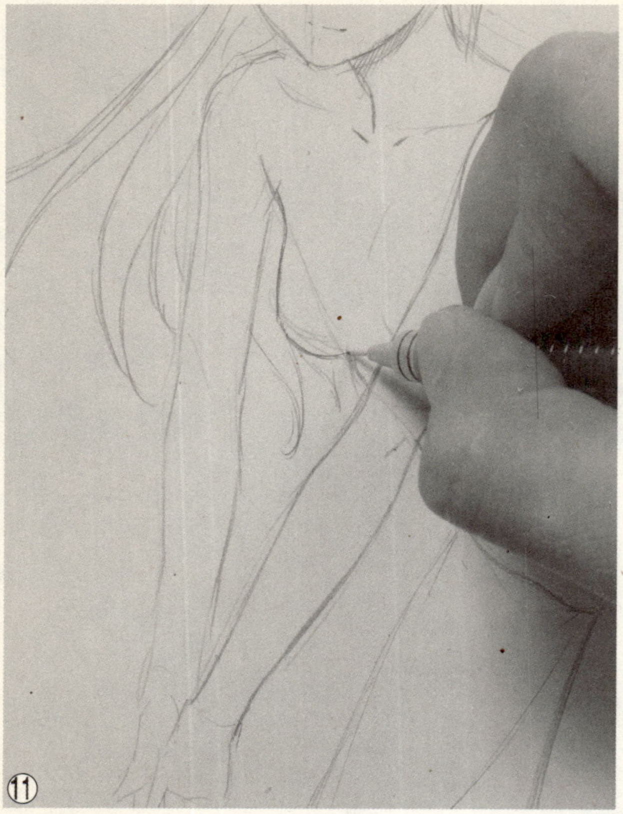

“还没完成呢，” 森田先生说，“如果要作为正式草稿，那么就得把轮廓线再清晰地描绘一遍，这样一来在复制线稿时就能看得比较清楚。” 在做当前的工作时总要考虑到后面的事情——无论什么领域的专业人士都会采取这样的态度。

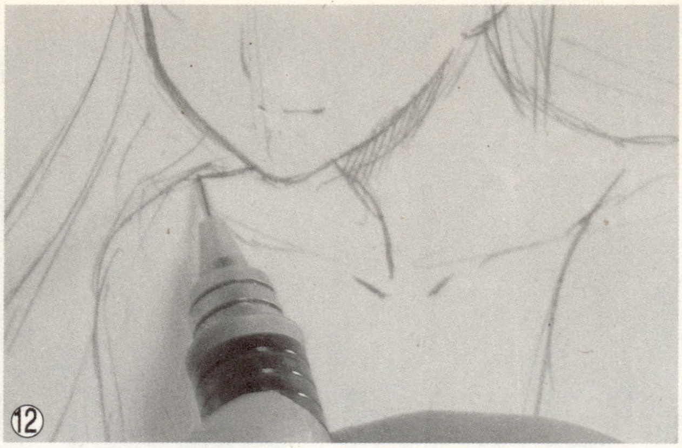

从开始作画直至完成草稿，经过了画出大致轮廓、描线调整、再画出确定的轮廓线这三次勾线的过程。画轮廓线竟然如此费功夫，这令我们大吃一惊。上图是从开始提笔作画五分钟后的状态。

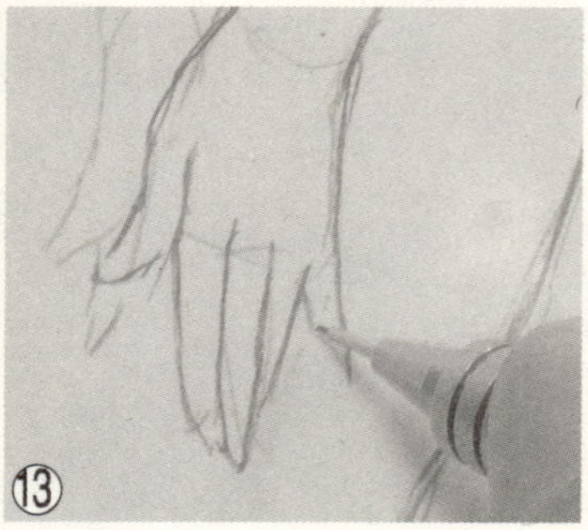

“让手指翘起来可以带来可爱的感觉，这令女孩更具魅力。手指的粗细一定要统一，这一点不容易做到，所以要用心去画。”

画上眼眶和眼珠，大大加强了人物的生命力。“刚才的确是未完成状态啊。”

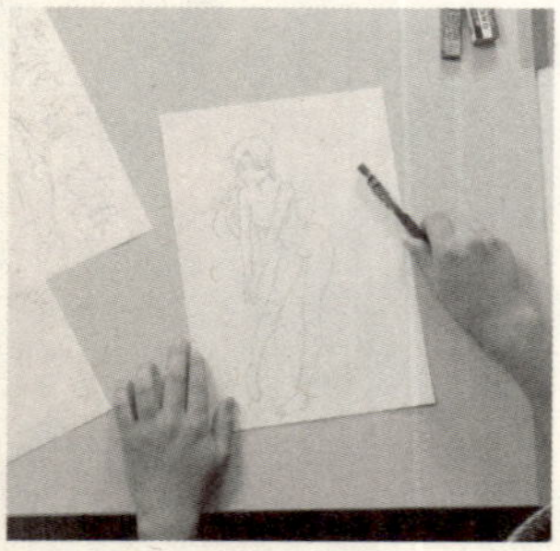

“好了。” “完成了？” “嗯，算是告一段落了。”

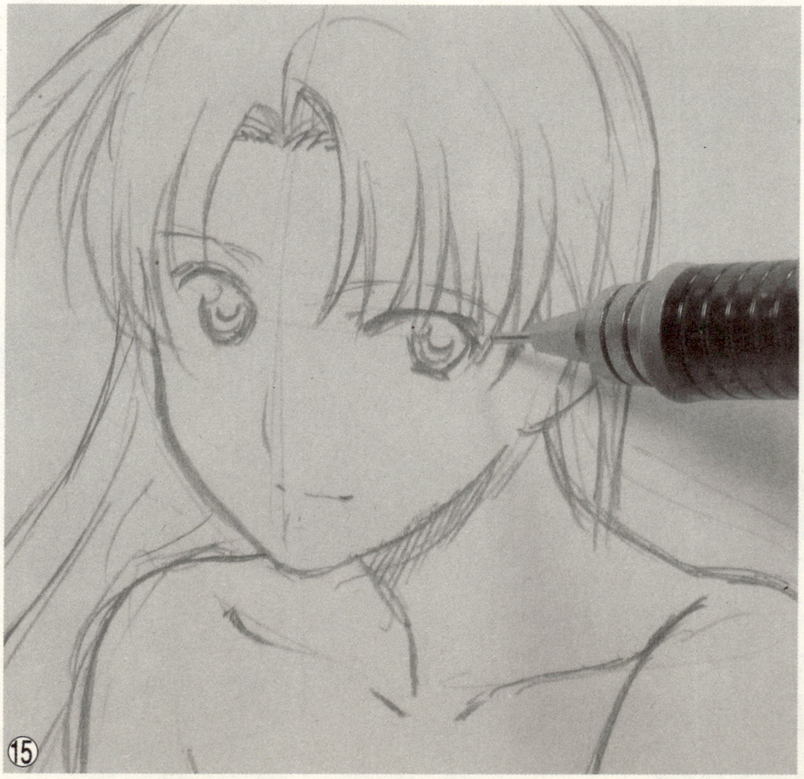

最后描绘头发，加工眼珠里的线条。到这里草稿终于完成了。从提笔作画开始一共用了十分钟左右。

“漫画草稿完成了，客观地对其进行观察，接着再进行修改工作。”

【作画要点】

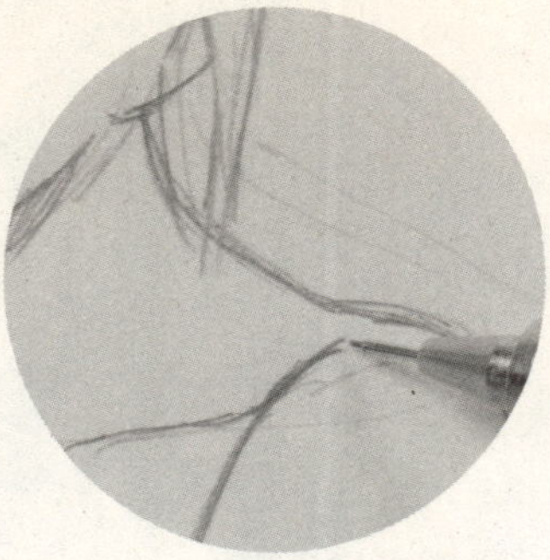

“肩部。从颈部延伸出来的线条和连接上臂的肩膀线要分开，这样能表现出肩膀的圆润感。”

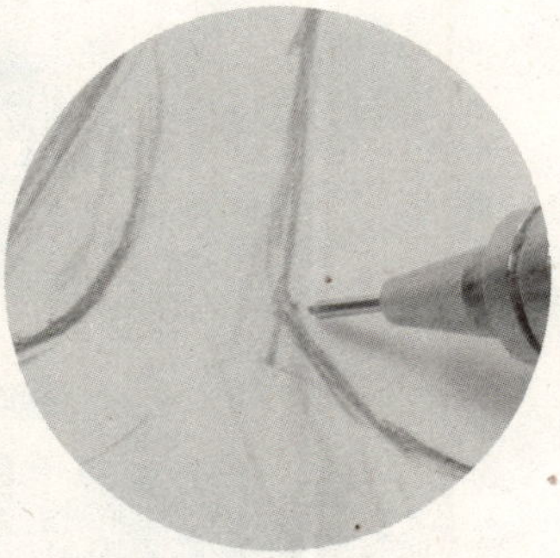

“腰部。将上身的线条稍微拉长到腰部线条之内，这能让身体显得立体。”

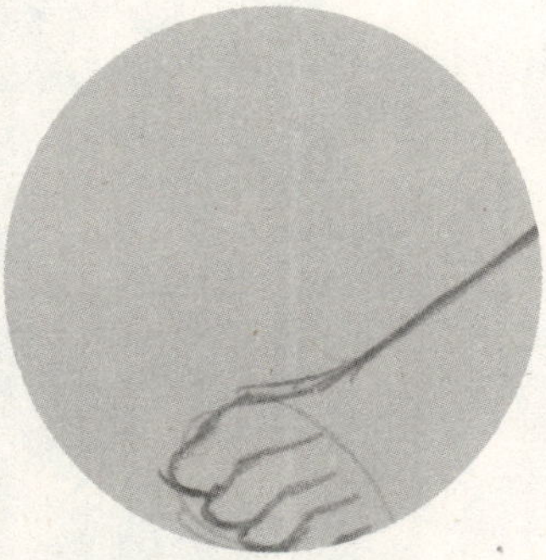

“脚趾虽然小，但如果不用心去画，人物就会从整体上显得干瘪，所以一定要小心。”

“一直到最后都没有用橡皮呢。”
“不，接下来我要重画腰和腿。”
一般来说，接着还要进行反复修正和重画。据说，画好一张草稿实际要花上一小时甚至半天的时间。“可不要以为十分钟就能画完一张啊。”森田先生说。

描绘女性脸部特写

描绘脸部轮廓的阶段

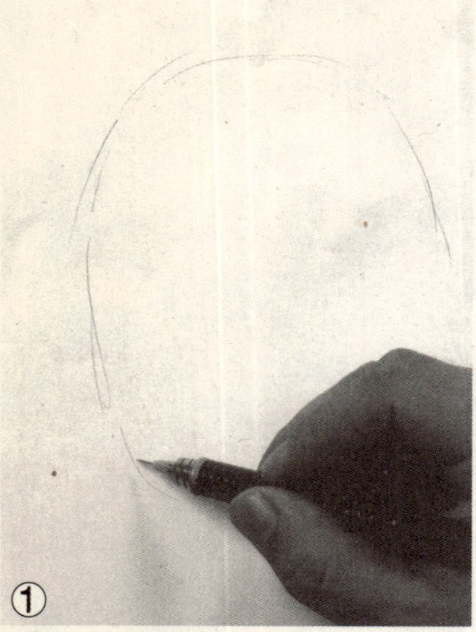

①

用很淡的线描出圆形的大致轮廓。

②

一点点拉出相互衔接的线条。

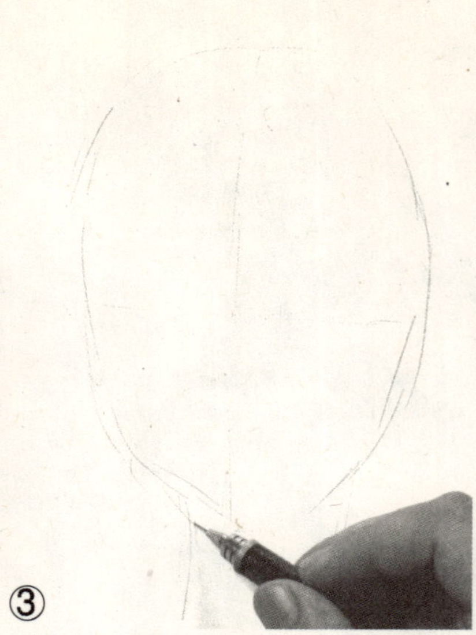

③

在脸部画上一个很浅的十字，再画出脖子部分。

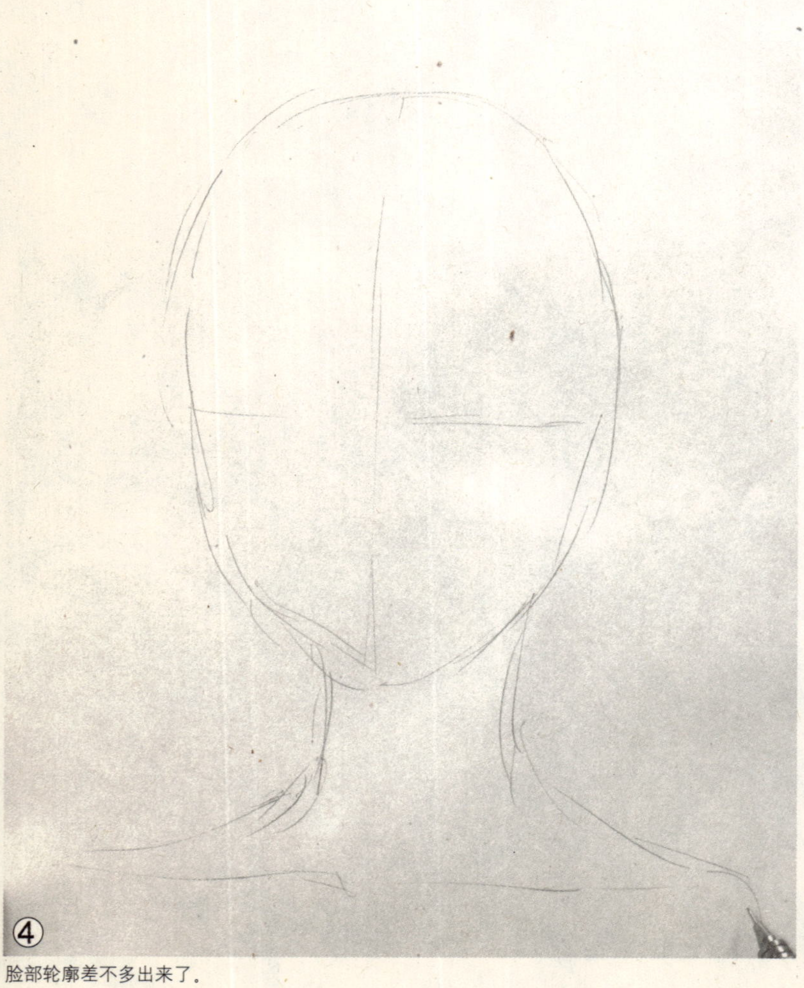

④

脸部轮廓差不多出来了。

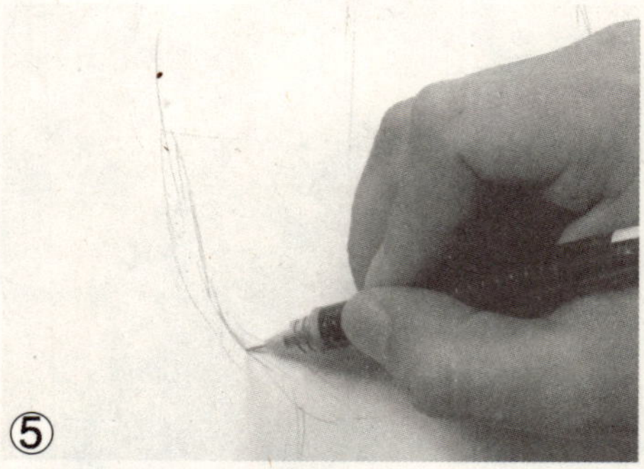

⑤

调整从脸颊到下巴的轮廓线。

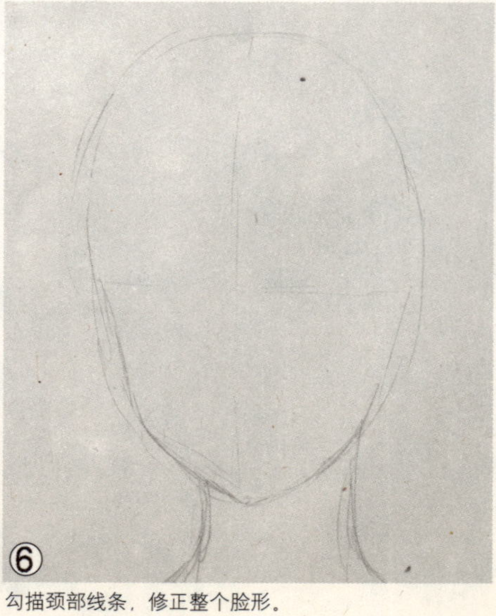

⑥

勾描颈部线条，修正整个脸形。

粗略描绘五官和头发

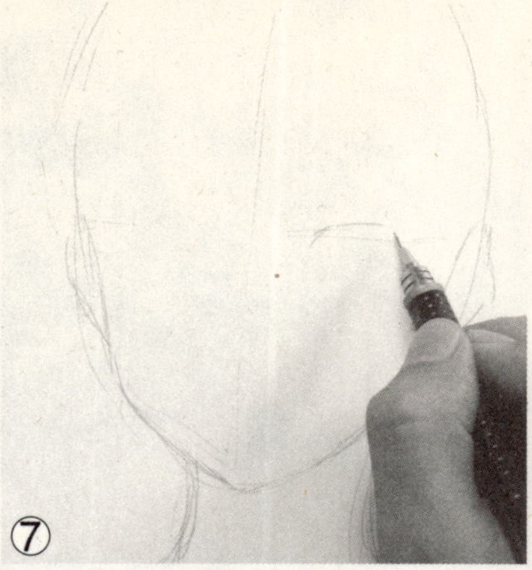

用比之前稍浓的线条作画，但也不要太用力，是用橡皮能轻轻擦去的那种线条。

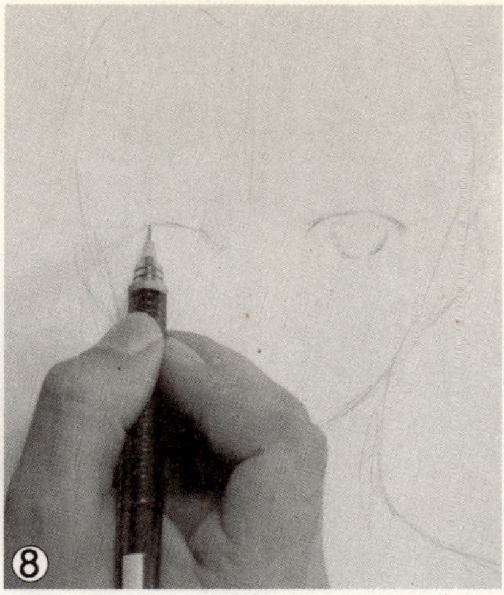

根据右眼的形状和大小，画出左眼的轮廓。

修整脸部的轮廓。

人物的前发是否遮住额头会带来相当不同的印象，因此要从刘海开始画发型，逐步确定人物形象。

修正颈部的线条

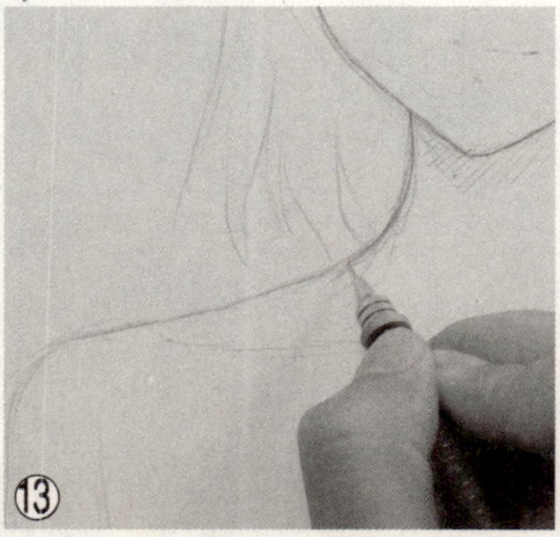

明确地画出头发线条后，再把肩膀的线条勾勒清楚。

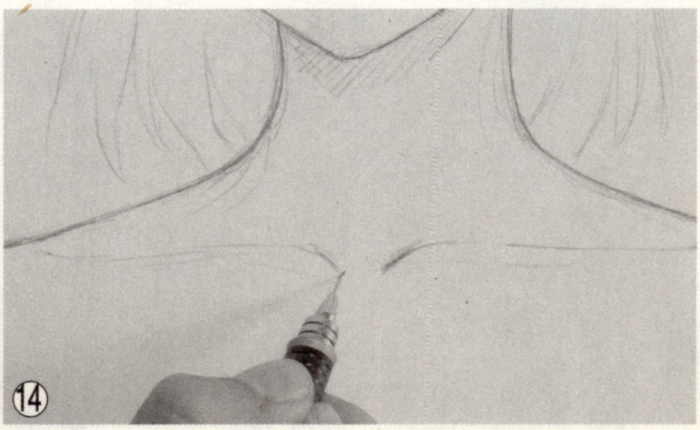

加上锁骨，为人物带来立体感。

修正眼睛、头发和嘴。

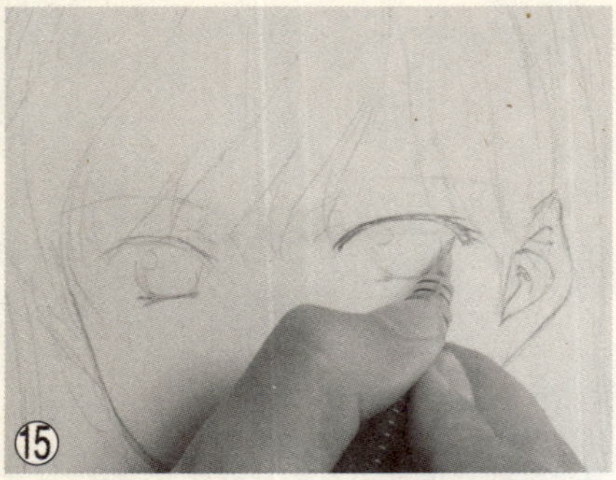

上眼皮的线条要画粗画浓，令眼睛显得有神。这样一来人物能给人留下强烈的印象。

和画人物粗略轮廓时的步骤一样，从刘海部分开始把头发清晰地勾勒出来。

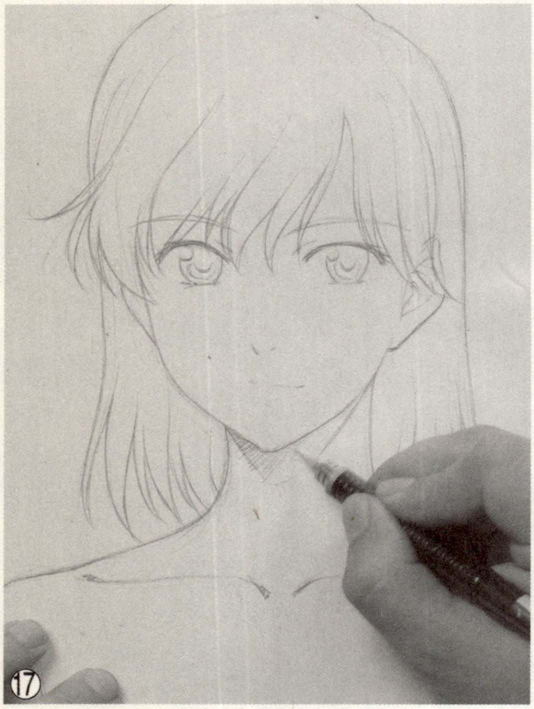

画出下巴下方的阴影，令头部显得立体。

眼珠的轮廓线要和眼眶线一样清晰有力地画出来。突出眼球的浑圆感，能让人物的目光显得明亮动人。

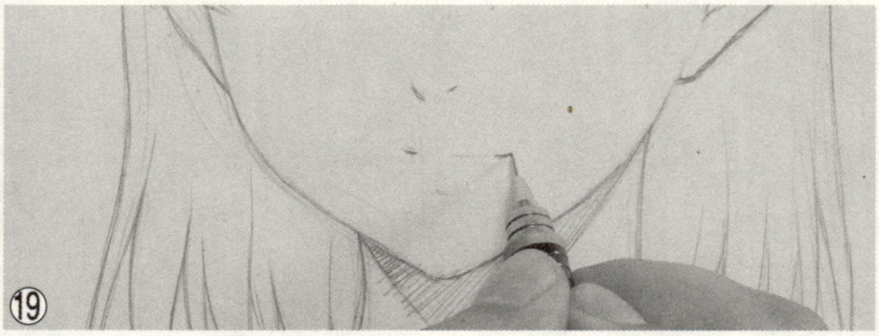

注意不要把嘴的线条画得太粗。嘴的两端要画得清晰有力，这样嘴角的感觉就出来了。

描绘躯干的线条

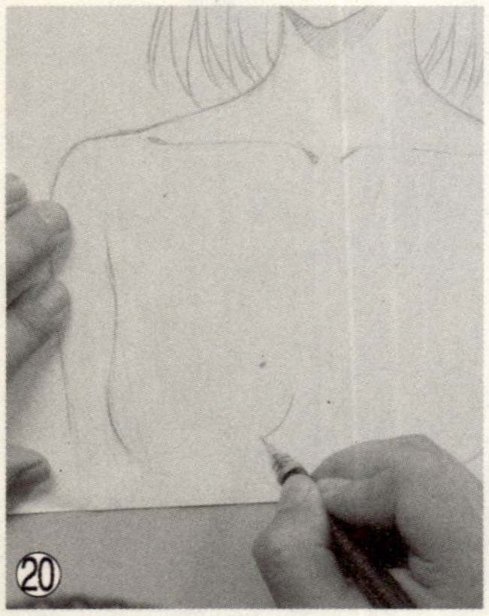

根据需要画出胸部。

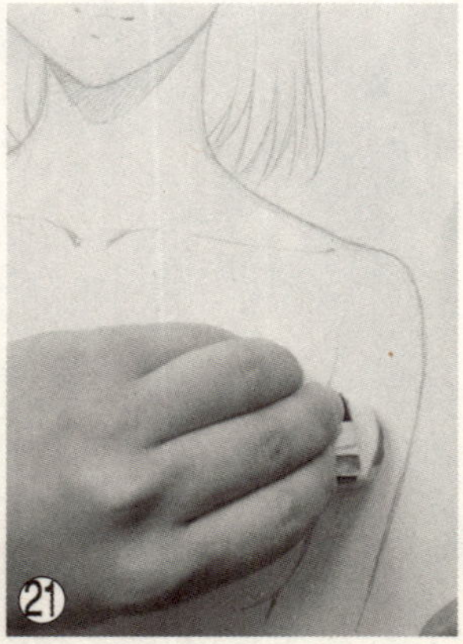

如果草稿线显得凌乱，让人看上去不舒服，那么可以用橡皮把杂线擦去，注意不要擦掉确定的轮廓线。

草稿完成。

完成的草稿

这张画稿上还留着最初那些细小的草稿线。为了让画稿的轮廓线显得清晰分明，初期的草稿线要画得非常淡。

漫画素描现场报导——2、松本刚彦篇

让我们去看看另一位画家的作画现场，从中了解漫画素描的共通之处。

描绘男性的立姿

“第一步是思考。”

①松本先生正在思考本次作画的内容。此刻的他就像是一名在放松状态中积蓄力量的武术家。究竟什么时候才会开始动笔呢？

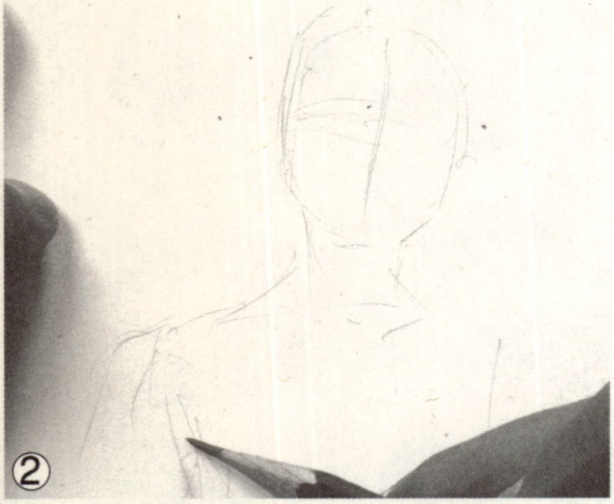

②经过深思熟虑之后，松本先生缓缓拿起铅笔，开始描绘人物头部和肩部的大致轮廓。他不断拉出短线条，把它们连接在一起。就这样，人物的上半身渐渐显现了出来。

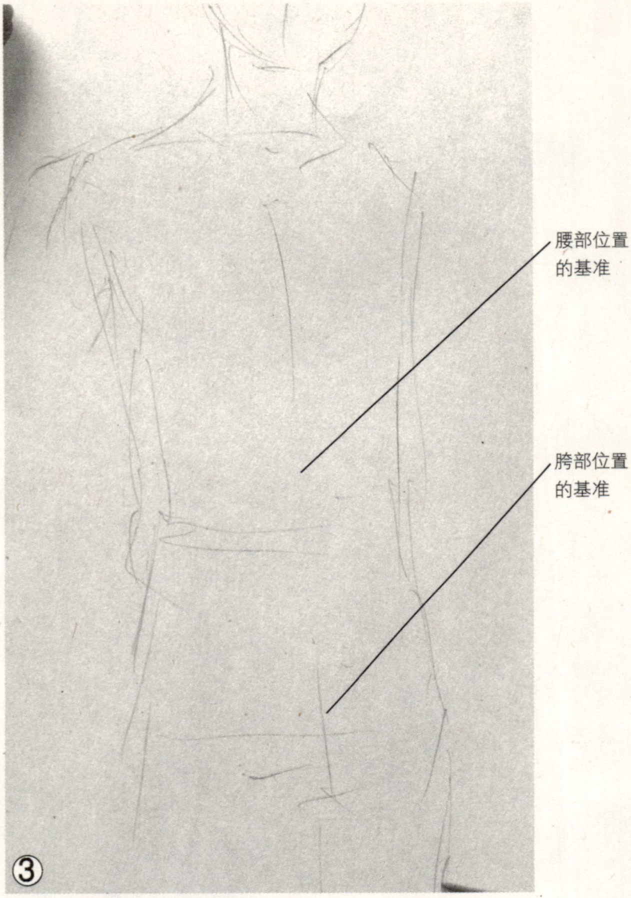

③在非常粗略地画出身体轮廓的同时，松本先生还随手加上了表示腰部位置和胯部位置的基准线。

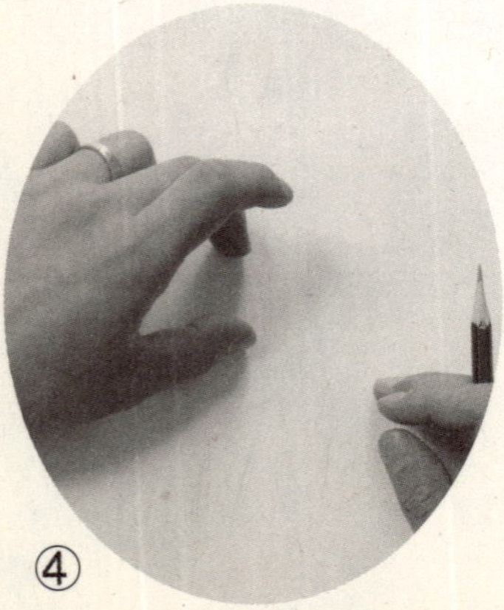

④松本先生用手大致确定全身比例。有些动作在我们这些旁观者看来根本搞不懂究竟是在做什么。

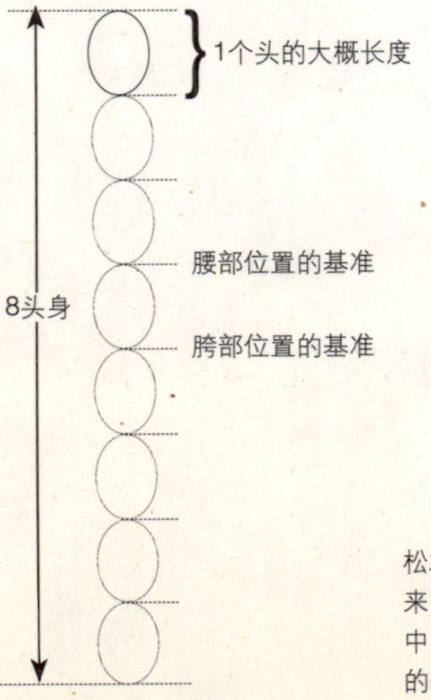

松本先生的动作果然是在用头身比法来确定人物的比例。“在绘画过程中，头身比法虽然粗糙，但却是作画的基础。”

“探索线”和“建构线”

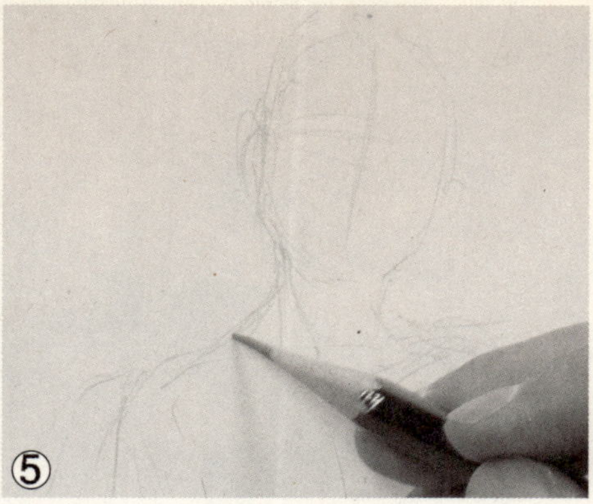

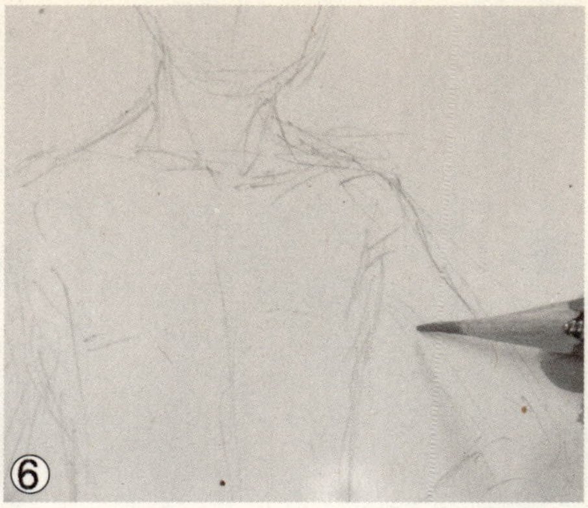

“这被称为‘不确定线’，作画时仿佛是在用短小的线条探索着建构出对象。”对松本先生的这些话，森田先生表示赞同，他接着说：“其中分为‘探索线’和‘建构线’，但两者的区分并不严密，感觉画着画着就创造出了人物形象。”

仿佛在编织一个形象，人物全身的形态在松本先生的笔下渐渐明晰起来。其中的实际过程如下图所示。

腿部被逐渐描绘成形的实际过程

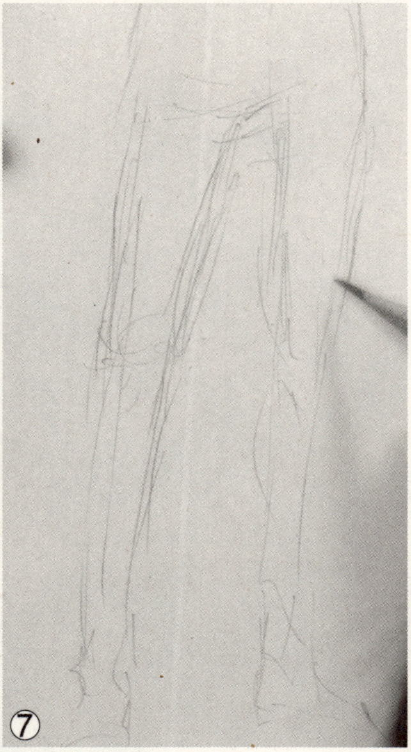

初期阶段的草稿线

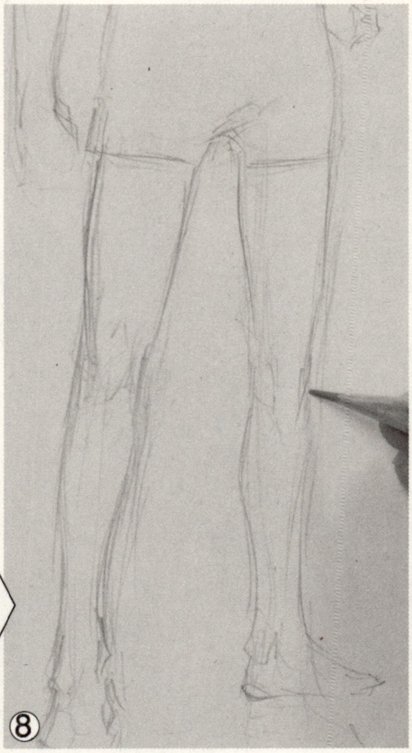

修整出大致形态的状态

草稿基本完成的状态

“要擦掉么？”

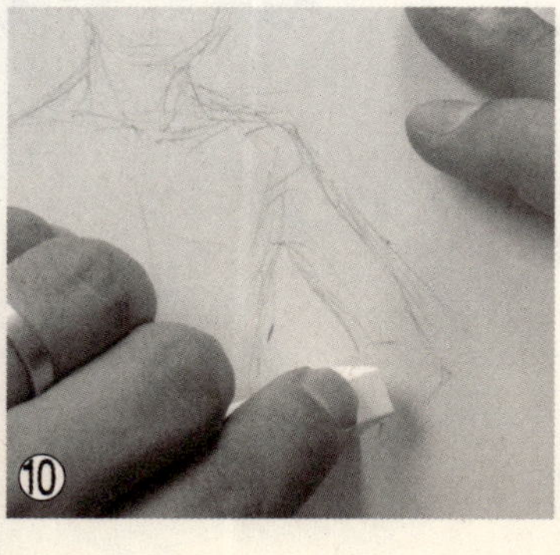

“手的位置画错了。”在顺着手臂准备开始画手时，松本先生突然拿起橡皮擦掉了一些手臂线条，这种瞬间判断是基于经验做出的。“您用左手拿橡皮擦？”

“嗯。因为这样不用放下铅笔就能擦，我已经习惯了。”

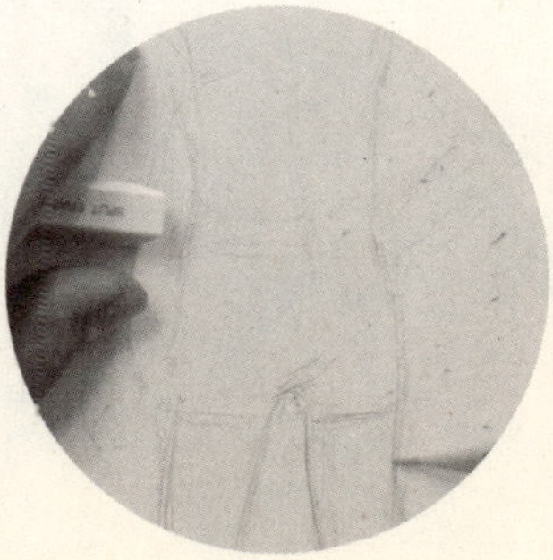

对习惯用右手的人来说，右手拿铅笔作画、左手拿橡皮擦可以加快工作速度。同时，因为不必为了拿起放下这样的动作而中断工作，还能保持作画的紧张感。

“在接下来的工作中，‘探索线’让位于‘建构线’”

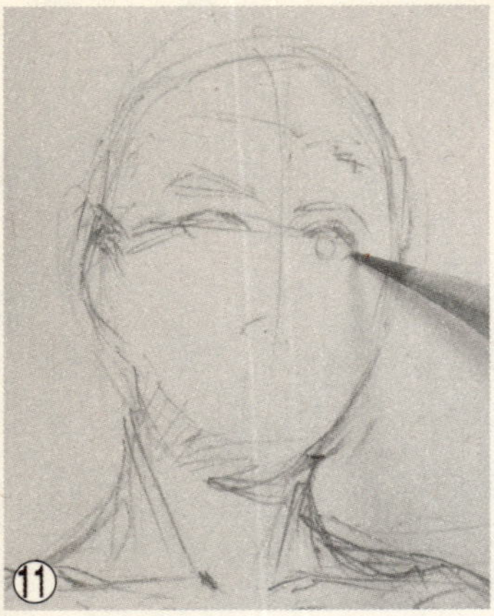

“有人喜欢从鼻子或者嘴开始画五官，但我喜欢从眼睛开始画。”

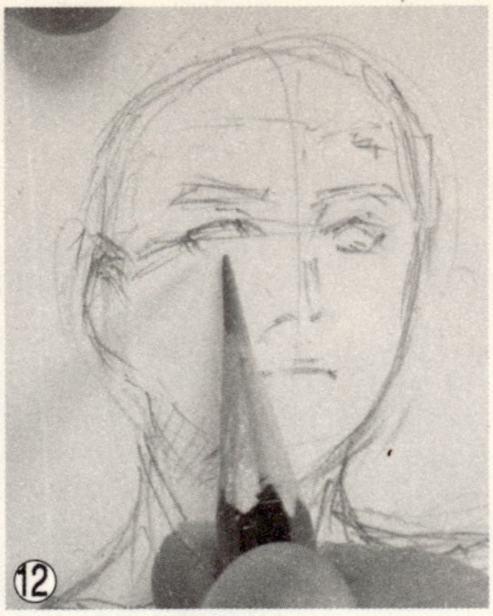

以一只眼睛为基准，画出另一只眼睛。“在画的同时注意保持左右的平衡非常重要。”

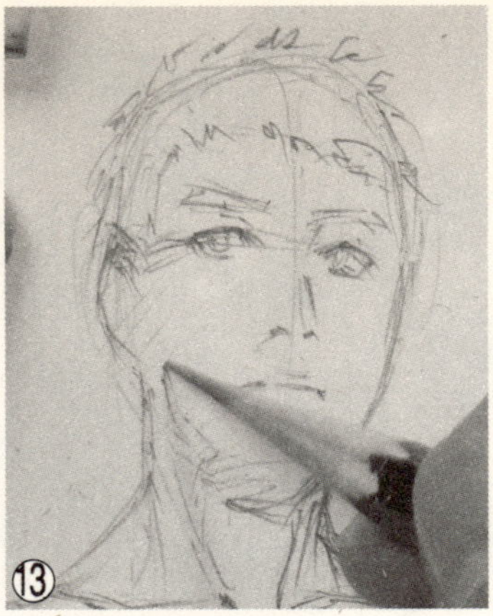

“您不画下巴的轮廓线么？”

“因为这是仰视型的构图，所以用斜线在下巴底部打出阴影反而能更好地表现这种角度。”

描绘连续的整体

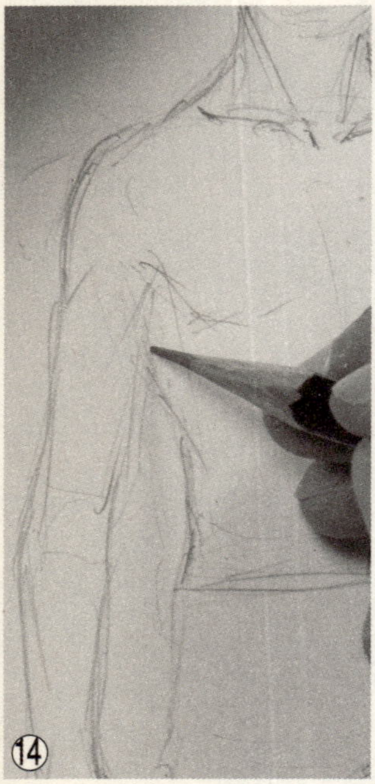

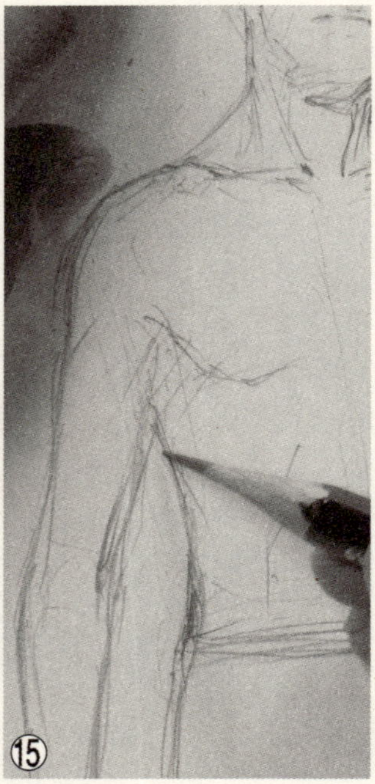

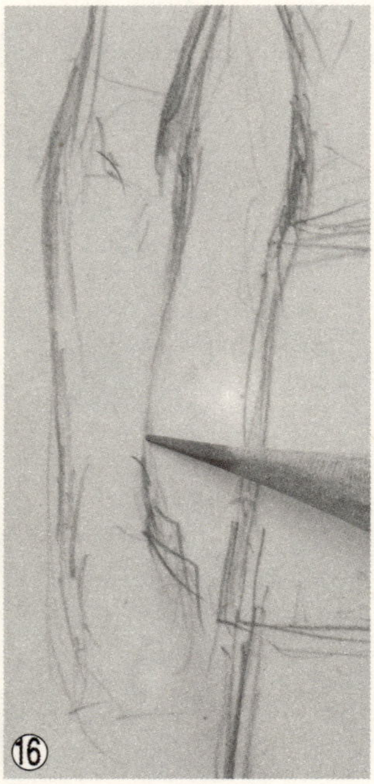

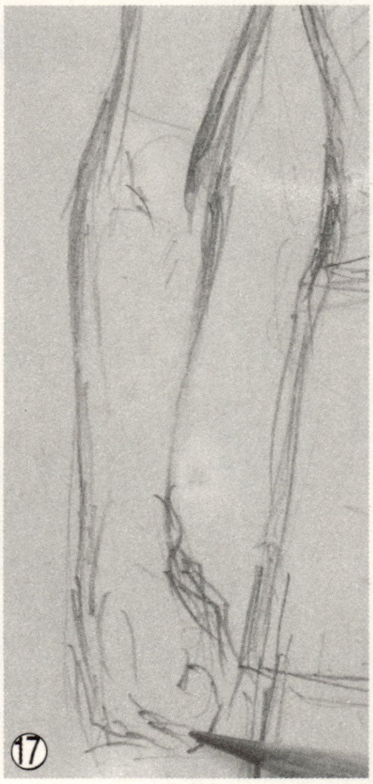

松本先生把手臂内、外侧以及手腕到手的部分作为连续的整体画了出来。“手臂和手虽然是两个部分，但最好表现出它们与躯干相连的感觉，这样能使其显得安稳自然。”

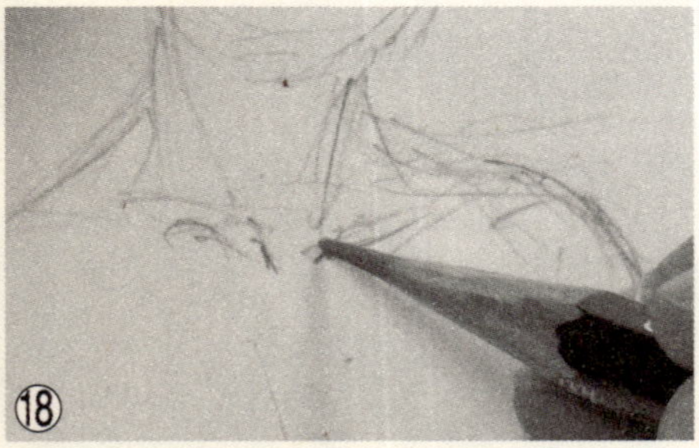

“画锁骨的时候，要表现出颈部与肩部的连接感。不能简单地认为这只是一个位于颈部下方的部位，锁骨是人体上半身的关键部位。”

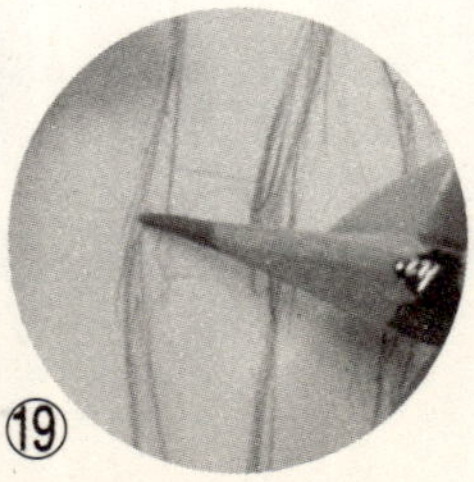

对肘骨的强调，要在重新审视画稿之后再动笔。

“这应该是最后一步了。”

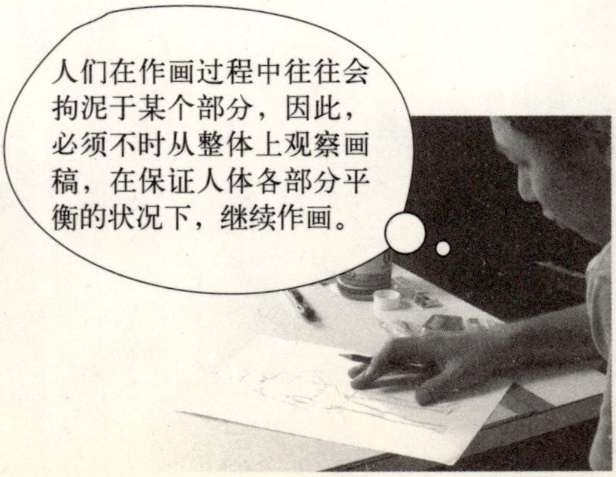

完成的草稿

【作画要点】

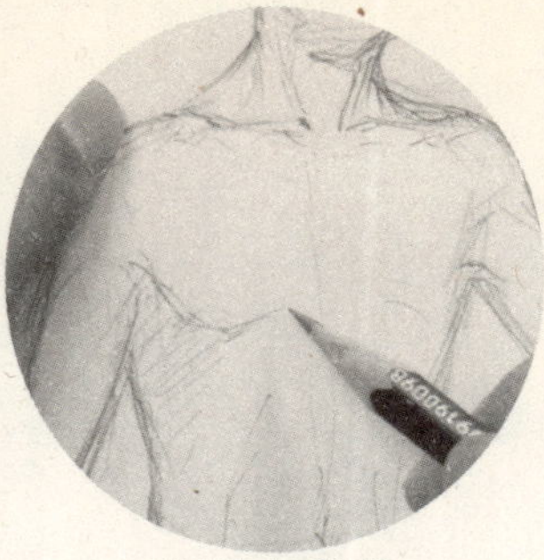

用笔触来表现阴影。

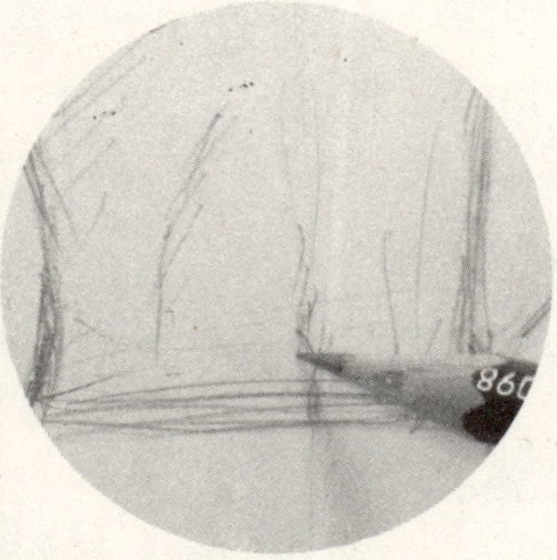

用浓重的线条来表现肚脐的部位。

"由于画的是男性，因而可以强调拳头上骨骼的突起感。"

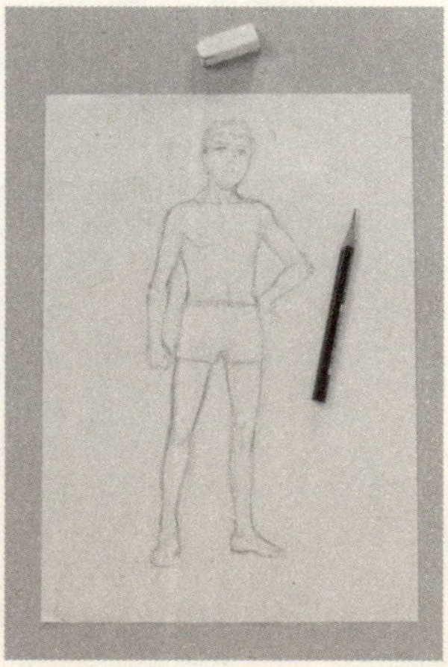

完成

尝试描绘反向图

“漫画素描”是一项“无中生有”的绘画技巧。这次让我们来看看根据样本以“有中生有”方式作画的现场。我们请松本先生来画刚才那张男性立姿图的镜像图。

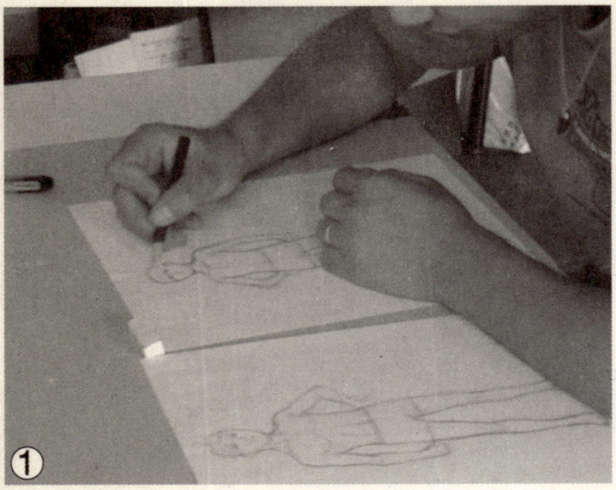

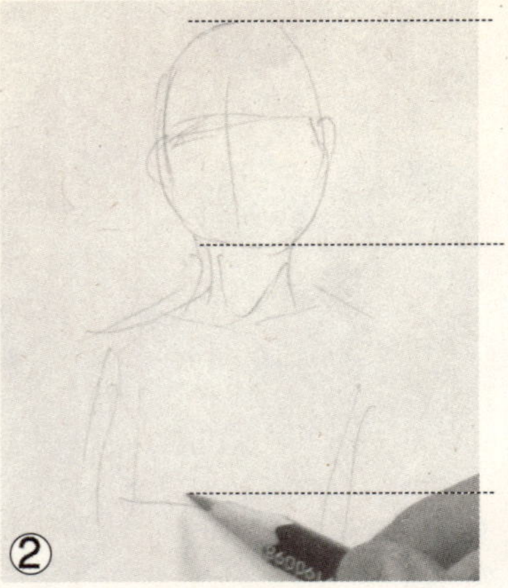

在描绘大致轮廓的时，淡淡地画出胸部、腰部、胯部位置的基准线。

在描绘大致轮廓时，八成的注意力要用于观察整体情况。

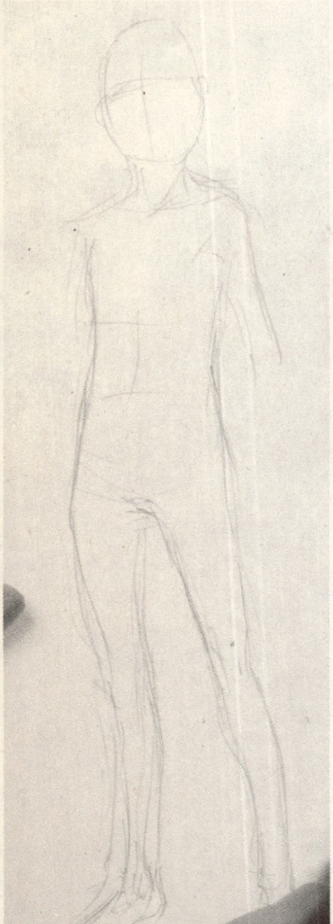

先画出全身的概貌。由于有资料可以参照，要画的姿势已经确定，所以作画过程顺畅了许多。在这个阶段中，八成的注意力用于对人物整体情况的关注，二成的注意力投注于针对某个部分的作画。

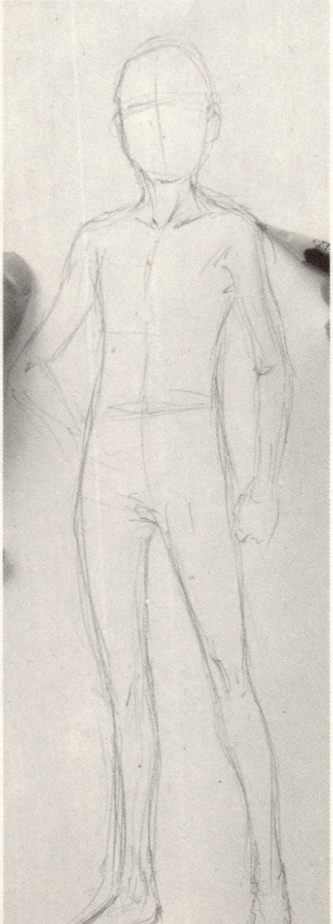

一边修整线条一边画出手臂。因为已经有了大致轮廓，所以在这一过程中，有八成的注意力集中于正在描绘的具体部分上。

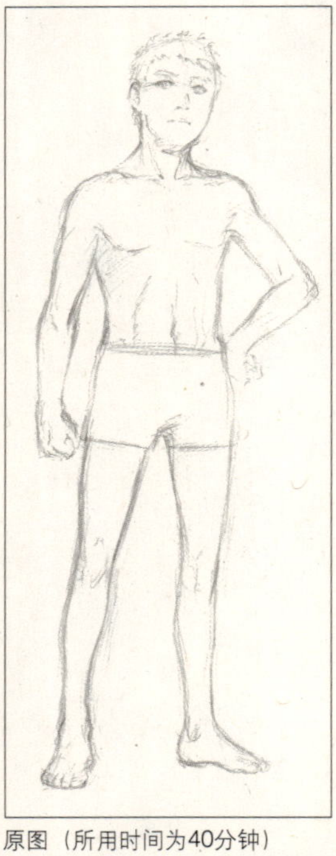

原图（所用时间为40分钟）

完成的镜像图。与原图相比，人物的头部稍稍向下，这样更具有安定感。（所用时间为10分钟）

漫画素描是能够迅速画出生气勃勃的人物的技法。由于其基本方式是“把握大致轮廓后再作画”，所以如果有现成资料可以参照的话，就能更加快捷地完成画稿。

通用于脸部特写和全身画的圆和叉

松本先生和森田先生作画时的共同点在于从大致轮廓线开始描绘。脸部的基线被称为“圆和叉”，这是漫画素描基础。

圆和叉是漫画素描的基础

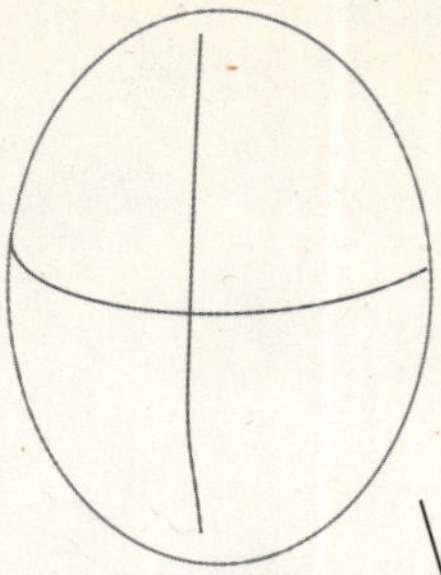

粗略的圆形加十字（即圆和叉）构成了脸部概貌。

【描绘脸部特写】

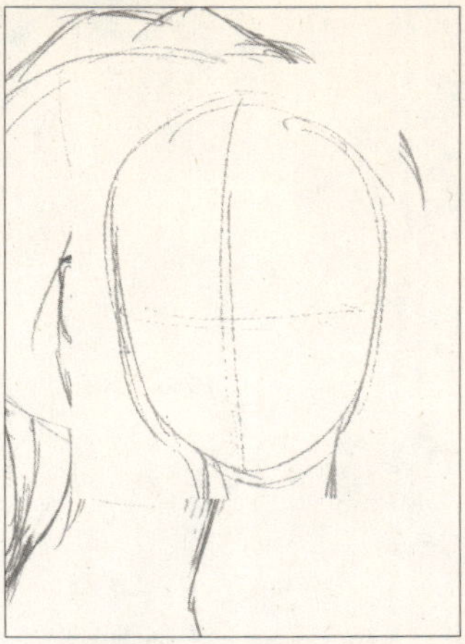

在大概的位置上勾勒出一定大小的脸部轮廓。

在纸上画出差不多占满整个画面的脸部特写。

【描绘全身】

根据纸张的大小，确定全身图中头部的位置和大小（上图为6~7头身的人物）。

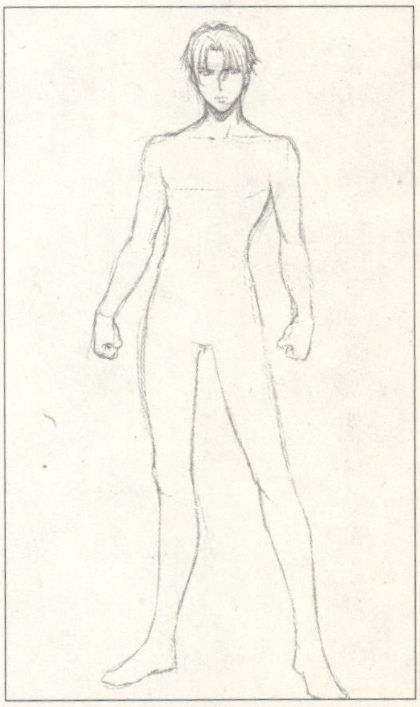

人物全身撑足了纸面。如果人物身高的头身比较低，那么可以把头部再画得大一点。

画全身人物时，诀窍在于首先要根据人物的姿态和头身比画出头部的大致轮廓。

“拍摄动画是相当辛苦的。这本来是幕后的工作，但动画片以及监视屏上那些活动的影像又直接决定了我们的成败。作画充满着烦恼。让我们大家一起在烦恼中不断提高吧！”（松本）

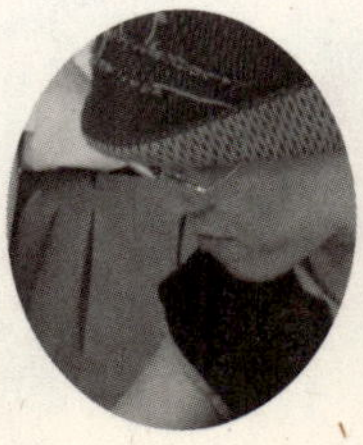

“嗯，我和松本君的看法一样。别因为看上去画得很快就轻易认为我们的工作可以迅速完成。其实我们在平时要画大量各种各样的事物，反复地试验改进，烦恼不断。”（森田）

松本刚彦
森田和明
这两位起先从事动画、游戏的角色设计工作，接着在经过原画工作的磨练后成为绘画总监，是受到瞩目的画家。他们初中和高中都是同校同级，在一起切磋讨论的历史已经超过了20年。两位都曾画过漫画原稿，是以才华和努力引起业界关注的人士。

（报导人：林晃）

漫画素描是创想的基本能力

通常意义上的素描就是写生画，因而观察力是其重点。然而，动漫人物都是经过变形处理的。在动漫作画工作中，即便可以将观察作为基础，也不能直接照着画，这项工作所依靠的是具有表现性的描绘力。

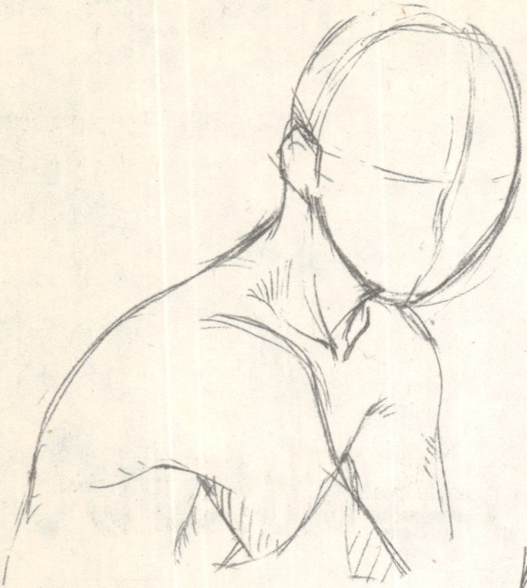

在动漫这一商业绘画的世界里，原本就不能只依靠一般性的素描。随着时代的发展，基本的绘画技巧更是越来越难以通用。除了作为基础的基本素描能力，还需要对角色进行变形、重构，以及让角色自由活动的作画能力。适应这种需要的绘画技巧就是漫画素描。

无论要描绘怎样的场面，即便是专业人士也会带着困惑去推进作画过程，经过努力后最终完成画稿。或许困惑正是画出好作品的一项条件。通过本书掌握了基础性的漫画素描之后，就能进一步创造出更为丰富的属于自己的表现世界。

第2章

漫画素描中画脸的基础知识

漫画素描并不是什么特别的东西，只是相当普通的绘画技巧而已。

那么就让我们先来学习如何画脸。画脸的方法基础中的基础是“圆和叉”。这是只要略懂动漫的人都知道的。

“圆和叉”是漫画素描世界的起点。

脸部轮廓（圆和叉）的基础

人物从“不确定线”中诞生

从圆和叉的基本轮廓线开始，以线条经过数度勾勒，人物才得以成形。一边画一边思考、边想边画得到的结果是大量“不确定线”的堆叠，而作为目标的人物轮廓以及各个部位就从这里诞生出来。

圆

＋

叉

‖

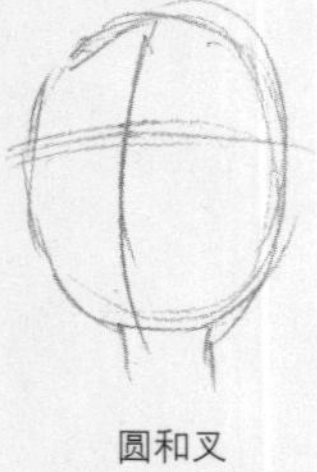

圆和叉
（圆形和十字）

相当简略的“圆和叉”。可以将之作为下笔作画的第一步。

大致的圆形轮廓线

大致的十字交叉线

在圆和叉基础上反复描绘而成的线条的集合（“不确定线”与“草稿线”的线条组）。

草稿完成

请用心描绘大致轮廓线来创造角色。

人物的代表性变形形式

眼、鼻、耳等五官和脸形可以根据变形形式大致构成四种风格。

【圆和叉】
适用于所有形式。

对于写实风格的人物，如果在实际情况下这种角度是看不见右耳的，那么就不要把它画出来。

【写实的形式，变形很少】
写实绘画、写实风格漫画等。

【略微经过简化处理的形式】
少年漫画、青年漫画、女性漫画等。

对于漫画风格的人物，可以把实际看不到的右耳也画出来。

【简化并加工后的形式】
儿童漫画、少年漫画、四格漫画等。

【更加简化的形式】
四格漫画和插画等。

用简约或符号化的方式描绘角色，可以产生出无穷的变化。这种方法可以将人物情感清晰地表现出来，是一项最为基础且有效的技法。

圆和叉是头部的概略图

～从“概图”开始作画～

头部（圆和叉）是人物大小和朝向的基准。

【圆和叉是脸的大致基准】

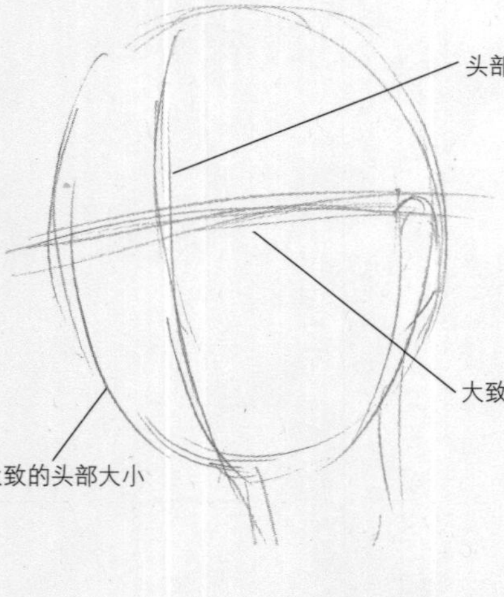

【参考：脸部各部分的位置基准】

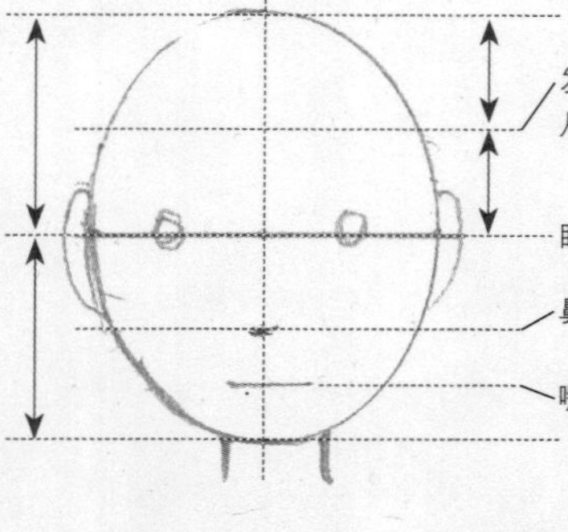

圆和叉决定了脸的朝向

画出大致轮廓是为了决定对象的大小和朝向。圆和叉不用画得非常仔细精确，关键在于要在粗略中体现出“朝向和大小”这两个要素。

即使是很小的画，也可以用圆和叉来表现大小和朝向。

包括人物身体的画要比只呈现脸部的画来得多。另外，也不可能总是只画单人图。根据大致轮廓来进行构图，是画出画面简明概况的基础技巧。

抓住大致轮廓的构图是决定作品好坏的关键点。

画脸的顺序

有了大致轮廓后，既可以从外（轮廓）开始画，也可以从内（五官）开始画。

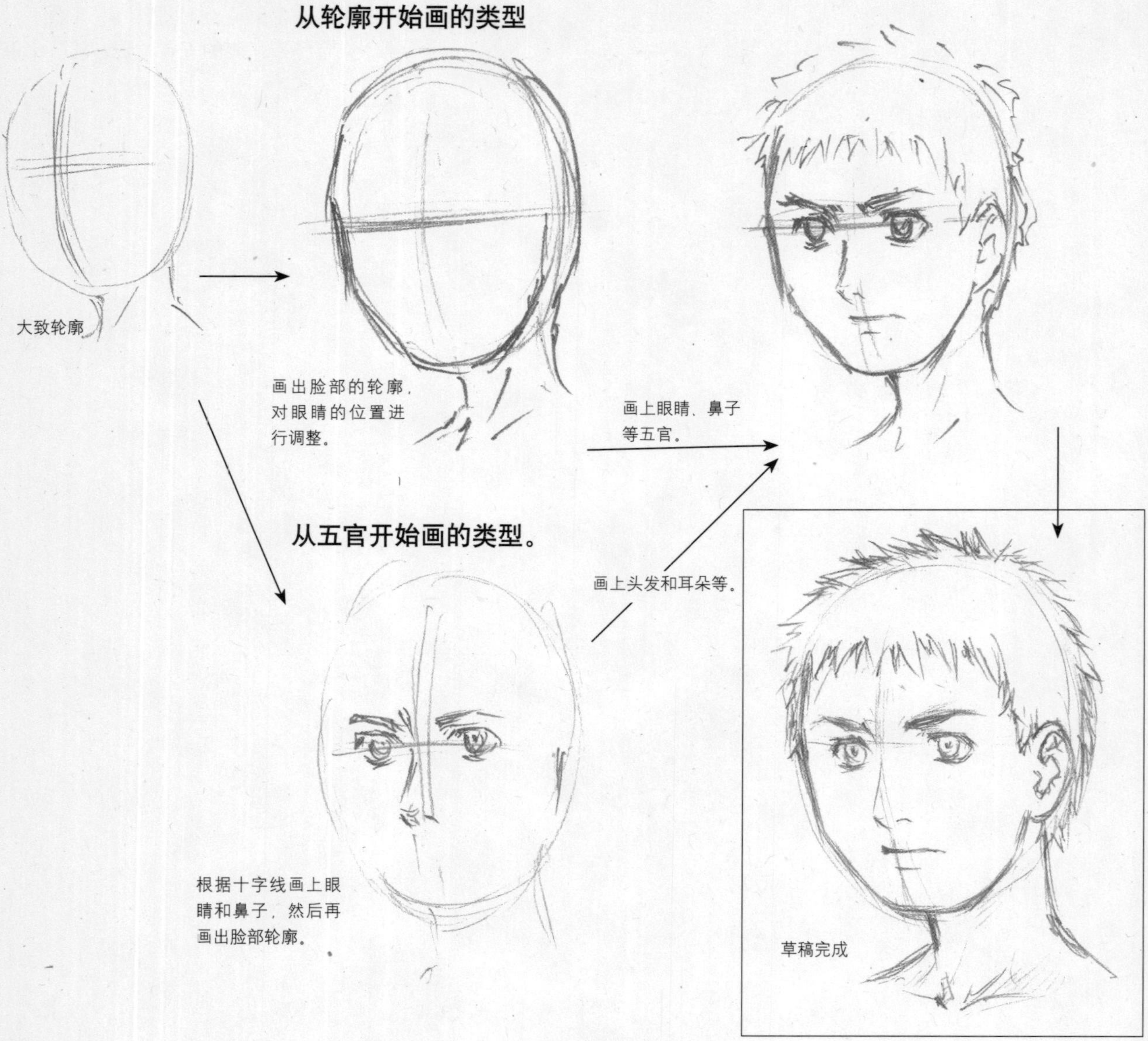

从大致的圆形开始边画边修整脸形

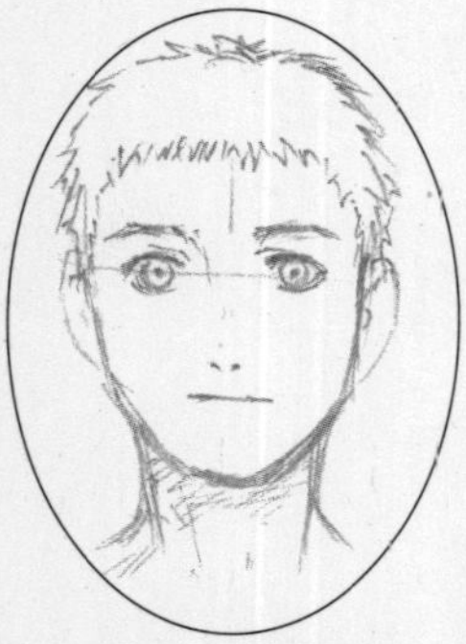

描绘长圆脸的人物

【方法1】

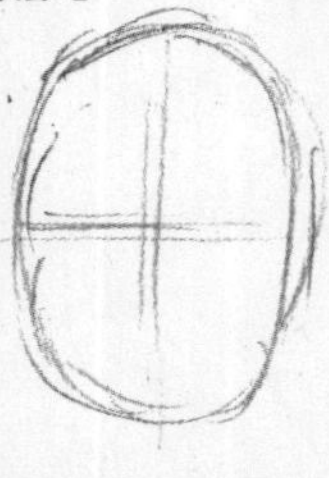

一开始就画出长圆形的大致轮廓。

【方法2】

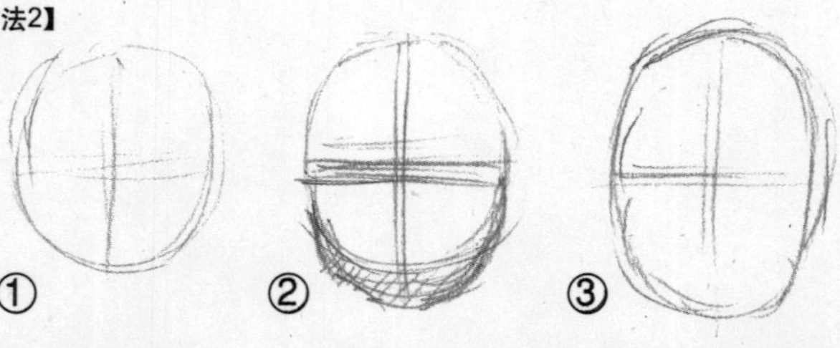

① 先画一个圆形的大致轮廓。

② 补上下巴的部位，重新画眼睛位置的基准线。

③ 做出适合目标对象的轮廓。

脸形分为圆脸、三角脸、四方脸等各种类型。要根据人物的类型来决定画出怎样的大致轮廓。可以利用重新组构和角色设计来拓展作画领域。

描绘同一张脸

～从各种角度画同一个人物～

在画同一张脸时，要根据人物的各种情况来决定以下内容：

· 圆形所代表的轮廓线
· 眼睛、耳朵等五官的形状
· 十字线所代表的五官位置和比例平衡。

【正面型】
眼睛的位置和大小、头发的量感等一切都符合基准。

【仰视型】
头部大概轮廓和头发的轮廓基本一致。

【俯视型】
要把头部的面积画得比脸部大。

【向左型】
眼睛的宽度发生了变化。

描绘各种类型的脸

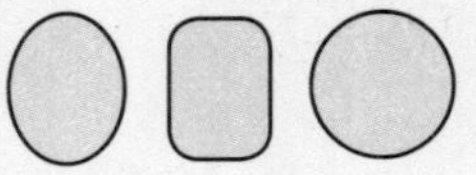

脸部轮廓的三种代表性类型。

可以把脸的大致轮廓分为鹅蛋形、四方形和圆形，根据这三种轮廓能画出各种类型的人物。

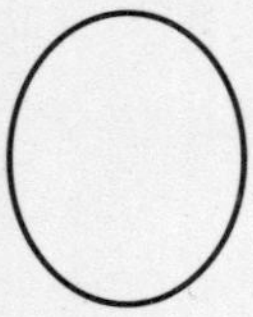

1. 鹅蛋形的轮廓—万能型

这是最为标准的脸部轮廓。从变形强烈的漫画角色到写实风格的作品，根据这种轮廓能画出多种类型的人物。

【漫画型/经过强烈变形处理的人物】

眼睛很大，而鼻子则画得很简略。另外，脖子也很细。

【动画、青年漫画型/经过轻微变形处理的人物】

鼻子的形态比较清晰，眼睛稍小。

【写实类漫画、逼真风格型/变形相当小的人物】

眼睛的大小接近脸部的实际比例，还画出了鼻孔。

鹅蛋形轮廓的变形

鹅蛋形脸部轮廓

【加上其他形状】

添上凵形的下巴。

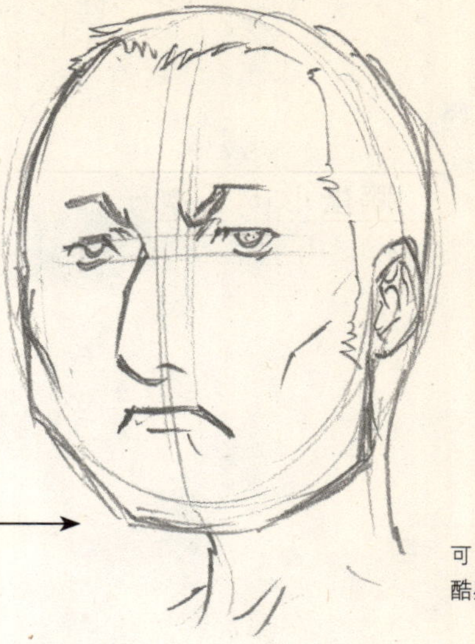

可以用于具有严酷感的人物。

【削去一部分】

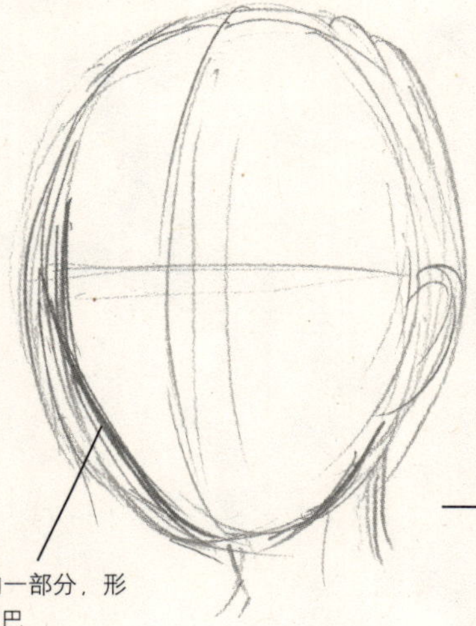

削去颚部的一部分，形成窄小的下巴

应用于性格敏感的人物和消瘦的人物。

【缩短下半部】

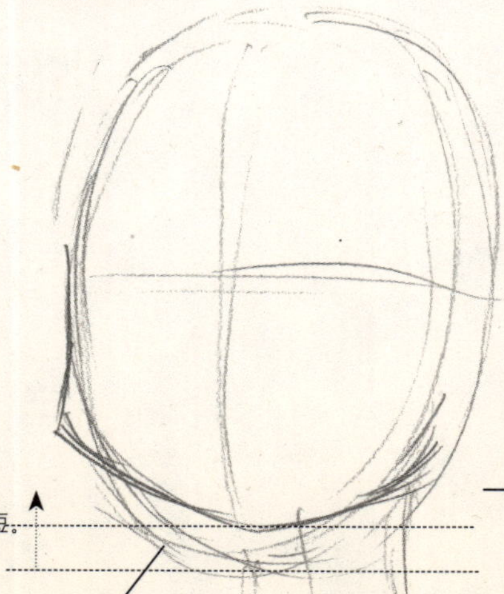

把整个脸形缩短

原始轮廓

应用于孩子或漫画风格强烈的人物。

2. 四角形的轮廓—针对写实风格和体格粗壮的角色

四角形脸适合于写实风格的男性（从青年到老人）和体格粗壮的人物。如果把脖子画得比较细，那么也可以将其用于年长的女性或感觉比较硬的模特型女郎身上。

【漫画型】

对脸部的特征进行强调和夸张。

极为简化的例子。

【写实型】

3. 圆形的轮廓—针对漫画人物

这种类型在创作大致轮廓阶段就进行了变形处理。作为变形强烈的漫画型人物的轮廓，适用于圆乎乎的人物以及孩子、婴儿等。

彻底打乱脸部的比例，可以创造出独特的漫画角色。

【插图型】

眼睛画成点状、鼻子略去、脖子也细到了极点。

【漫画型】

眼睛很大，简化鼻子，脖子很细。这样的人物非常可爱，很容易引起好感，因此适用于少年漫画、儿童漫画和四格漫画。

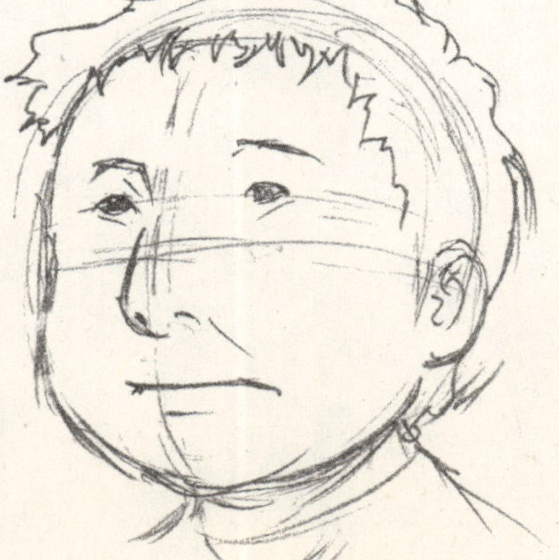

【偏写实风格的漫画型】

眼睛小，鼻子画得很清楚，脸的比例比较写实。圆形轮廓适合于肥嘟嘟的人物。

【写实风格浓厚的婴幼儿】

婴幼儿本来就是圆脸，只要再写实地画上眼睛和鼻子就很像了。

利用圆形轮廓—胖人和婴儿

肥胖的角色

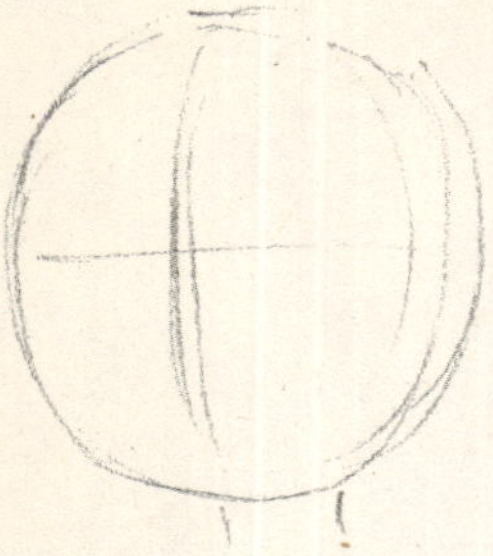

基本呈圆形的大致轮廓

添上椭圆形的双下巴。

体态肥胖的人物完成了。

如果对象是女性，那么根据大致的圆形轮廓就可以画出具有肥胖感的人物了，窍门在于不要把脖子画清楚。

圆脸再加上大眼睛和细脖子，就可以画出小孩子来。

即使眼睛和嘴巴画得非常细小，也能表现出人物的风貌。

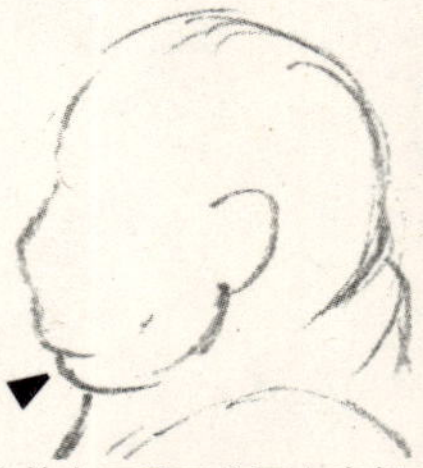

紧接着在下巴下方画上身躯，不要强调颈部。

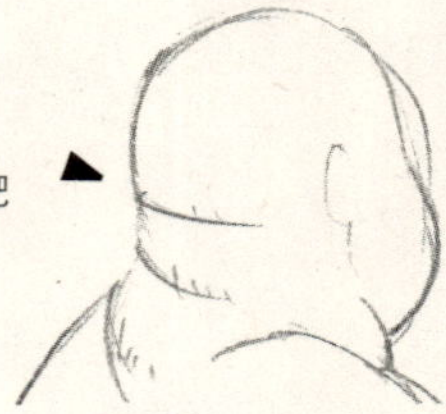

后脑勺有褶纹是肥胖型人物的特征。

婴儿

无论要表现什么角度的婴儿，都可以直接用圆形轮廓来画。

描绘老人面孔的要点

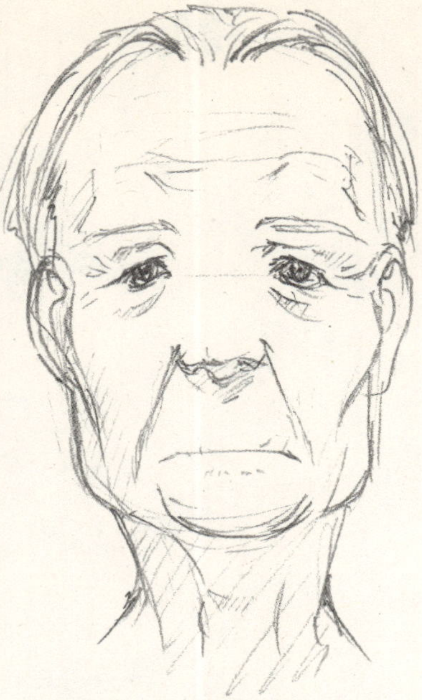

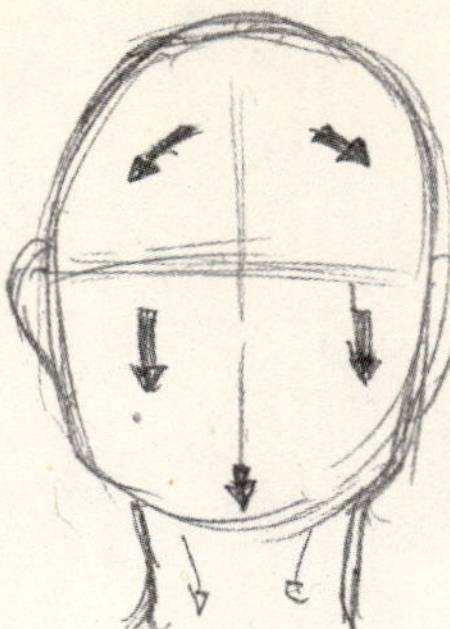

老人面部的皮肤顺着箭头表示的方向松垂。

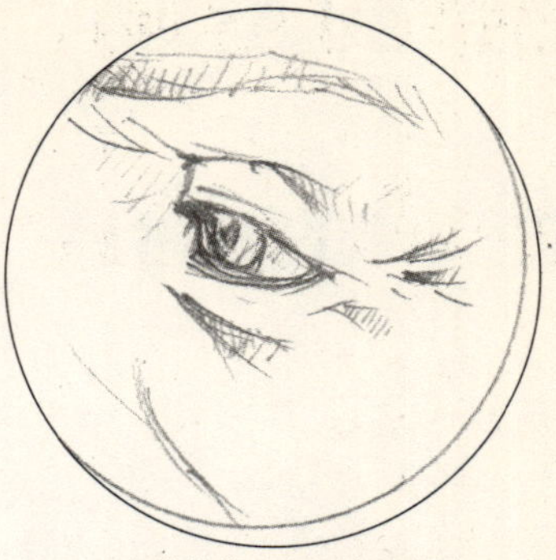

眼角的皱纹。由于皮肤松弛，所以眼睛变小。

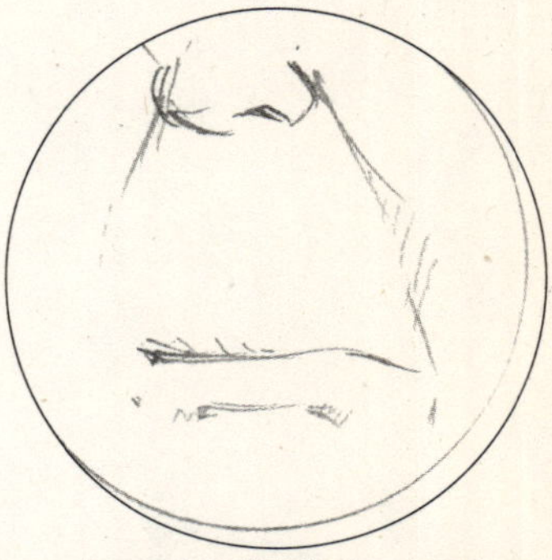

鼻子下方和嘴的部分。由于上唇的肉下垂，人中区域被拉长。

嘴角的皱纹和松弛的皮肉可以表现出老人的感觉

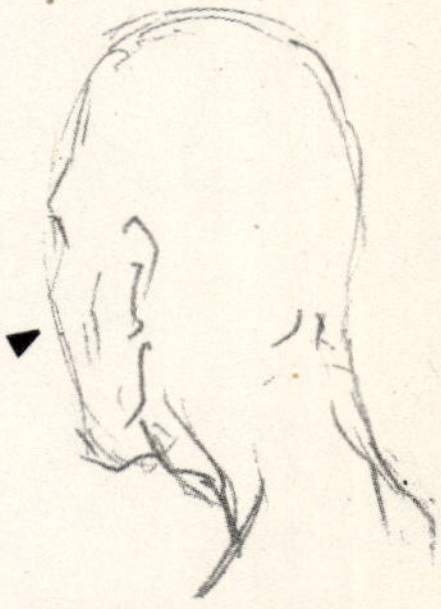

即使是背后的角度，只要画出纵向的皱纹就能表现出老人的感觉。

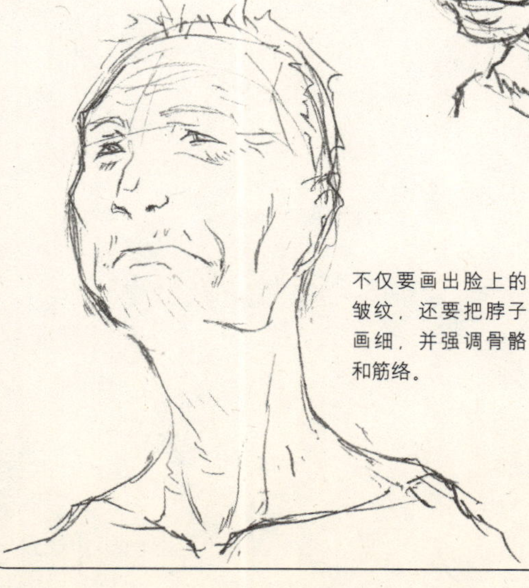

不仅要画出脸上的皱纹，还要把脖子画细，并强调骨骼和筋络。

头部的基础

画人是漫画素描的基础。让我们来学习掌握形状和比例的基本规则。

把握头部的立体感

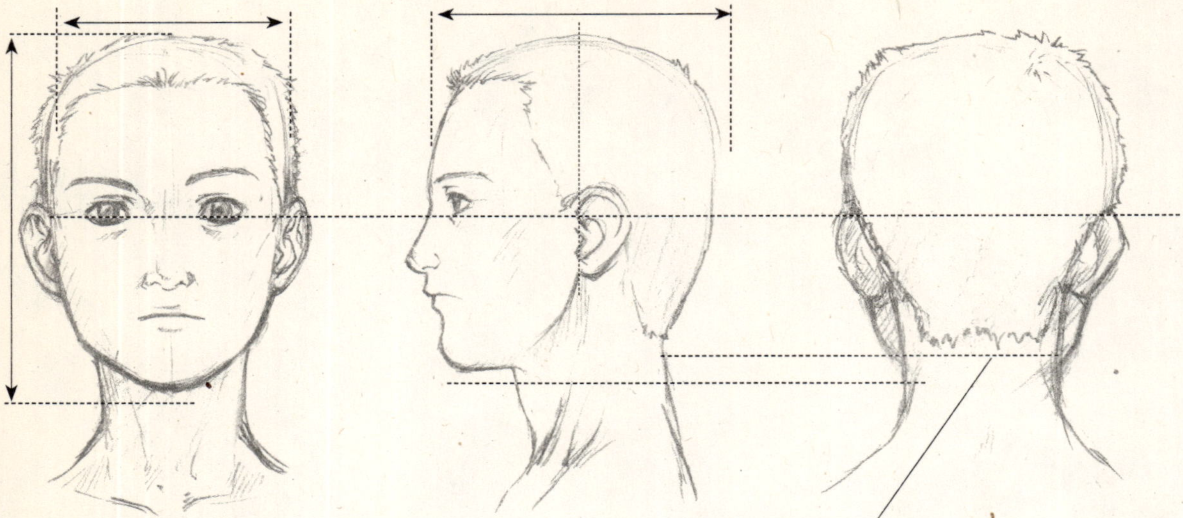

成人头部的宽度要小于其纵长。

在转到侧面时，从额头到后脑勺的长度必须大于正面头部的宽度。

头后发际的位置必须高于下巴的位置。

头部的轮廓

【偏左/通常角度】

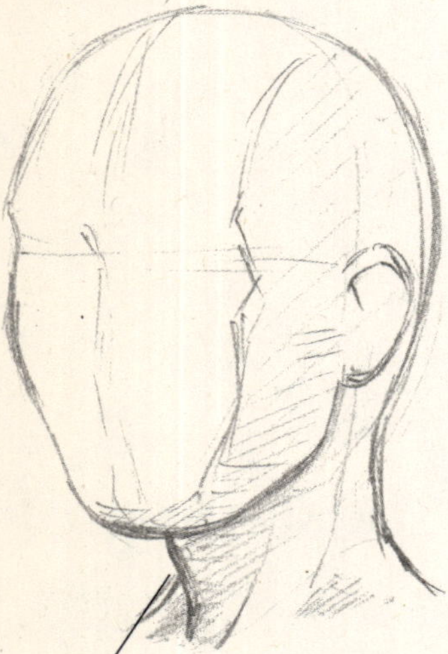

必须注意，脖子的线条要从下巴的恰当部位引出。

在下巴下方和脸部侧面添上阴影，可以营造出立体感。

【偏左/仰视】

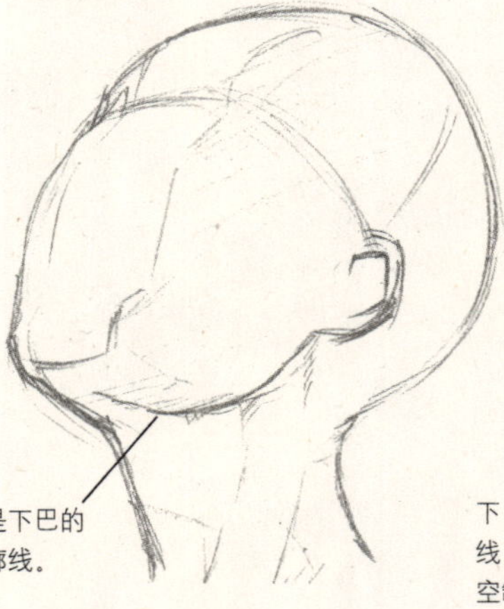

这是下巴的轮廓线。

【正面/仰视】

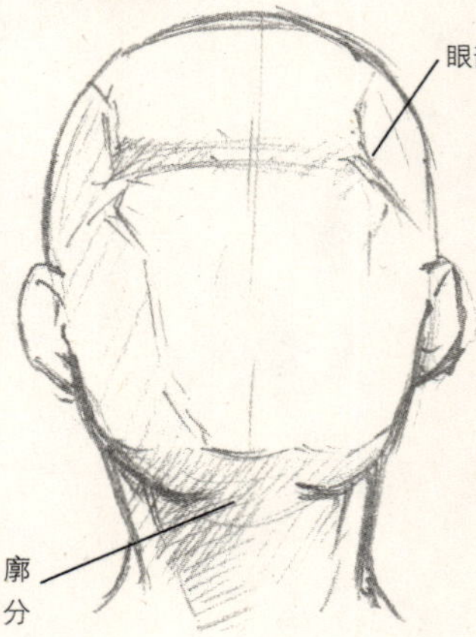

眼部下凹。

下巴的轮廓线在这部分空缺。

【偏左/俯视】

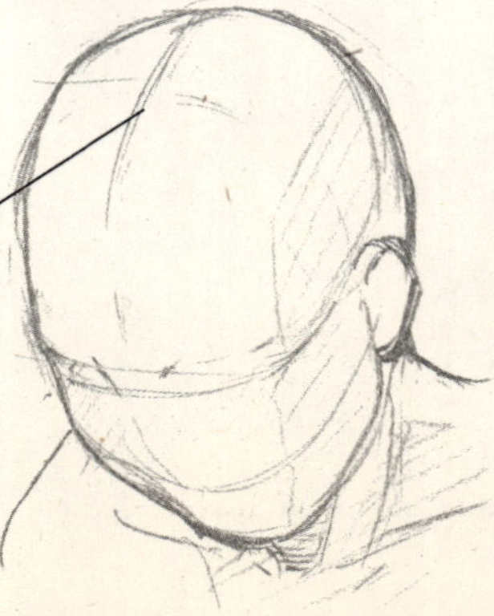

在头顶部位也画出十字线，有助于抓准比例。

【侧后/通常角度】

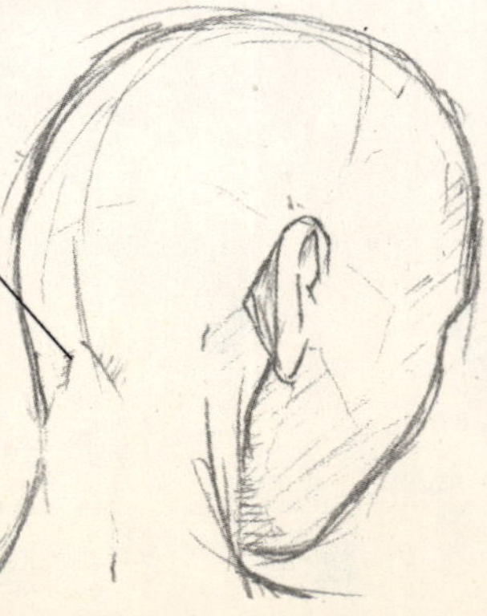

画出头部和颈部的连接部位，有利于把握立体感。

在大致轮廓中构想立体图形

设想好立体感的大致轮廓

在实际作画过程中，往往很难画出具有精确立体感的大致轮廓。但是，即使对于最简略的草图，我们也要带着头部比例的意识去画。

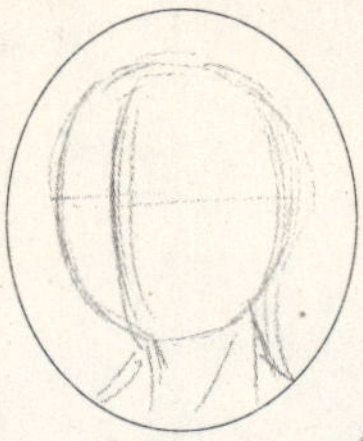

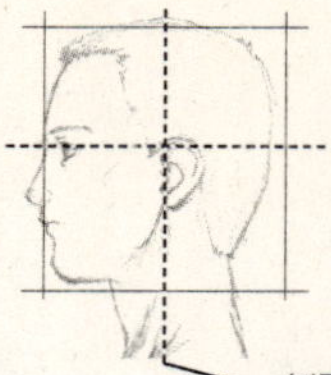

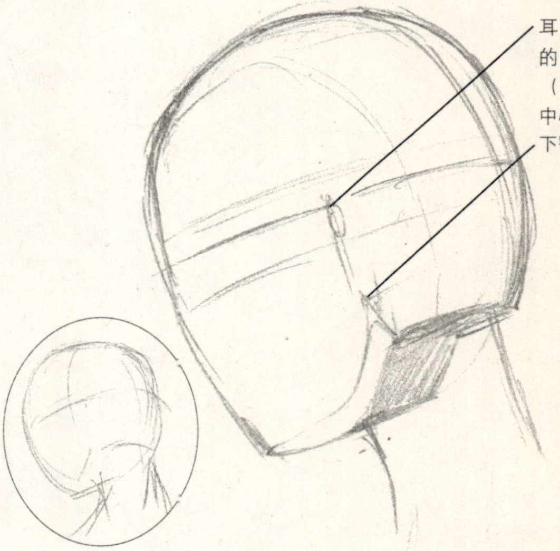

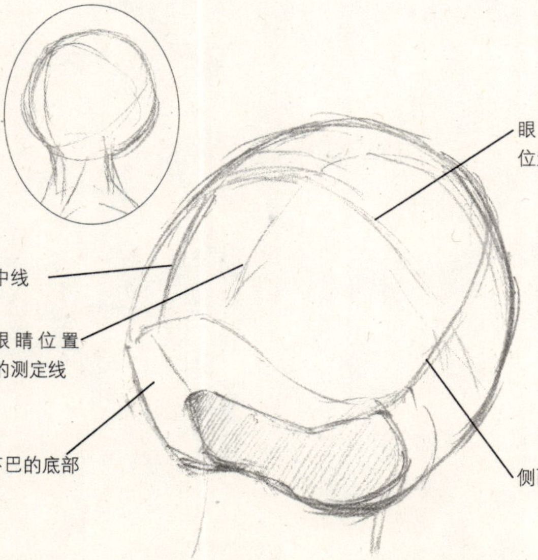

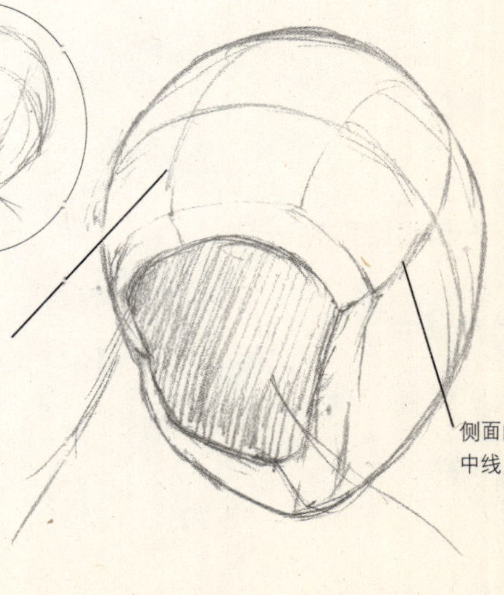

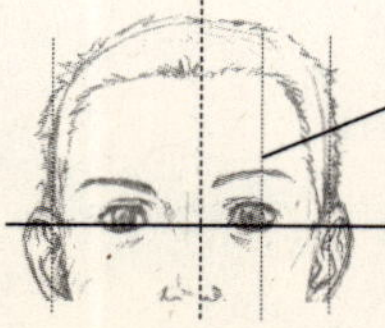

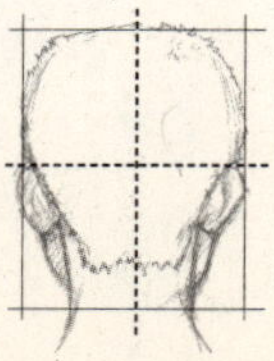

五官的基础

脸部是一个平缓的球面。眼睛、鼻子和嘴巴处于这个球面之上。

用眼皮的曲线来体现眼球的立体感

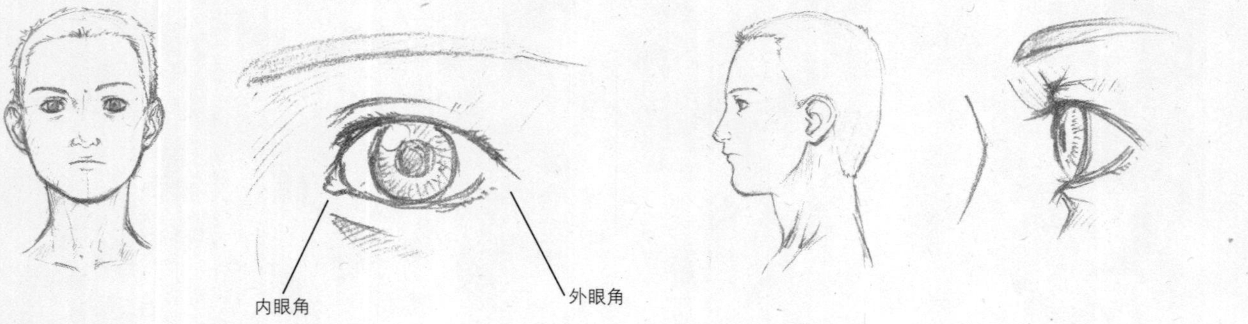

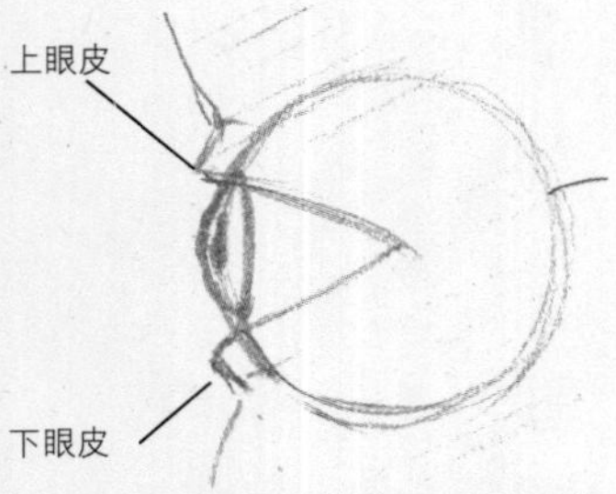

眼睛是一个球体。眼皮是覆盖在球体表面的皮肤。把眼皮画成曲线能表现出眼球的立体感。

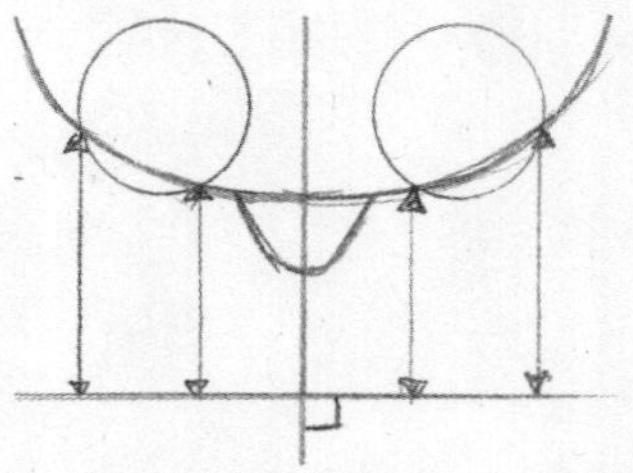

眼球嵌在脸部球面中。由于位于曲面上，所以眼睛的轮廓线要根据正面、仰视、俯视这些不同的角度有所变化。

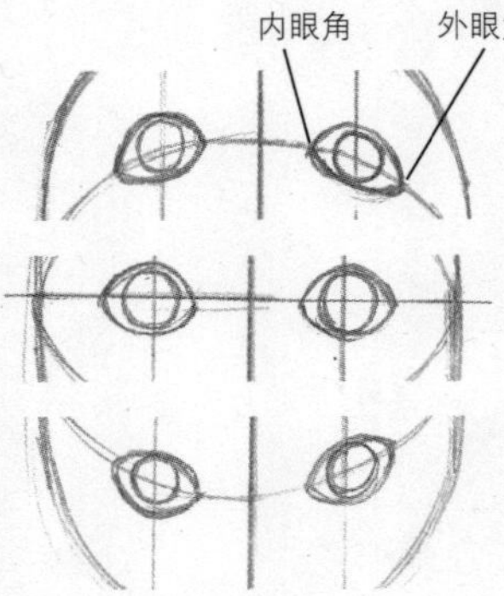

在仰视状态下，外眼角下垂，眼睛呈倒挂形。

在通常状态下，外眼角和内眼角平行。

在俯视状态下，外眼角上扬，眼睛呈吊梢形。

【仰视状态】

上下眼皮的线条呈相似的弓形。

【俯视状态】

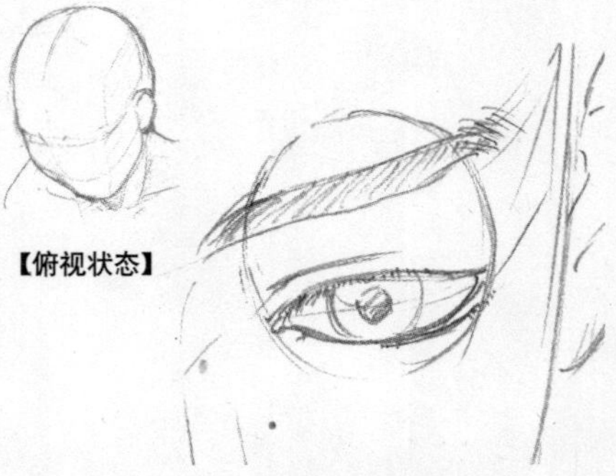

上眼皮线呈弧度平缓的S形。

眉毛不和眼睛贴在一起

让眉毛贴在眼睛上的表现手法

【实际的皱眉状态】

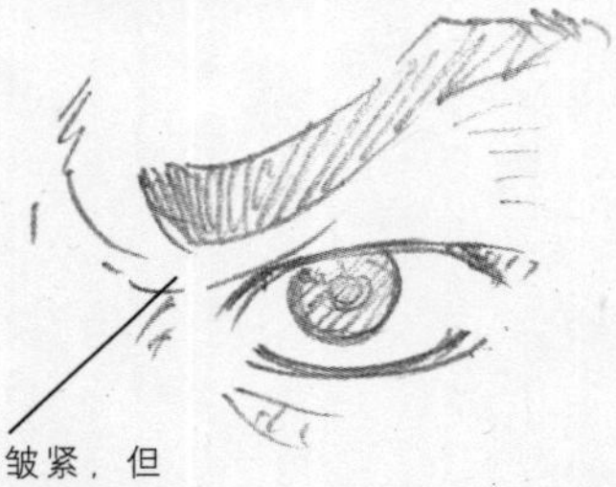

皮肤虽然皱紧，但眉毛并没有和眼睛贴在一起。

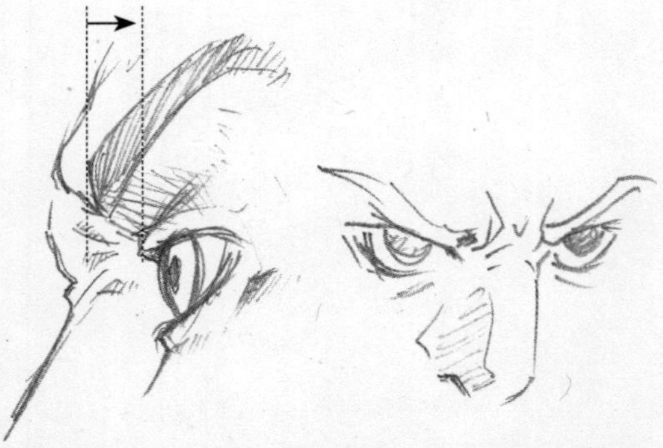

由于眼睛的位置比眉毛深，所以在俯视状态下，要把眉毛画成和眼睛贴在一起的样子。

鼻子是脸部中央的突起物

即使从正面看也能看到鼻孔。

鼻梁呈曲面状。

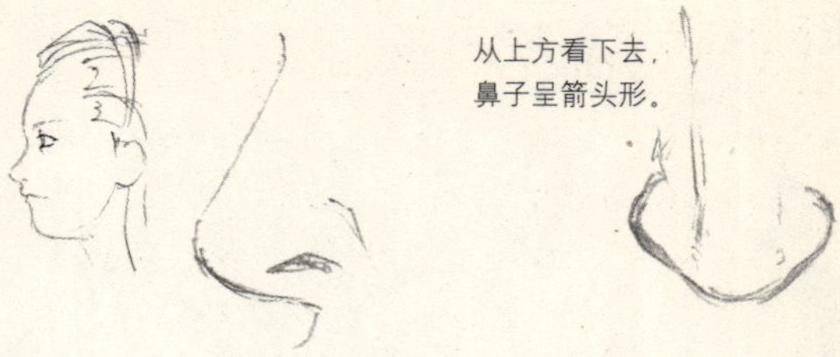

鼻头并不是尖的。

从上方看下去，鼻子呈箭头形。

鼻子底部呈台基状。

具有代表性的鼻子的画法

只画出鼻孔

画出鼻头和鼻孔

在写实风格中要把鼻头画圆，而在漫画风格中把鼻头画尖也无妨。

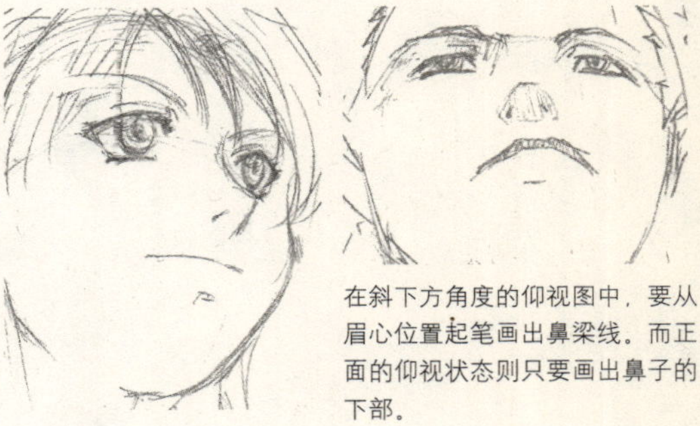

在斜下方角度的仰视图中，要从眉心位置起笔画出鼻梁线。而正面的仰视状态则只要画出鼻子的下部。

下巴带动嘴的运动

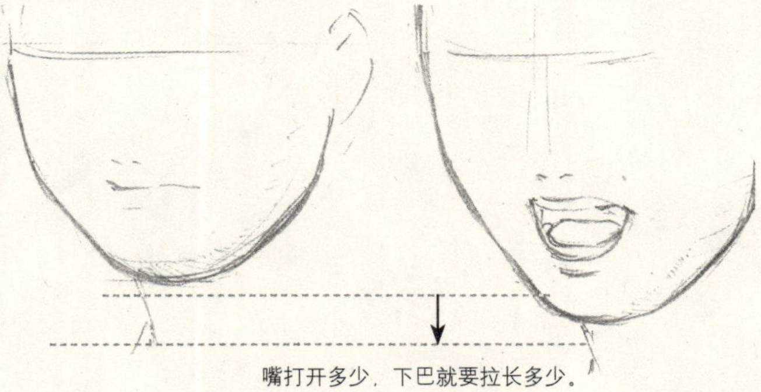

嘴打开多少，下巴就要拉长多少。

嘴张开时，下颚的轮廓线要发生变化

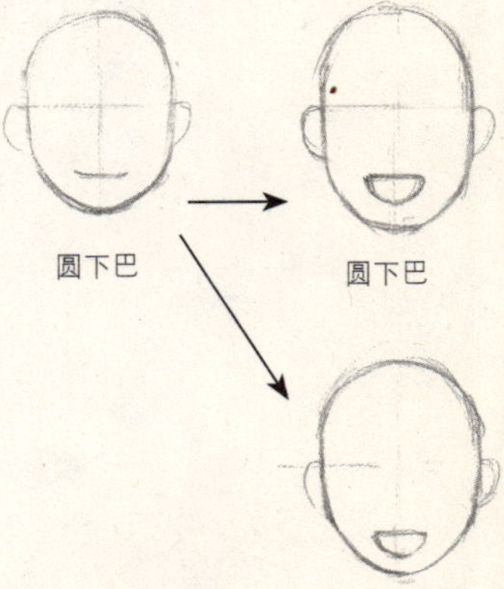

圆下巴

圆下巴

×

没有画出张嘴时下巴形状的变化。

○

张嘴时的下巴形状发生了变化，变得比原来尖。

下巴稍稍变尖。

下唇下方的线条可以表现出凹陷感

凹陷

下唇的轮廓线

凹陷

把耳朵的大致轮廓画成一个斜置的椭圆

耳朵虽是五官之一，但和其它部分不同，并不在面部上。可以这么来形容："耳朵是长在头侧的突起物"。

耳朵所在的位置

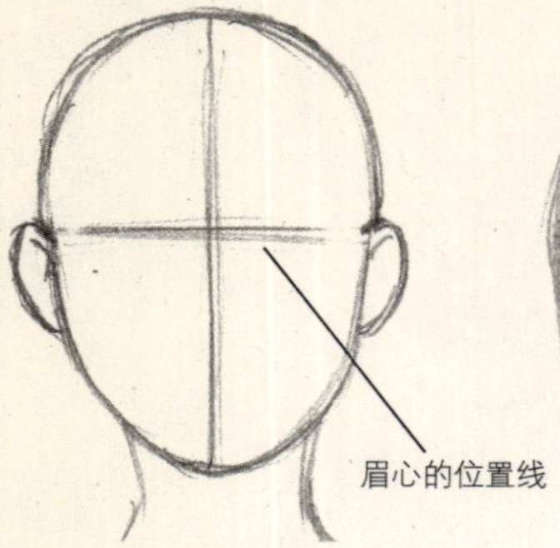

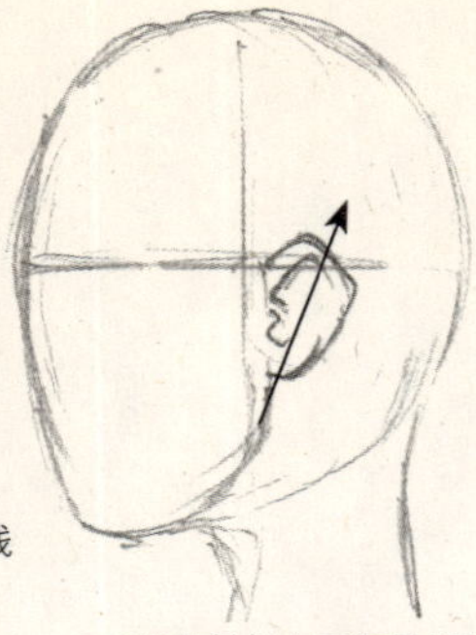

耳朵斜长在下颚骨根部。

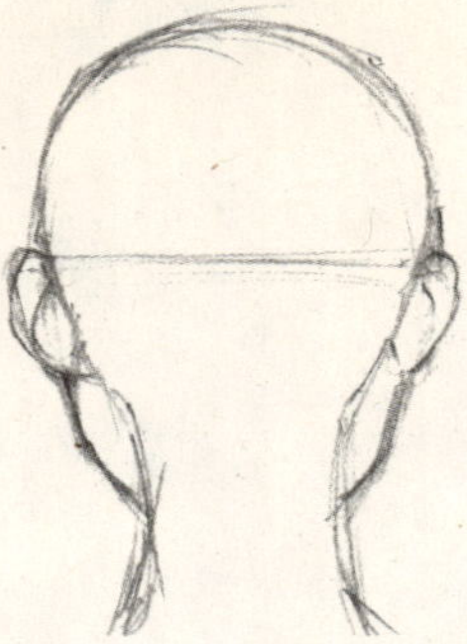

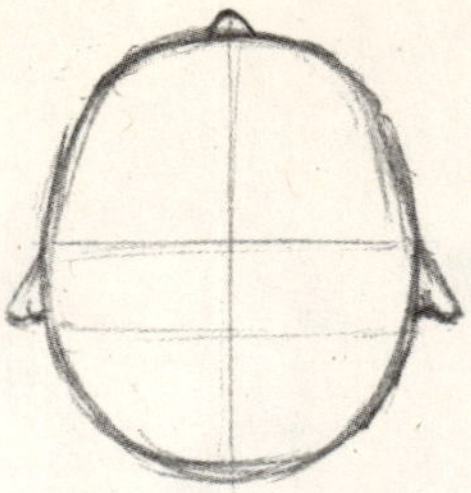

从正上方看下去的样子。

耳朵的形状

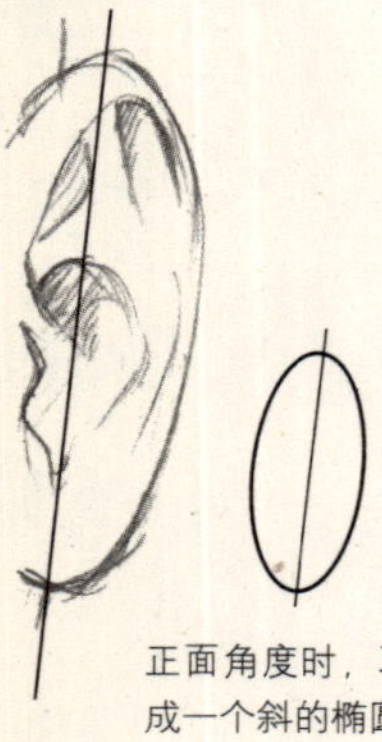

正面角度时，耳朵要画成一个斜的椭圆。

耳朵展现出正面的时候，脸部成正侧面。

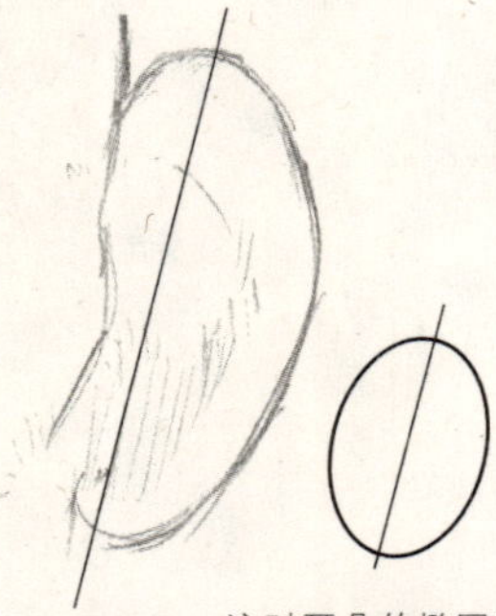

这时耳朵的椭圆轮廓比正面时要宽，同时倾斜角度更大。

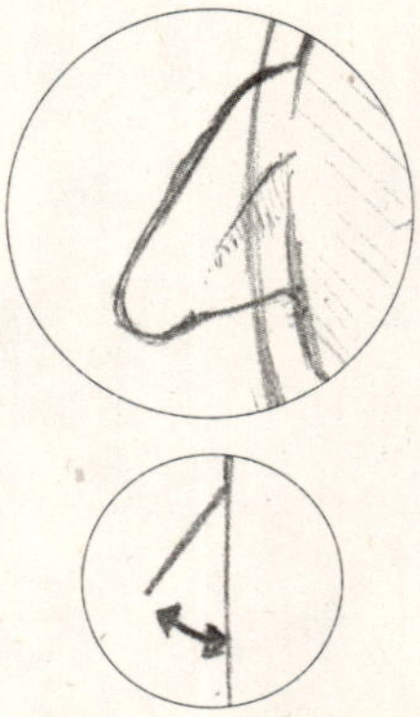

耳朵与头部之间的角度

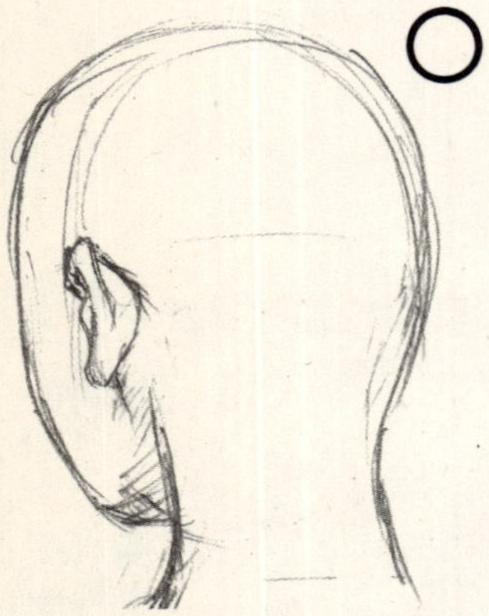

从斜后方看到的耳朵形状。耳朵的背面露出来了。

常见的失败例子

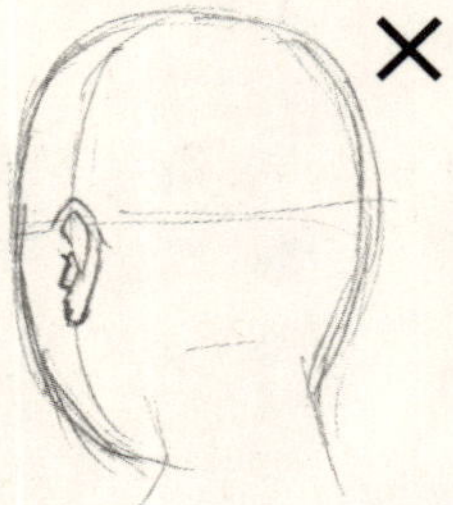

耳朵的形状画成了正面的情况。

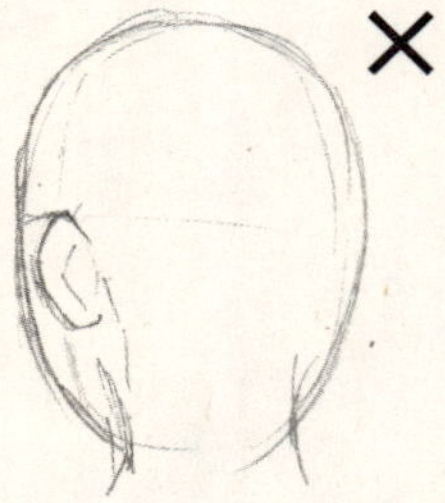

耳朵的形状画成了正后方的情况。

代表性的画法

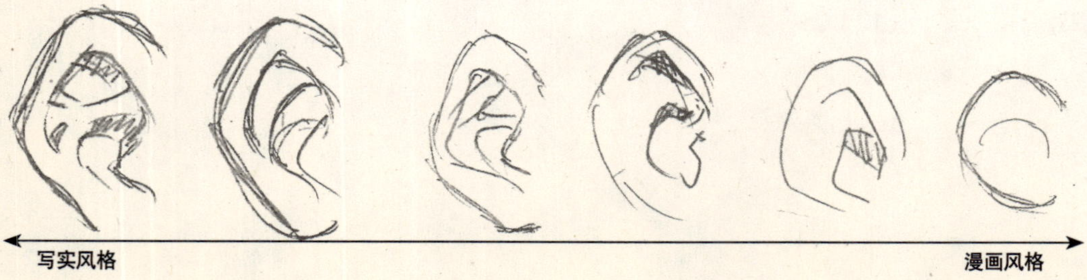

脸部的肌肉和表情

让我们通过头骨来学习人类面部固有的凹凸起伏，以及脸部肌肉形成人物表情的情况。

通过骨骼来学习

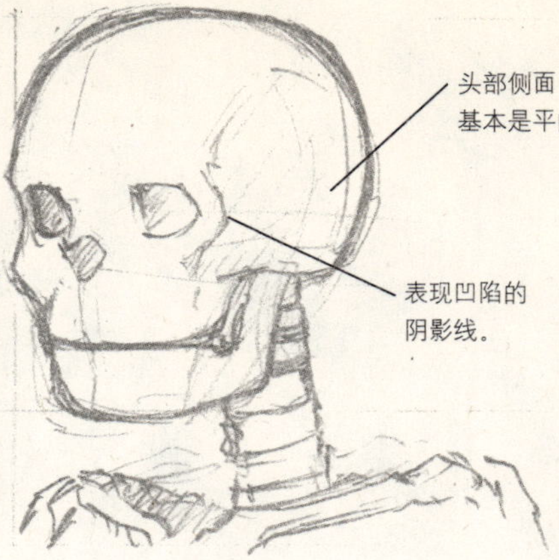

眼球从眼洞中脱离。

颧骨

头部侧面基本是平的。

表现凹陷的阴影线。

掌握头盖骨基本的凹凸情况。

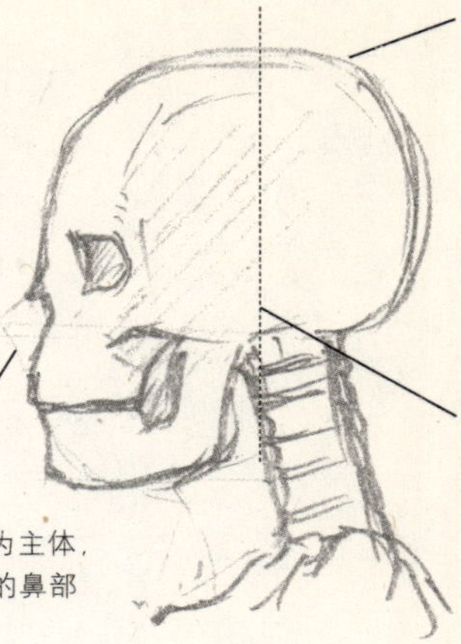

头顶部是接近直线的平缓曲线。

侧面的中线。颈椎骨连接于头部的后半部分。

鼻子以软骨为主体，所以头骨上的鼻部是个凹坑。

主要的脸部肌肉

眼部周围、额部（眼睛上方）、嘴部周围和下巴肌肉的牵动形成了面部表情。

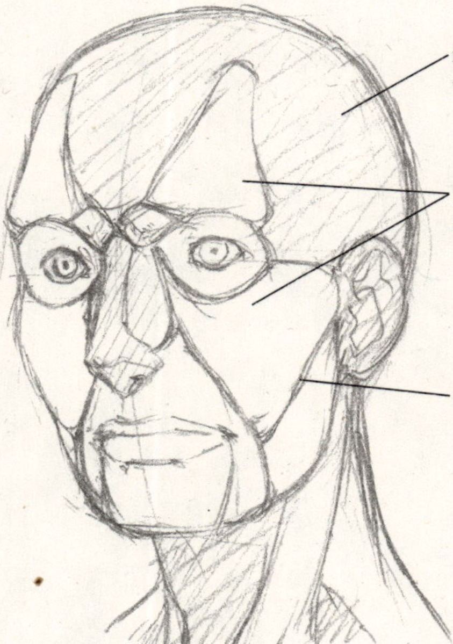

斜线区—绘画上认为不动的部分。

空白区…与表情有关的肌肉部分。

肌肉的分界线

其实耳朵后方也存在有关脸部的肌肉，但没必要特别去注意。

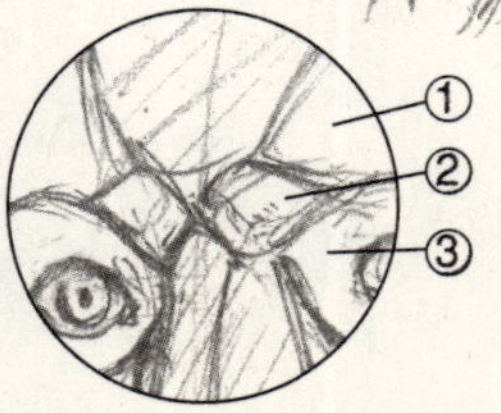

眉心部分汇集了有关眼睛和额头的三条肌肉，会产生复杂的皱纹。

脸颊侧面的肌肉一直延伸至下巴下方。下巴活动时脸部的肌肉会拉长。

参考：头后部

通过脸部肌肉的运动来表现人物表情

肌肉的屈伸运动制造出表情，同时形成脸部的凸起和皱纹。用斜线和轮廓线来表现凸起和皱纹能给表情带来变化。

愤怒的表情

肌肉的力量朝脸部中心（眉心）汇集，在脸的下半部，力量从鼻子开始向外侧扩张。

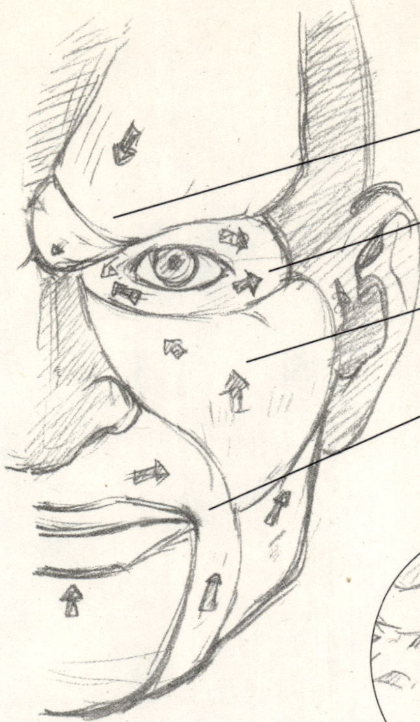

朝着眉心聚集。

朝外拉伸，形成吊梢眼。

当眼睛用力时，脸颊也上抬。

嘴的周围向外侧拉伸。

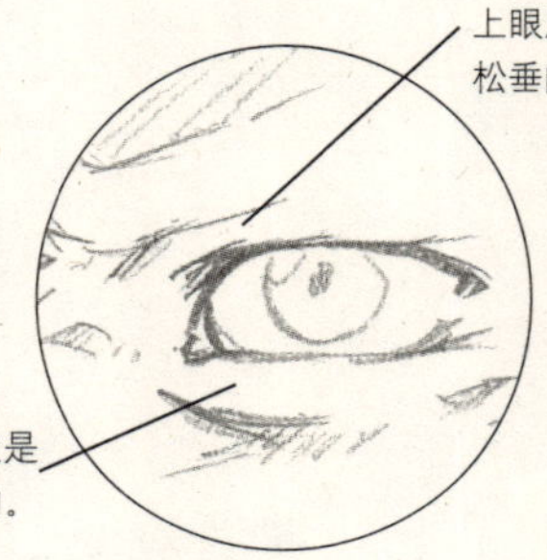

上眼皮是松垂的。

下眼皮是鼓起的。

大笑的表情

肌肉用力向外侧扩张。

对于经过变形处理的漫画式角色，在画笑容时也要意识到肌肉力量的方向和肌肉的隆起，由此展现出人物的动感。

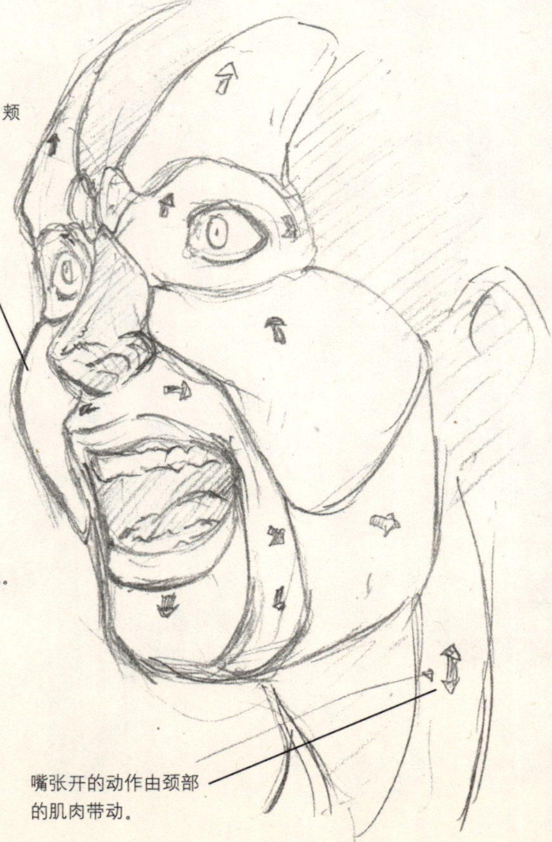

嘴张开时，脸颊会鼓起来。

嘴张开的动作由颈部的肌肉带动。

微笑（不张嘴）的表情

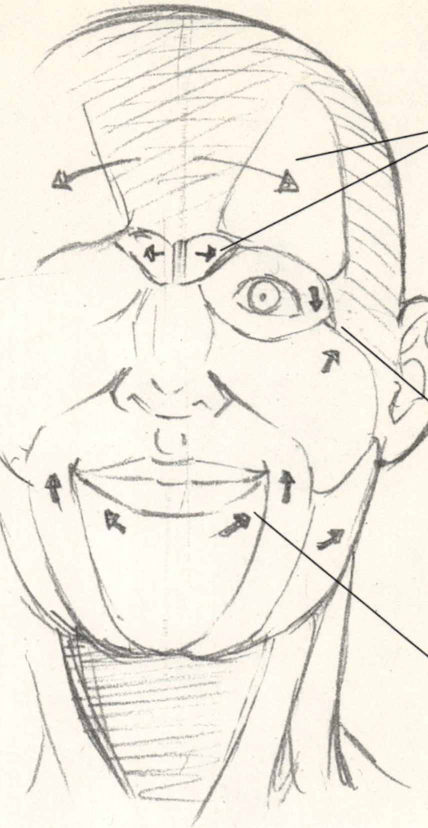

惊讶的表情

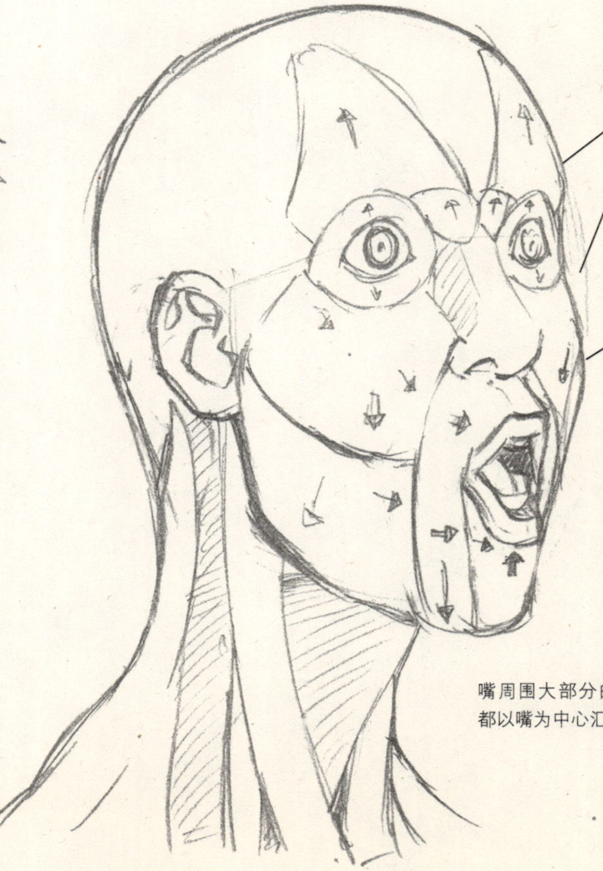

眨眼的表情

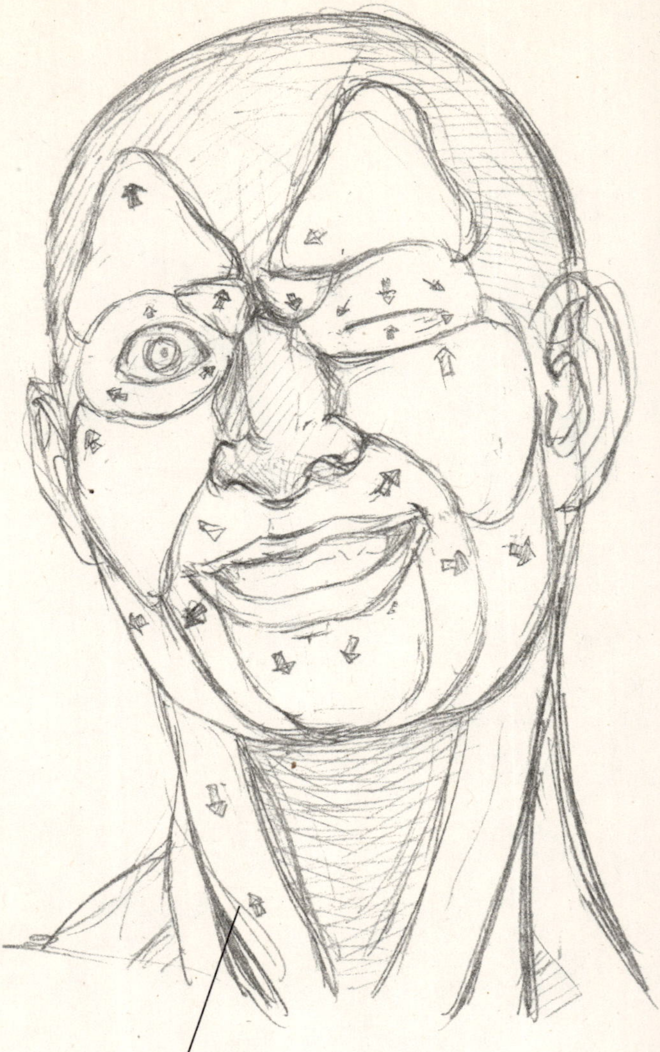

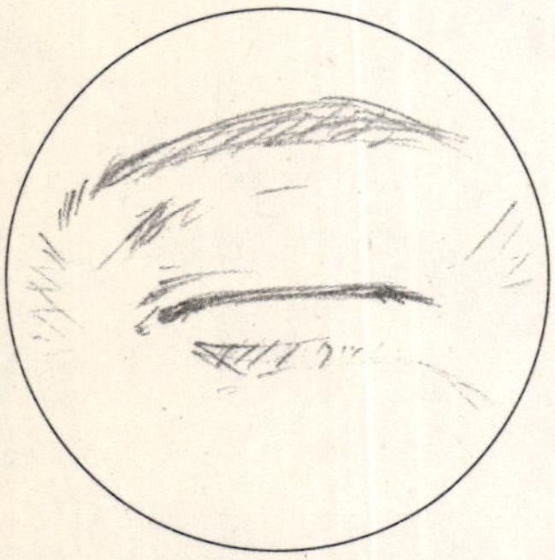

眼睛即使闭起来也不会成为“へ”形。

在简洁化和符号化的漫画中，可以用“へ”来表现眼睛。

颈部肌肉的收缩引起颈部的倾斜。

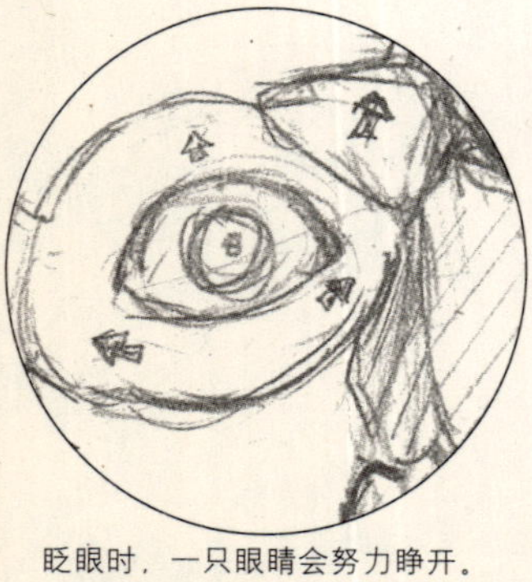

眨眼时，一只眼睛会努力睁开。眼皮下方的肌肉朝左右拉伸，上眼皮部分向上拉伸。

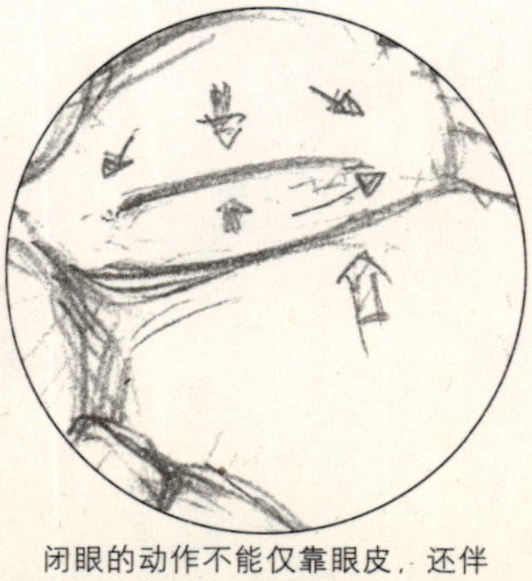

闭眼的动作不能仅靠眼皮，还伴随着脸颊和鼻子肌肉的突起。

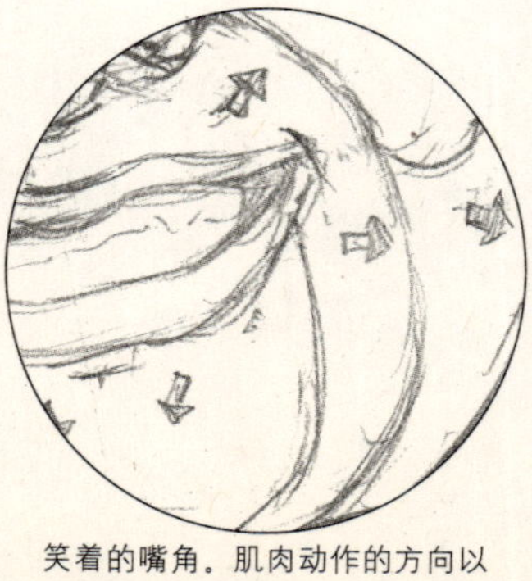

笑着的嘴角。肌肉动作的方向以嘴角为中心呈放射状。上唇周围的肌肉动作会使鼻孔也跟着张开。

第3章

漫画素描中画身体的基础知识

动漫作品中的登场人物会表现出各种各样的角度和动作。经常要根据故事和导演的安排，用写实风格的人物画出真人电影般的场面。

因此，必须学会有关人体骨骼和肌肉的构造以及立体感和动作表现的基本知识。不过，详细的解剖学和运动力学的知识在作画中并不是太用得着。

本章汇集了人体骨骼、肌肉、动作的作画要点，这些都是在专业作画现场中总结出来的经验。让我们来学习作为绘画基础的具体知识和作画技巧吧。

作画的基本点是脊椎

脊椎是从头部到腰再到骨盆，贯穿整个身躯的“柱子”。这条通过身体中线的脊椎支撑着人物，人物全身的动作都是以脊椎为中心展开的。有意识地以脊椎为中心来作画，可以描绘出具有存在感的人物。

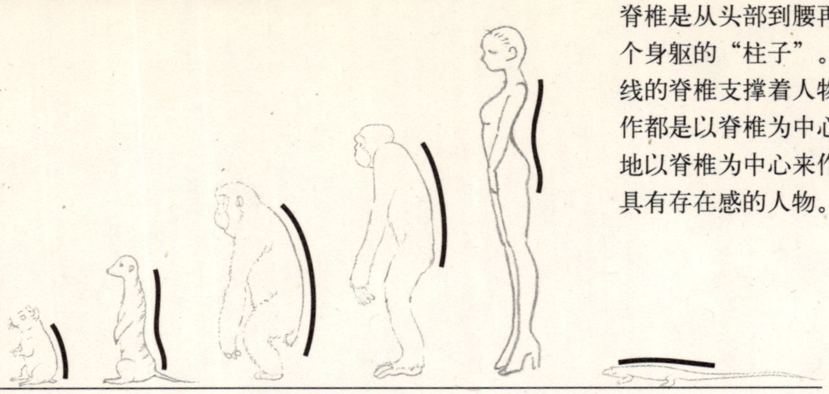

爬行的蜥蜴也有脊椎。

脊椎是身体的中线

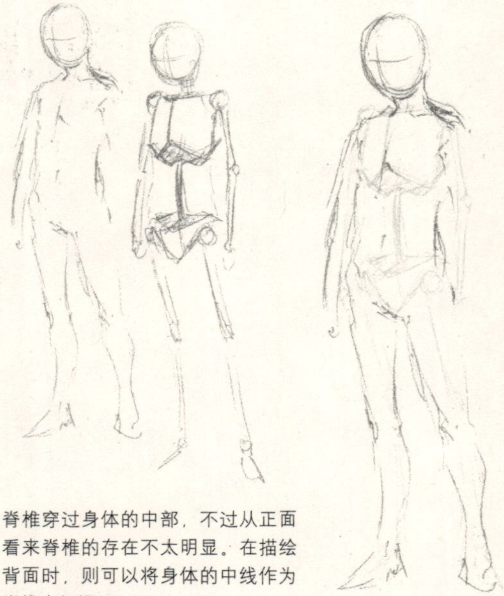

脊椎穿过身体的中部，不过从正面看来脊椎的存在不太明显。在描绘背面时，则可以将身体的中线作为脊椎来把握。

在大致轮廓图中，脊椎被画成背部的中线。

身体和脊椎

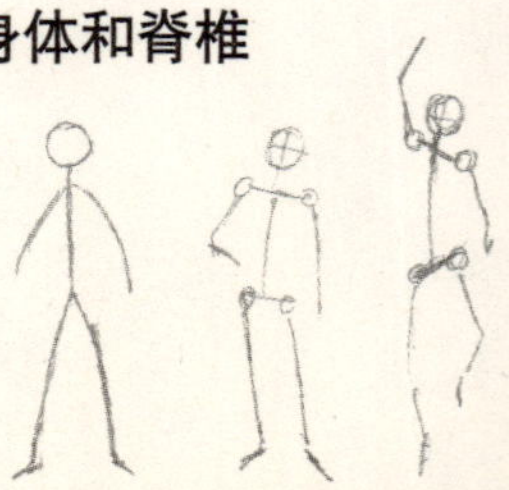

这是人物姿态的模式图。代表身体的直线正是图形化的脊椎。在简化处理的情况下，脊椎直截了当地显现了出来。

贯穿身体的脊椎

描绘人体自然状态的姿势时，也要带着脊椎的意识来作画，这样可以给人物带来存在感。

【跪坐·回头】

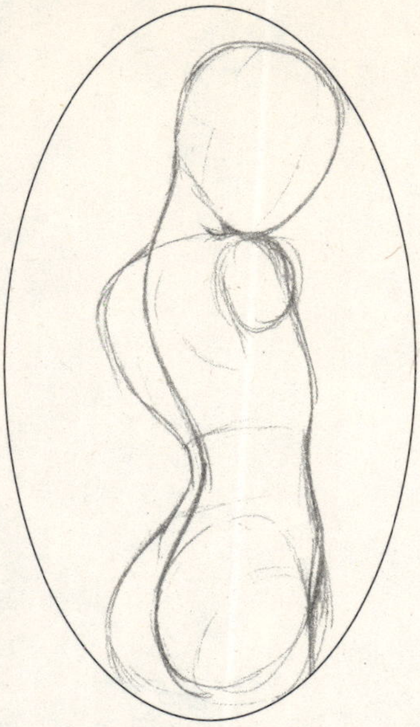

要认识到背骨是呈S形的。在描绘回头这类柔韧的动作时，更要强调S形。

【伸展】

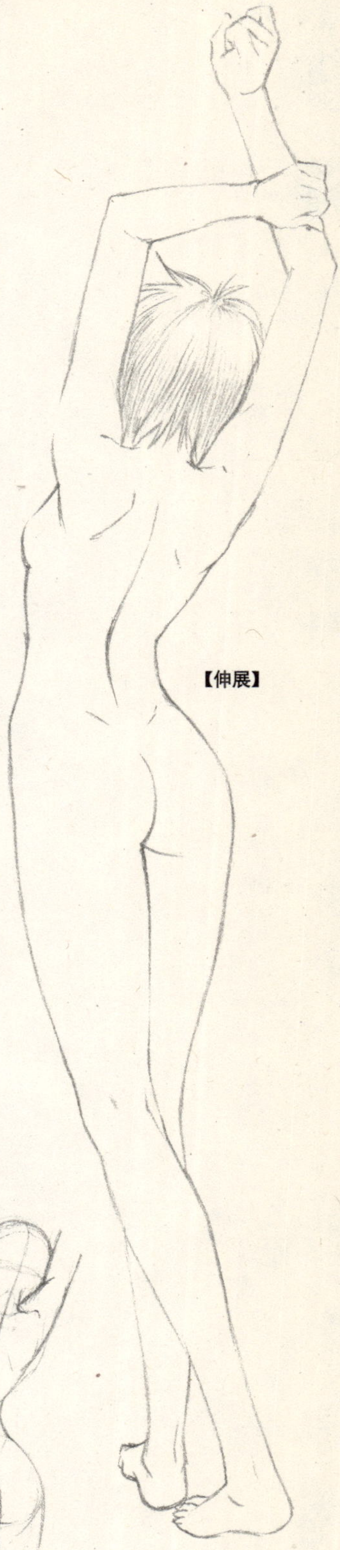

【正背面】

【抱膝而坐】

当背部稍稍曲起时，脊椎呈平缓的曲线。

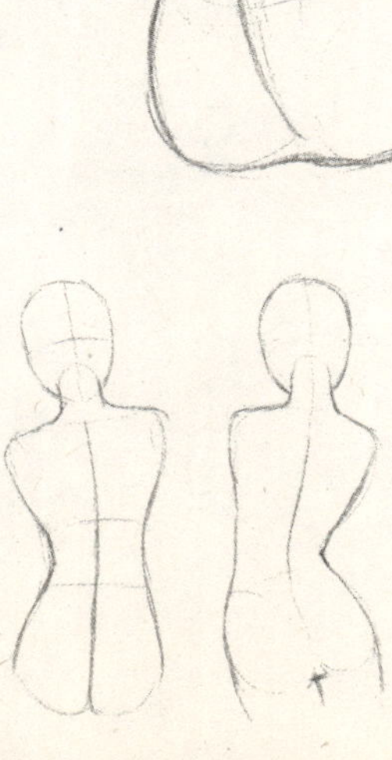

对于人物的背面轮廓，要在身体中部画上柔和的曲线。

人很少会站得笔直。身体以腰为基点自然倾斜时，可以简单地把脊椎线画成"S"形或者"く"形。

引发动作的脊椎

以脊椎引发的动作有前屈、后仰、扭转三种。

【前屈】

背部弯曲。脊椎要
画成平缓的曲线。

【后仰】

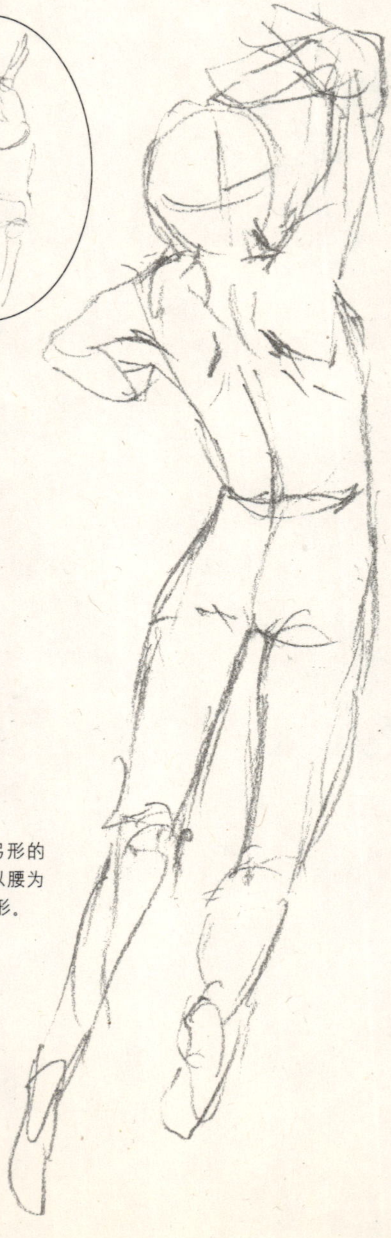

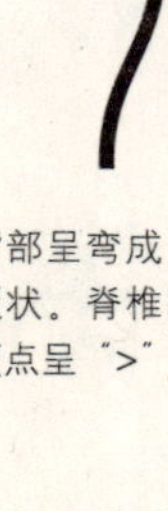

背部呈弯成弓形的
板状。脊椎以腰为
顶点呈“>”形。

【扭转】

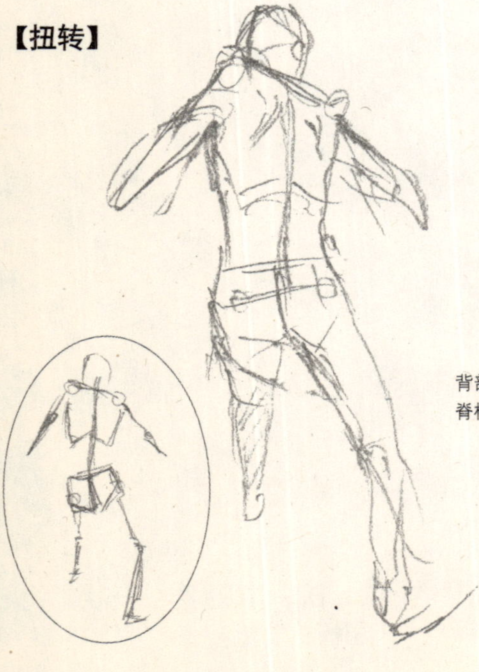

背部画成扭转的曲面。
脊椎要画成S形。

完成身躯后加上手脚

画出头部和胴体这两大块后，再加上手脚就能构成各种各样的姿态。

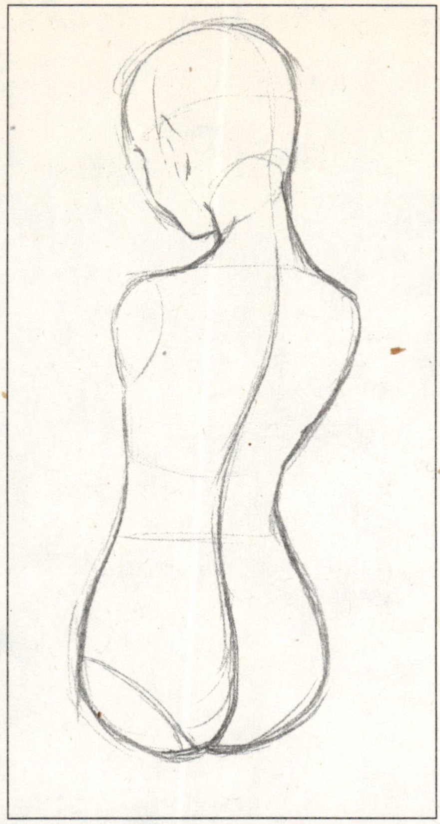

这是头部和胴体的基本轮廓。加画上手臂和腿，就可以很快表现出立姿或坐姿。

【立姿】

【指点的姿势】

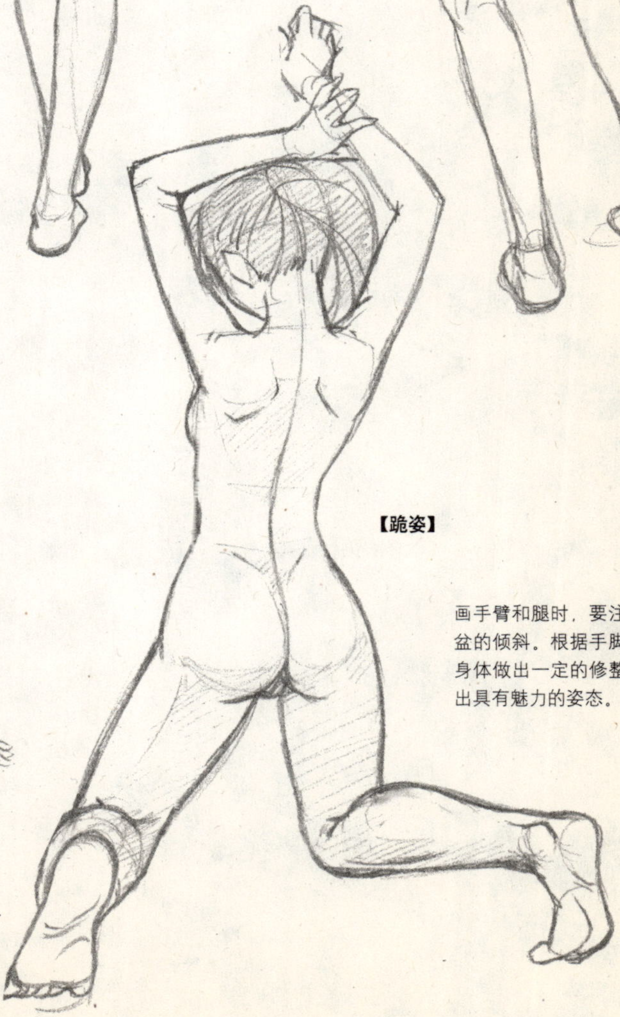

【跪姿】

画手臂和腿时，要注意肩和骨盆的倾斜。根据手脚的动作对身体做出一定的修整，可以画出具有魅力的姿态。

【坐姿】

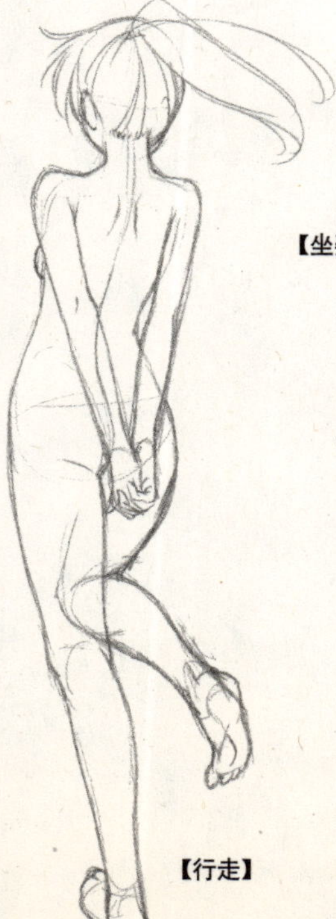

【行走】

画身体的顺序

描绘身体时，要先确定好身体的中线再开始作画。既然人的背部有着人类天然的中线——脊椎，那么让我们从带着脊椎意识作画开始学起。

从正后方看出来的姿态

①

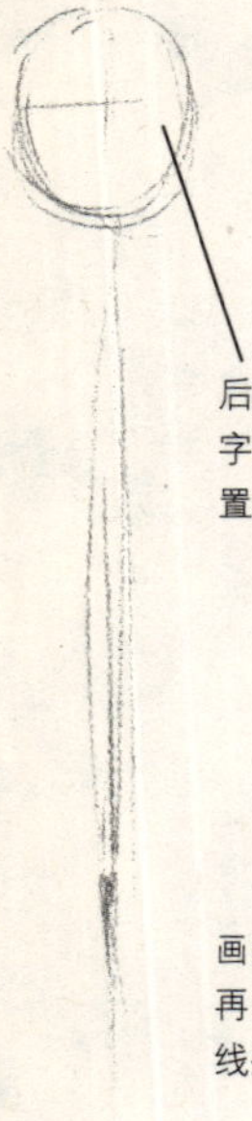

画好头部轮廓后，再画上代表脊椎的线条。

②

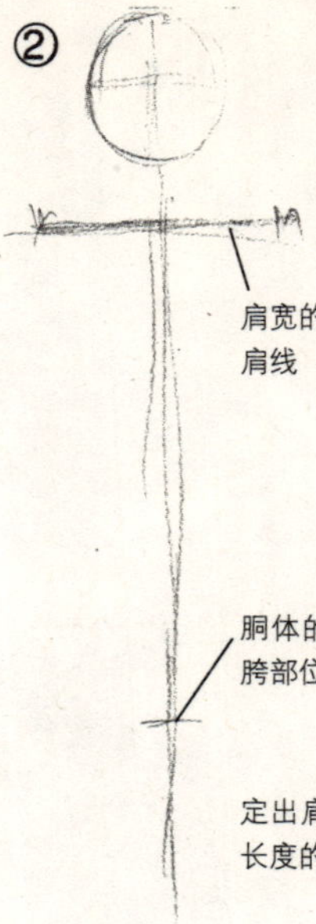

定出肩宽和身躯长度的基准点。

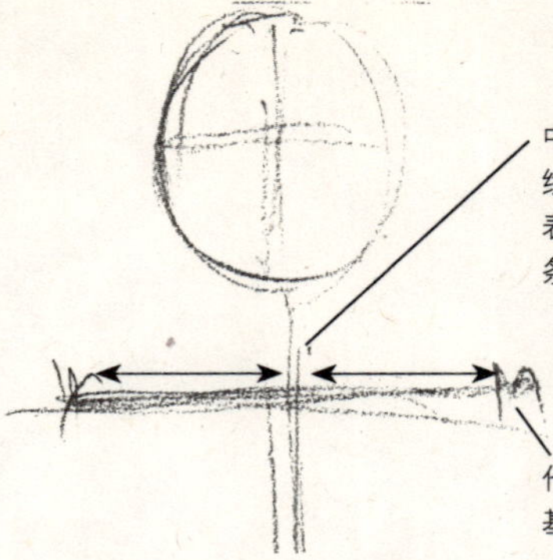

画正面和正背面时，双肩到中线的距离必须相等。

③

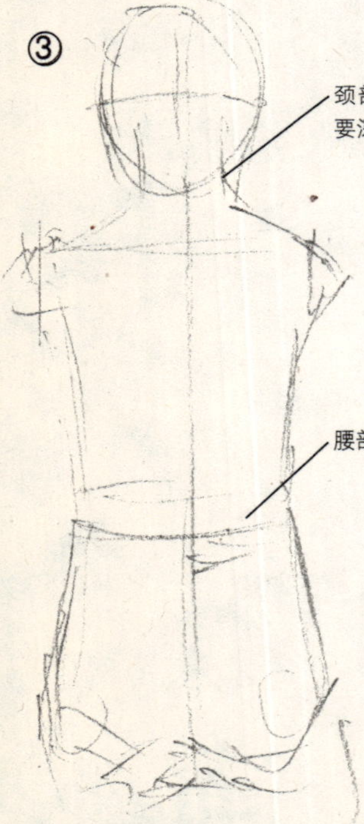

画出整个胴体的轮廓，要注意左右平衡。此时尚未画出手臂和腿。

④

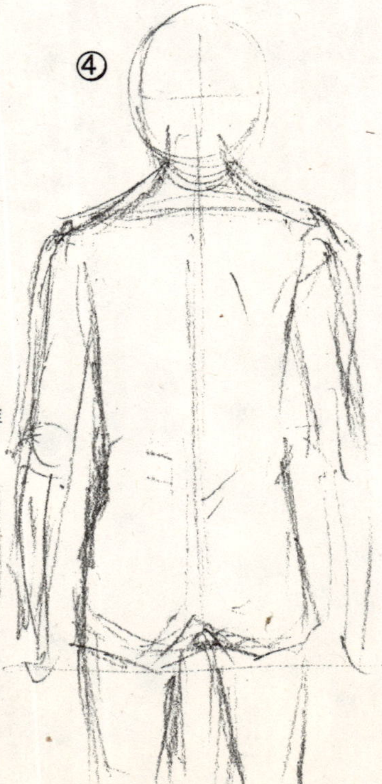

脖子、肩膀、躯体的整体成形后，加上手臂和腿的大致轮廓。

⑤

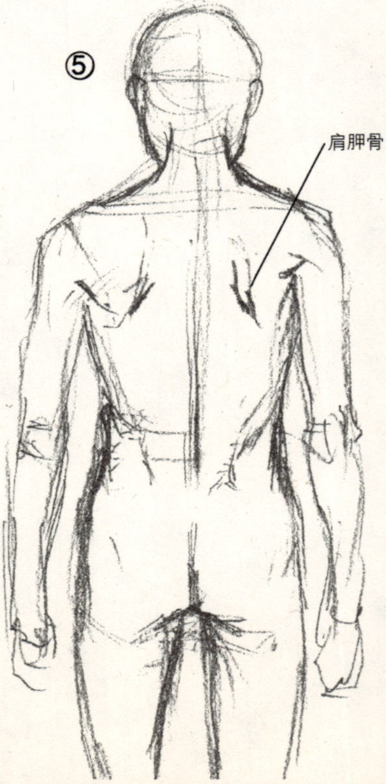

修整轮廓线，画出肩胛骨等细节，草稿完成。

从俯视角度来看的姿态

俯视图可以展现身体线条的起伏凹凸，曲线是作画的重点。让我们来看看运用S形脊椎线作画的实际过程。

描绘大致轮廓

①

头部浑圆的立体感非常重要。为了便于把握俯视感，要配合头部的曲面画出圆和叉，形成大致轮廓，然后再画上颈部轮廓线。

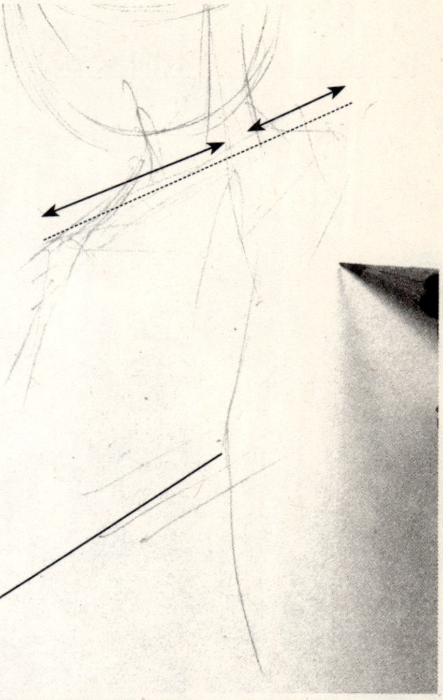

S形曲线的弯曲点是腰部位置的基准。

②

用非常淡的线条勾勒出脊椎线，接着画出斜的肩线。注意左右两肩到脊椎的距离是不同的。

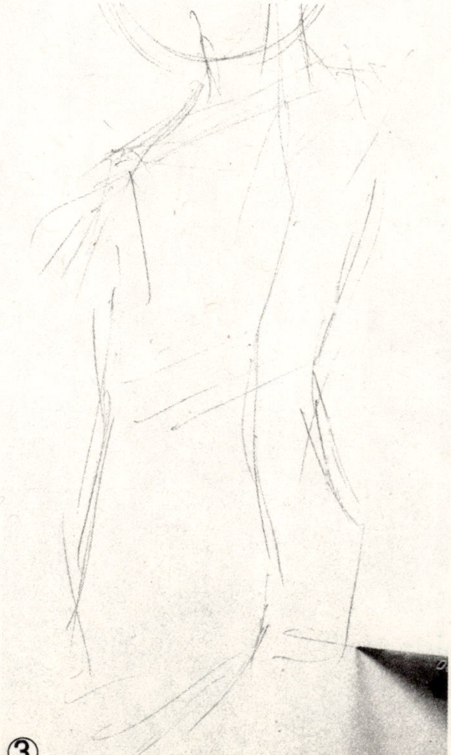

③

画出胴体的大致轮廓。在强调细腰丰臀的情况下，脊椎线也随之画成“く”形。

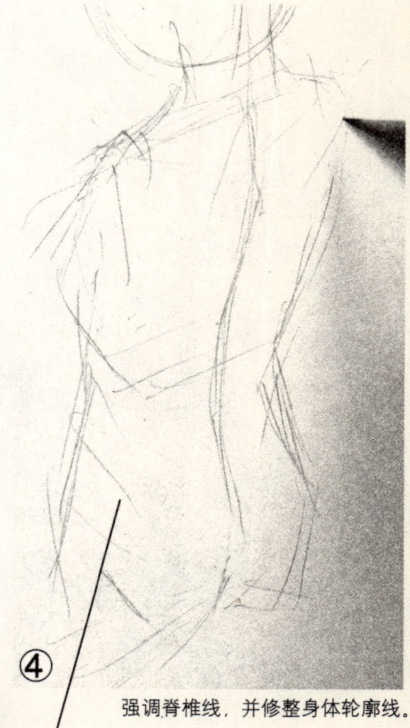

④

强调脊椎线，并修整身体轮廓线。

在侧面加上斜线，有助于把握身体的厚度。

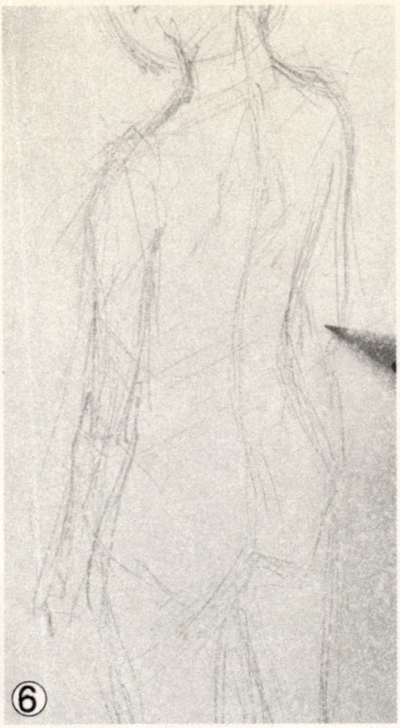

大致画好身体形态后，开始画腿和手臂的大致轮廓。

修整轮廓线，加上细节完成草图

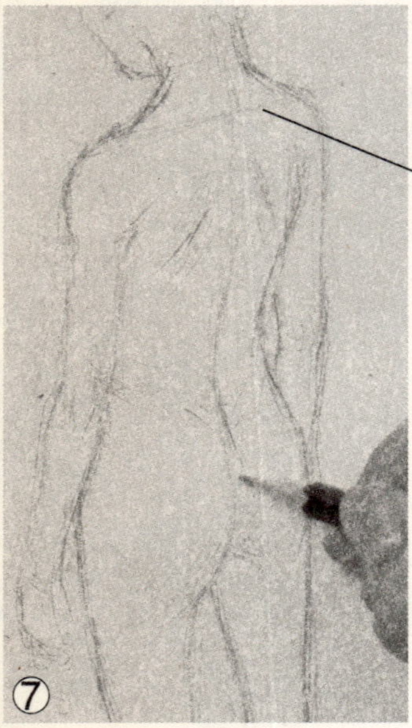

淡淡地画出比例参照线，然后开始进行加工全身的工作。

强调脊椎线的腰部，以此突出身体的立体感。

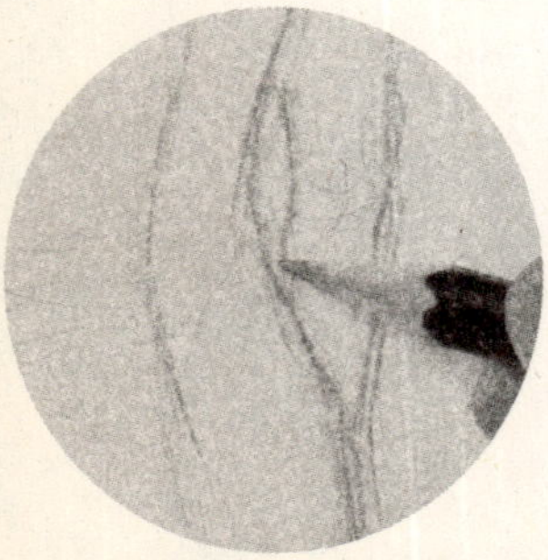

和表现臀部的曲线不同，腰到骨盆的线是直的。

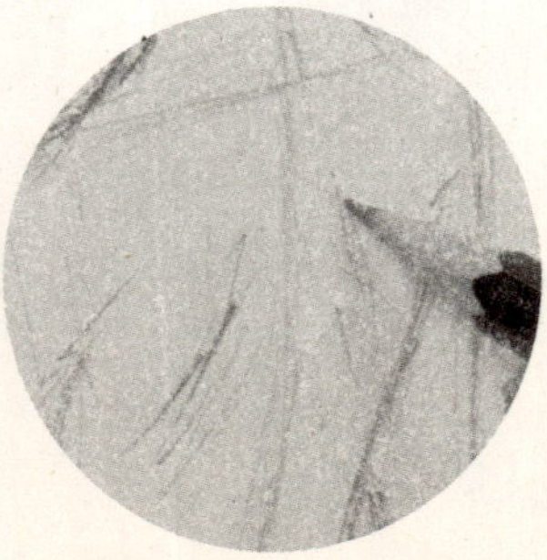

肩胛骨是凸起的，因此要画出八字形的线条将之表现出来。

完成

从正侧面看出来的姿态

在S形的脊椎上画出胸腔部分和骨盆部分，由此把握人物整体形态。

把握形态的基本方法

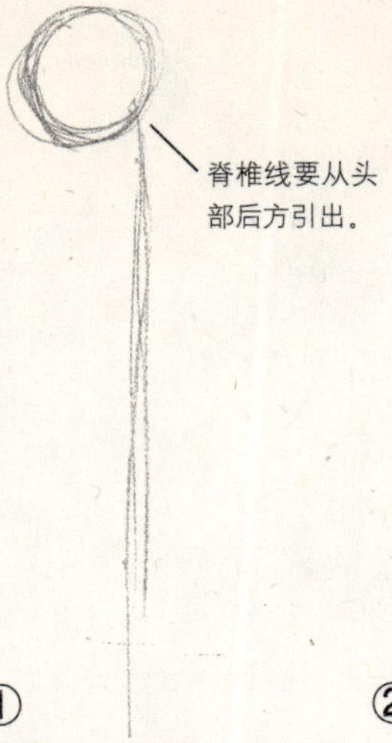

①

和正面等角度一样，侧面的头部轮廓也是一个圆。

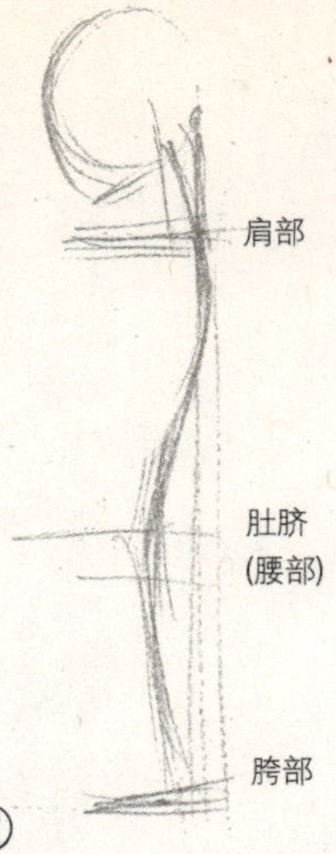

②

确定肩部、肚脐、胯部的位置，在S形的脊椎上将其标出。

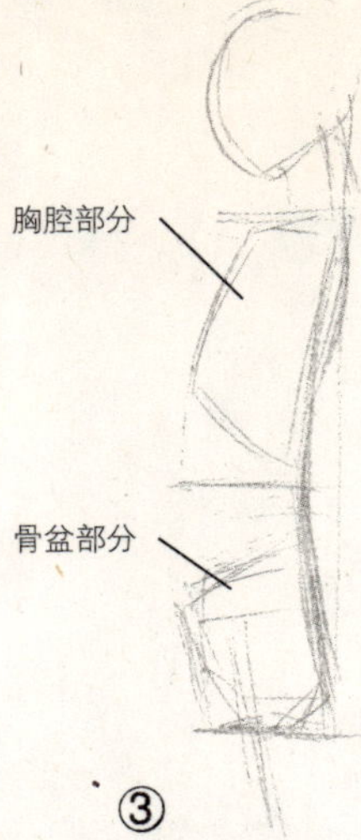

③

画出胸腔和骨盆部分。

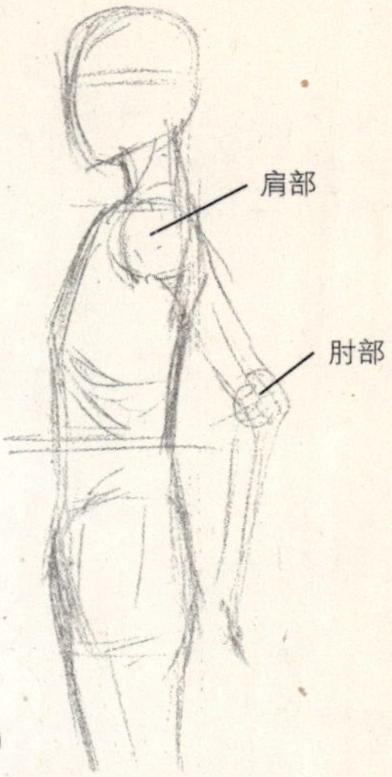

④

画出身体的轮廓，再加上肩部和肘部的大致轮廓。还要对脸形做出一定的修整。

坐姿

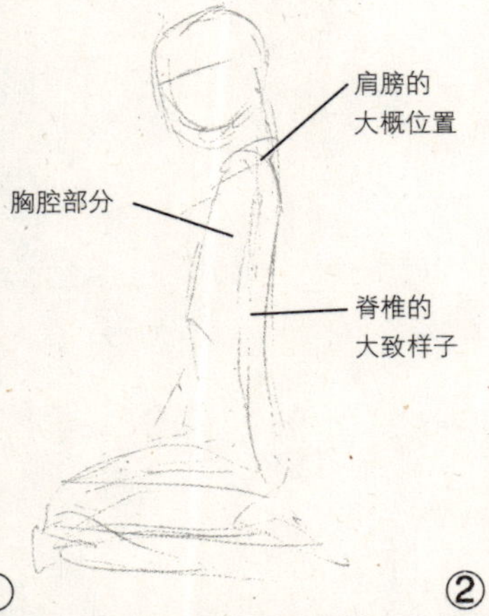

①

画出头部、脊椎和身体大致轮廓。骨盆部分不用画，但要画出呈跪坐姿态的腿的大致轮廓。

②

修整头部和胸腔的形状，并对身体的整体轮廓进行加工。

③

画出脸、头发、胸部等细节。裸体人物的草稿就完成了。

④

在描绘衣服的时候，可以将裸体人物的草稿作为基础，在上面加画服装。

⑤

着装（穿的是和服）人物的草稿完成了。

从侧面看的姿态

S形的脊椎线要画成平缓的曲线。确定肩线位置后再进一步作画。

把握形态的基本方法

①

画出大致的头部轮廓和脊椎线。

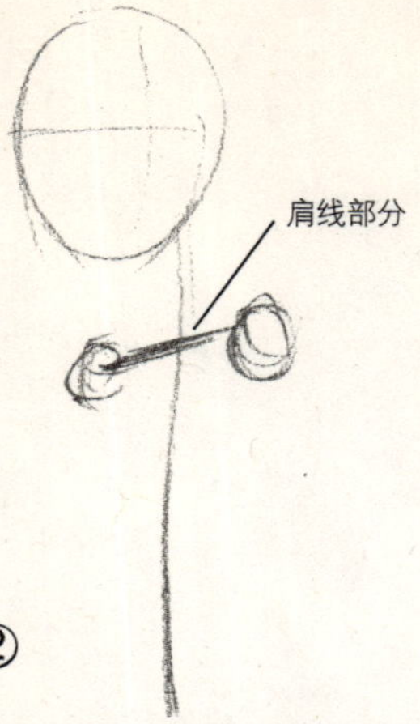

②

画出肩线，大致确定肩膀的位置。

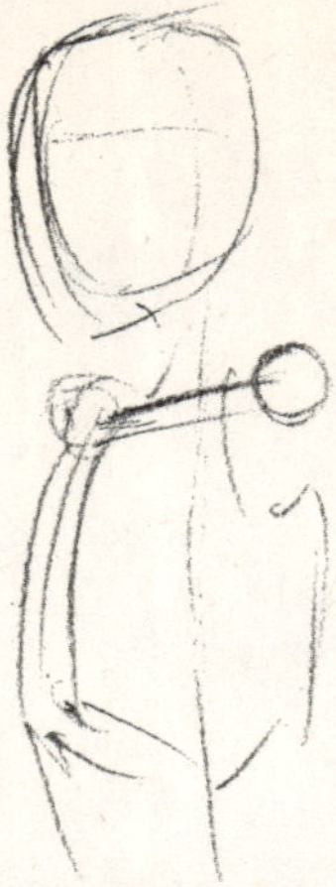

③

画上身体的大概轮廓，修整头部的形状。

④

画上手臂，对身体的轮廓线进行加工。

参考：奔跑的动作

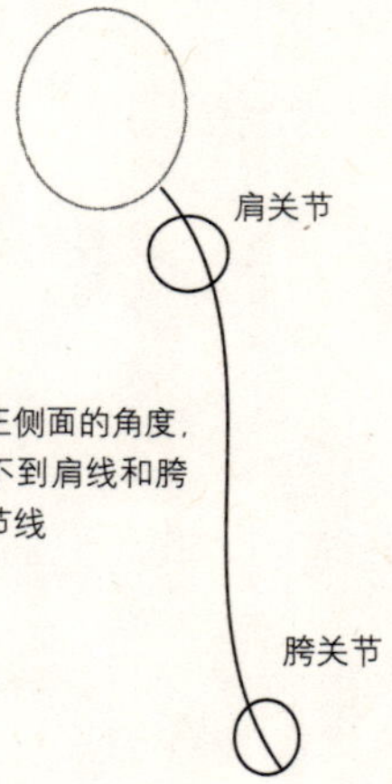

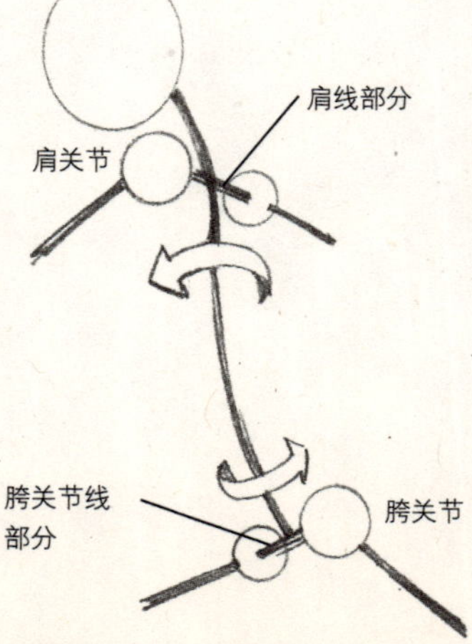

先以脊椎线为基础画出肩线部分和胯关节线部分，这样一来，上臂、肩膀以及腿的位置就明确了，那么，描绘身体扭转这样的动作也就变得简单了。

从正前方来看的姿态

和正后方的角度一样，这时脊椎也呈直线。不过，从正面根本看不到脊椎。因而可以将画在人物正面图上的脊椎线称为“正中线”。

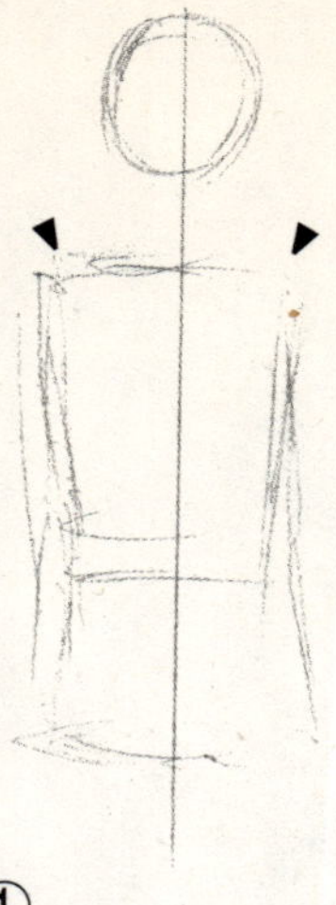

①

画出人体的大致轮廓，要注意肩宽和胴体宽度之间的比例。

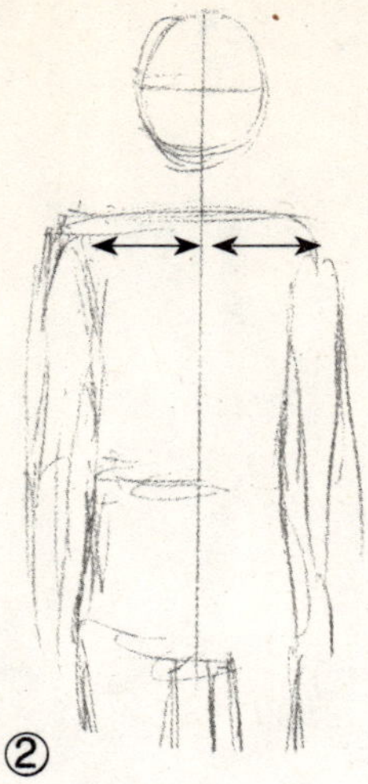

②

大致轮廓

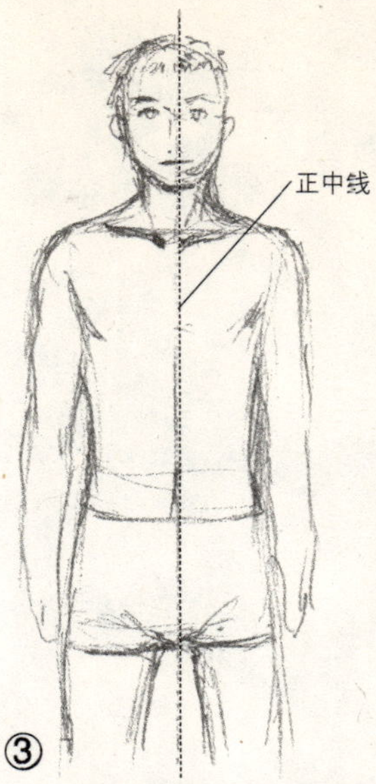

③

画出正中线，这样就可以迅速判断出左右两侧的比例是否出现问题。

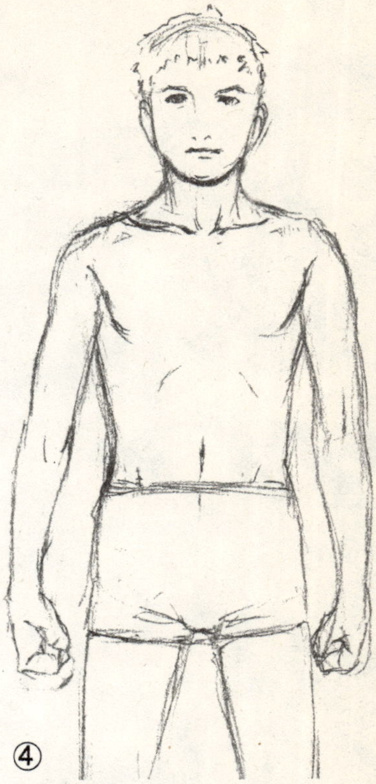

④

完成草稿

掌握身体宽度的不同

在动漫作品中，很少有直挺挺站着的人物正面图。

然而，在进行角色设计等工作时，需要明确把握体型的差异。画正面图可以将肩宽与躯干宽度的区别清晰地显示出来。

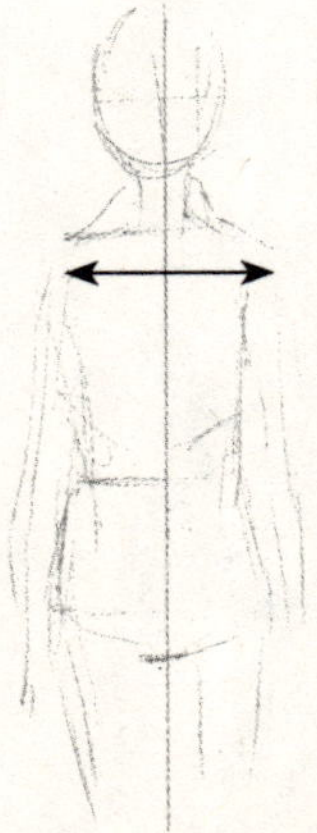

女性肩膀窄，整体纤细。

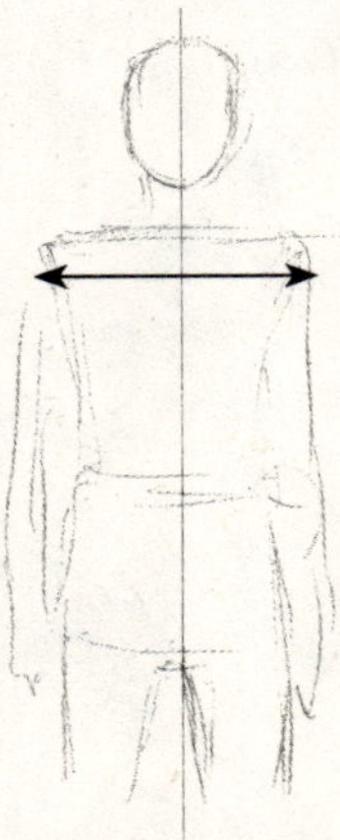

男性肩膀宽，整体上有一种壮实感。

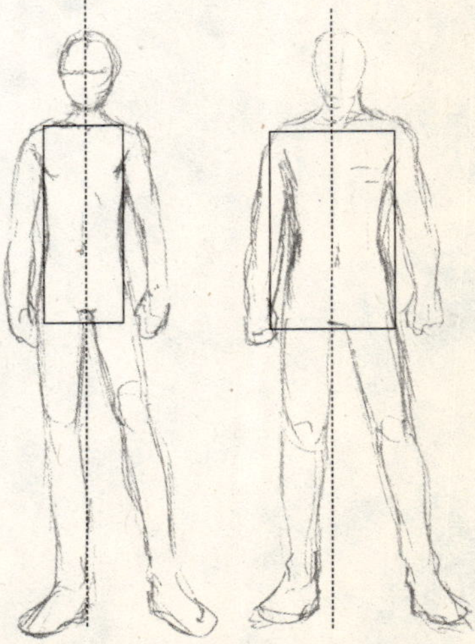

画呈对比风格的男性角色时，要注意修长型人物和壮实型人物的身体宽度是有区别的。

从正面把握脊椎的线条 —正中线—

与背面图中的脊椎线不同，正面图的中线被称为“正中线”。

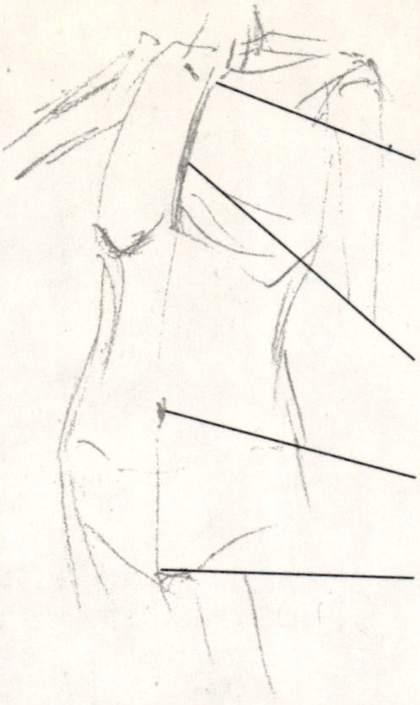

画出一条从锁骨内侧端开始，通过胸骨中心到达肚脐的线。这就是正中线。正中线有利于把握比例平衡，能给作画提供帮助。

将背面和正面中线连起来看，身体的厚度显得一目了然。

身体弯成く形时，正中线也呈く形。

正中线与脊椎相对应。

利用脊椎和正中线描绘人物立姿

头部、躯干、全身大致轮廓的作画顺序与人物背面图相同。在正面图上画出仿佛可见的脊椎线和身体的正中线。这样可以表现出躯体厚度的立体感，画出具有存在感的人物。

①

先画头部轮廓，接着画出全身的大致轮廓。

②

画上脊椎线和正中线，然后加上手臂、腿和关节的概貌。

③

对轮廓线进行加工。

④

基本完成草稿。

正中线决定了具有存在感的正面立姿

S形或弧形的脊椎线（即正中线）能为人物的站姿带来生气。

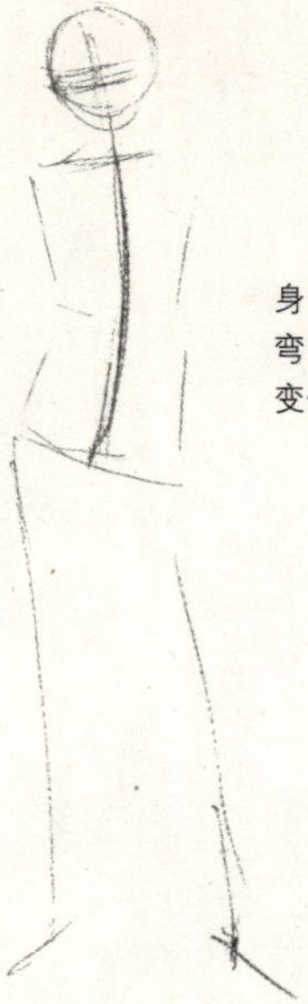

身体的轮廓根据弯曲的脊椎发生变化。

这是脊椎笔直的状态。直线令画面丧失了动感。

随意的站姿也带着S形的弯曲。因为人在站立时往往以单脚为重心。

为了画出自然的站姿，
要从平时就开始注意观
察人们不经意的动作。

失败的例子。每个人都站得很端正的群像。

一人一态、感觉自然的群像。

立姿和重心

头、躯干、脊椎和手脚要达到平衡，别让人物看上去像是要摔倒的样子。作画时注意重心能带来整体上的安定感。

作画时要注意人物的落脚点

带着重心意识作画可以提高人物的存在感。

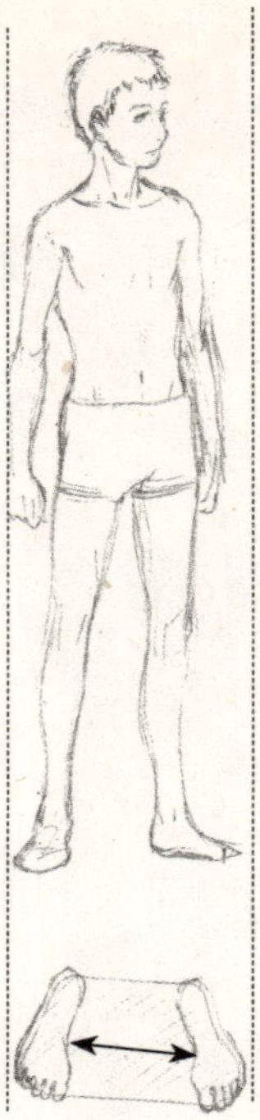

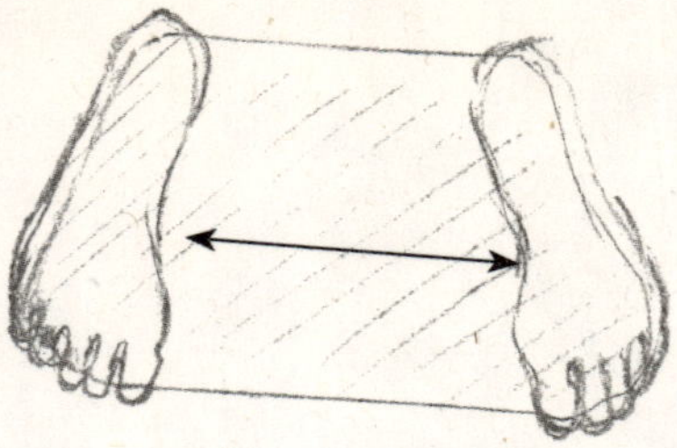

落脚点。人物站立时重心位于双足之间。

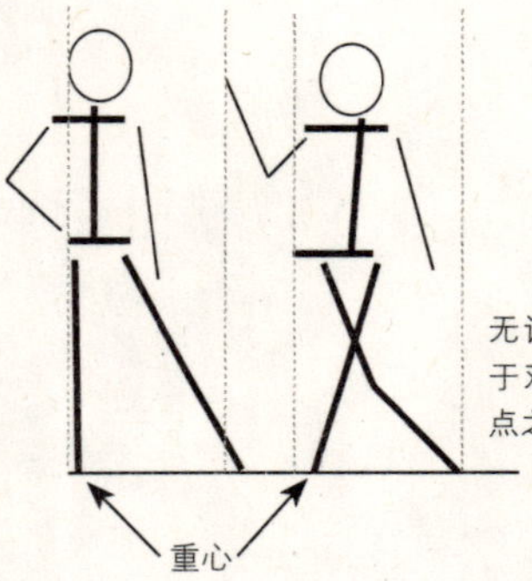

无论哪一侧承重，重心都位于双足之间——即两个落脚点之内。

落脚点和头部的位置是关键

从头部开始向下拉出一条直线。

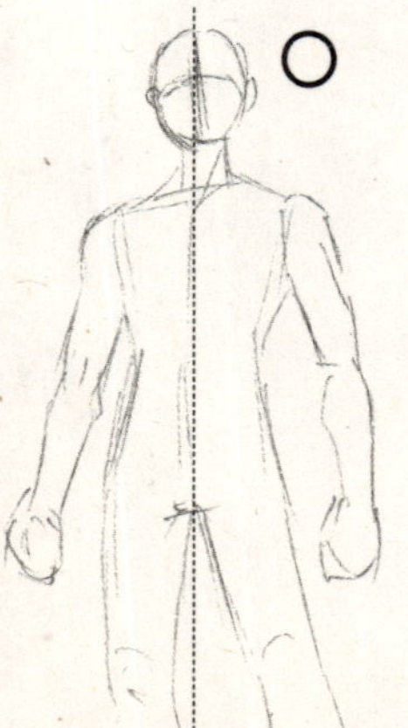

落脚点宽幅大能使人物显得威风凛凛。

画Q版人物时，让头的位置处于落脚点之内就能带来稳定感。

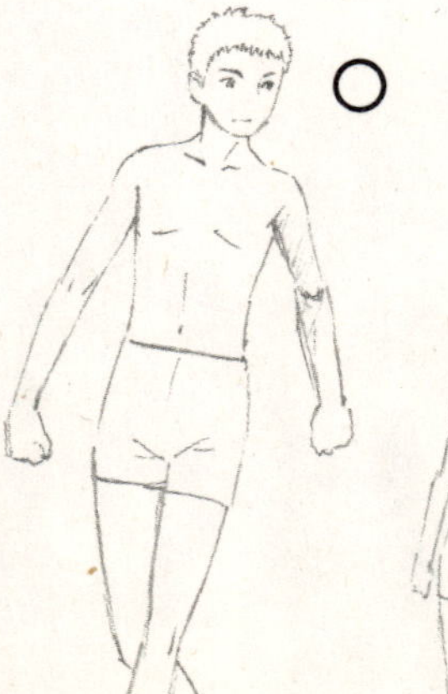

在摆臂迈步奔跑的姿势中，即使头的位置在落脚点之外也不会使人物显得摇摇欲坠。

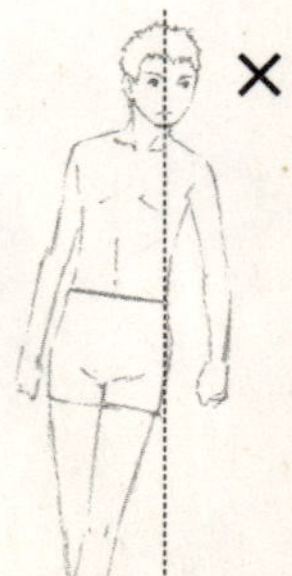

头位于落脚点外，人物眼看要倒。不过在单幅画中这能给人带来强烈的印象。

头部位于落脚点之外的情况

低头看

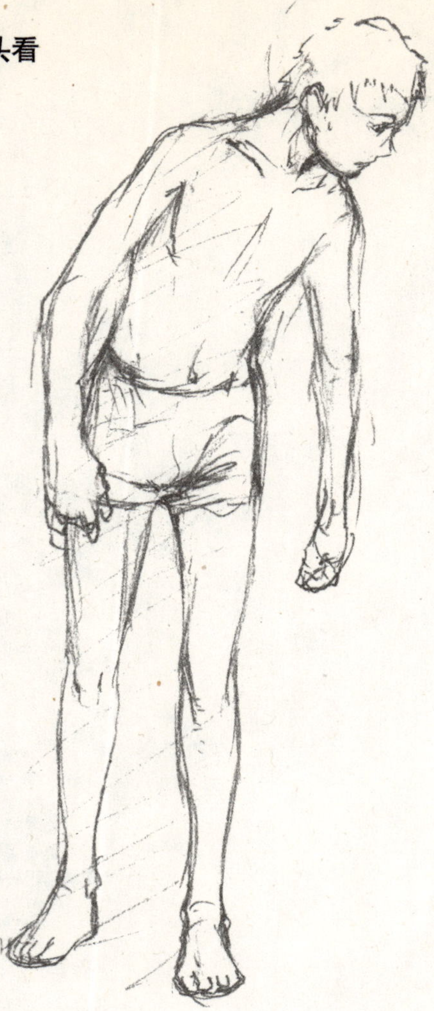

身体的大部分位于落脚点之内，所以不会倒下。

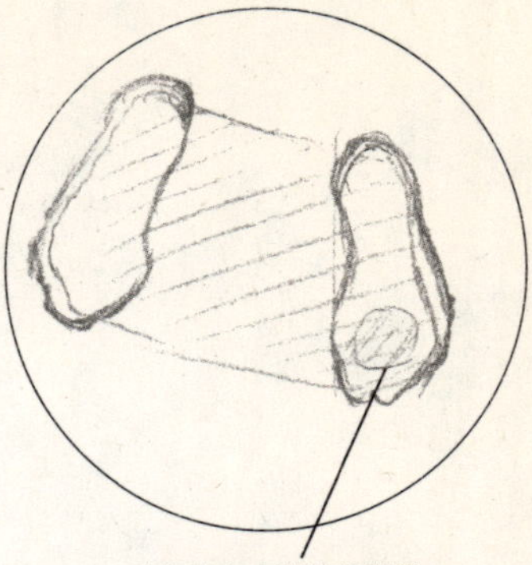

弯腰俯身

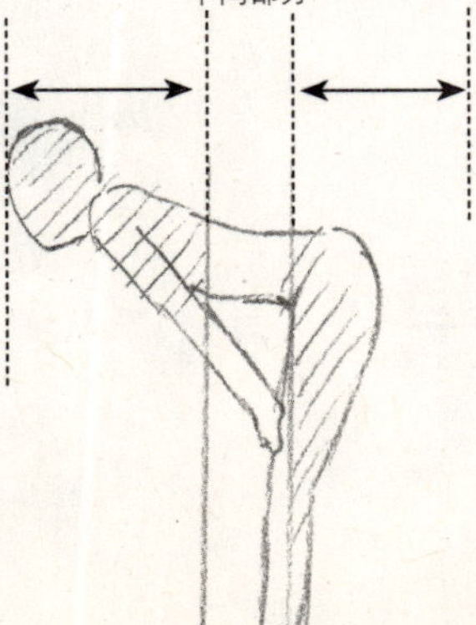

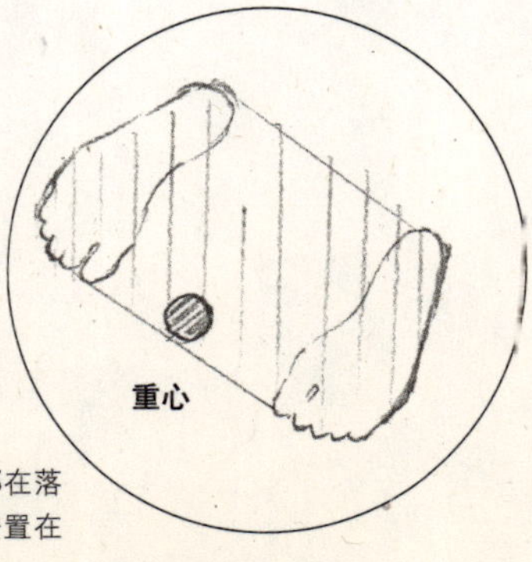

头部、上半身、下半身（连同臀部）都在落脚点之外，但只要将身体的中间部分安置在落脚点的位置上，站着的人就不会倒下。

单脚支撑全身的情况

画的时候必须注意要让头部和着地的脚能用直线连起来。而在奔跑中的人物由于重心正在移动，所以即使把身体画得非常斜看上去也不会显得不稳。

单腿站立

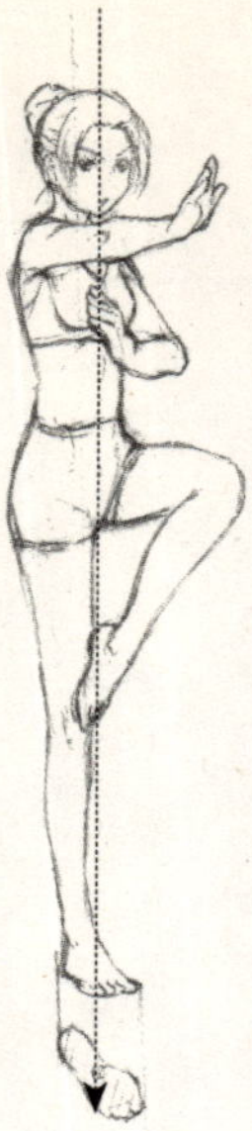

单腿站立保持不动时，重心在脚底中部。

重心的位置。差不多在脚底中心。

以正面角度画左图人物的效果。

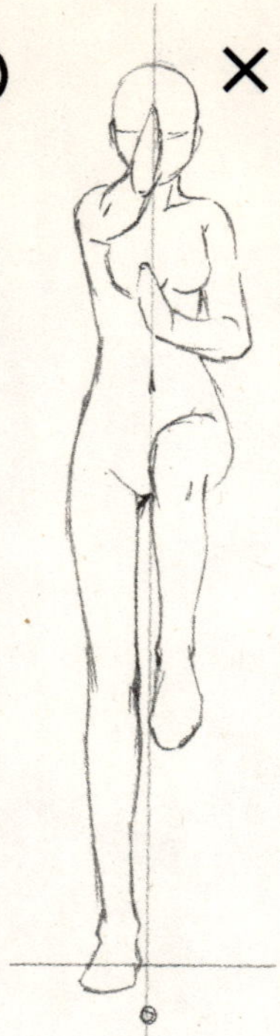

失败的例子。重心偏离了足部，人肯定会摔倒。

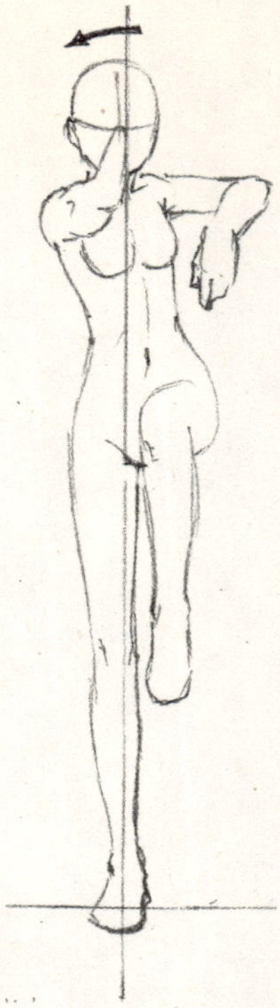

修改后的例子。挪动上半身位置重画后，重心落到了足部。上半身稍稍扭转给整体带来了更强的动感。

跑动

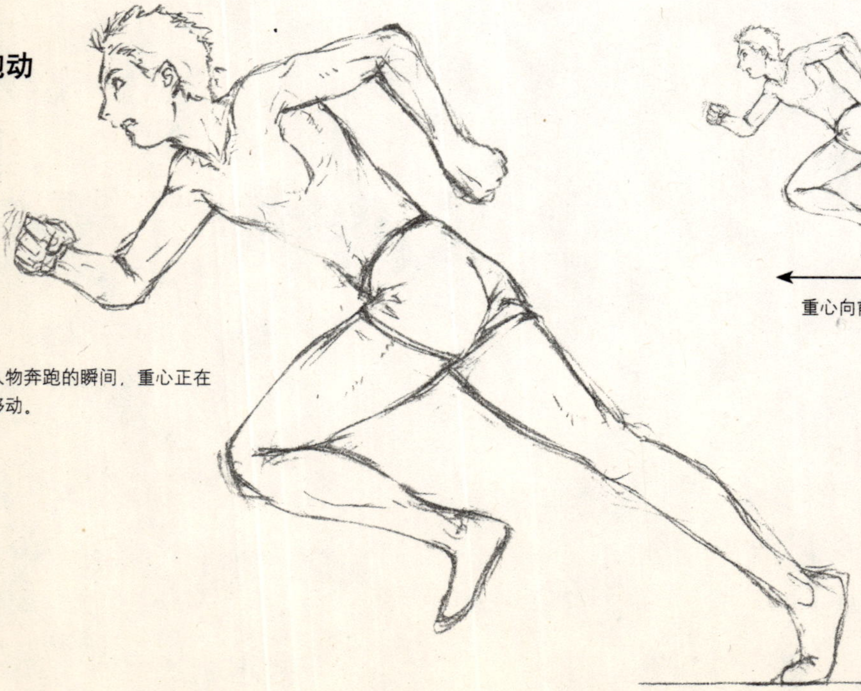

人物奔跑的瞬间，重心正在移动。

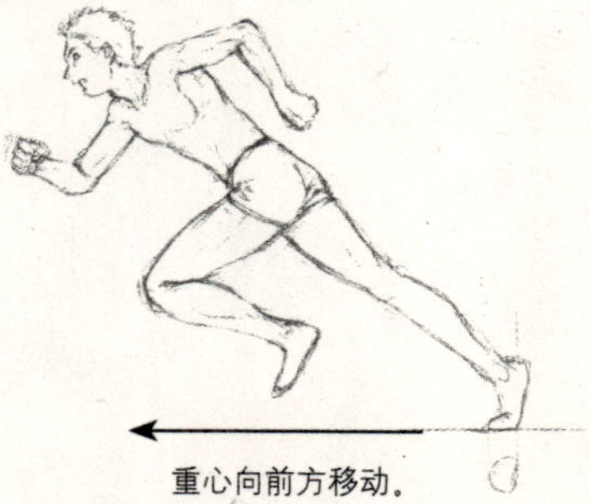

重心向前方移动。

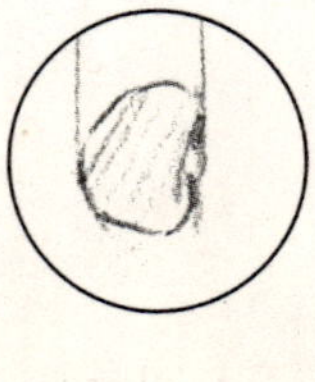

稍稍后仰和身体前屈的情况

描绘拿东西的人物时，把握平衡的技巧和画空手人物时一样。

后仰

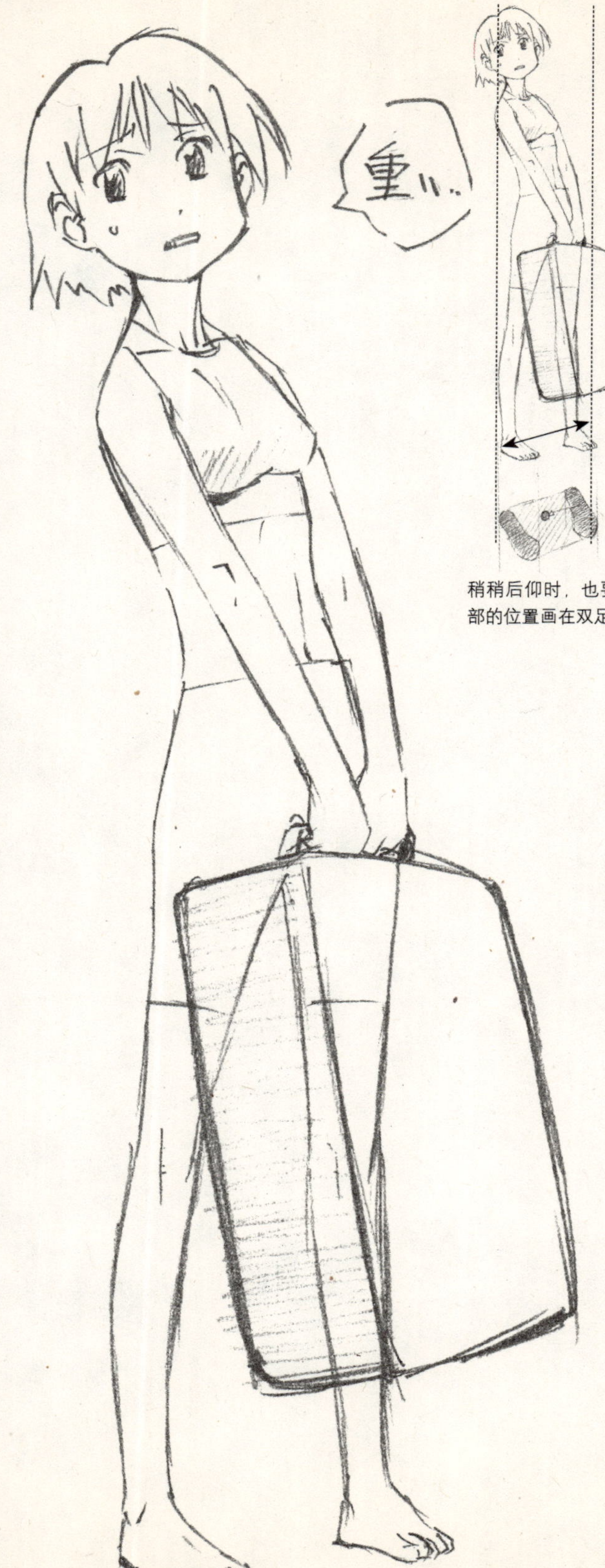

稍稍后仰时，也要把头部的位置画在双足之间。

身体前屈

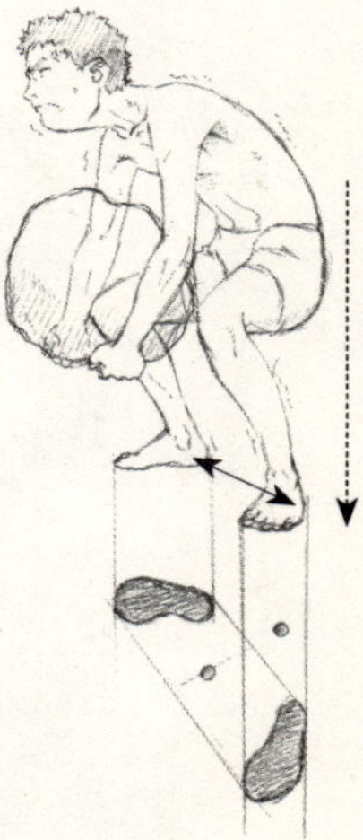

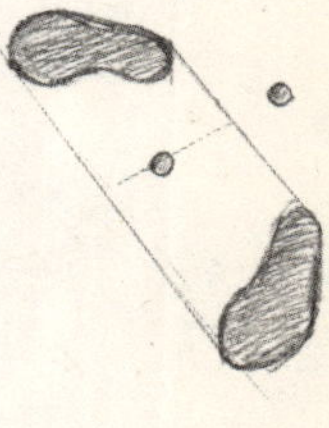

身体前屈时，把臀部位置画在双足位置之后，这样就能令人物显得稳定。

人体的构造

让我们来学习骨骼和肌肉的基本构造。

重要部位及其名称

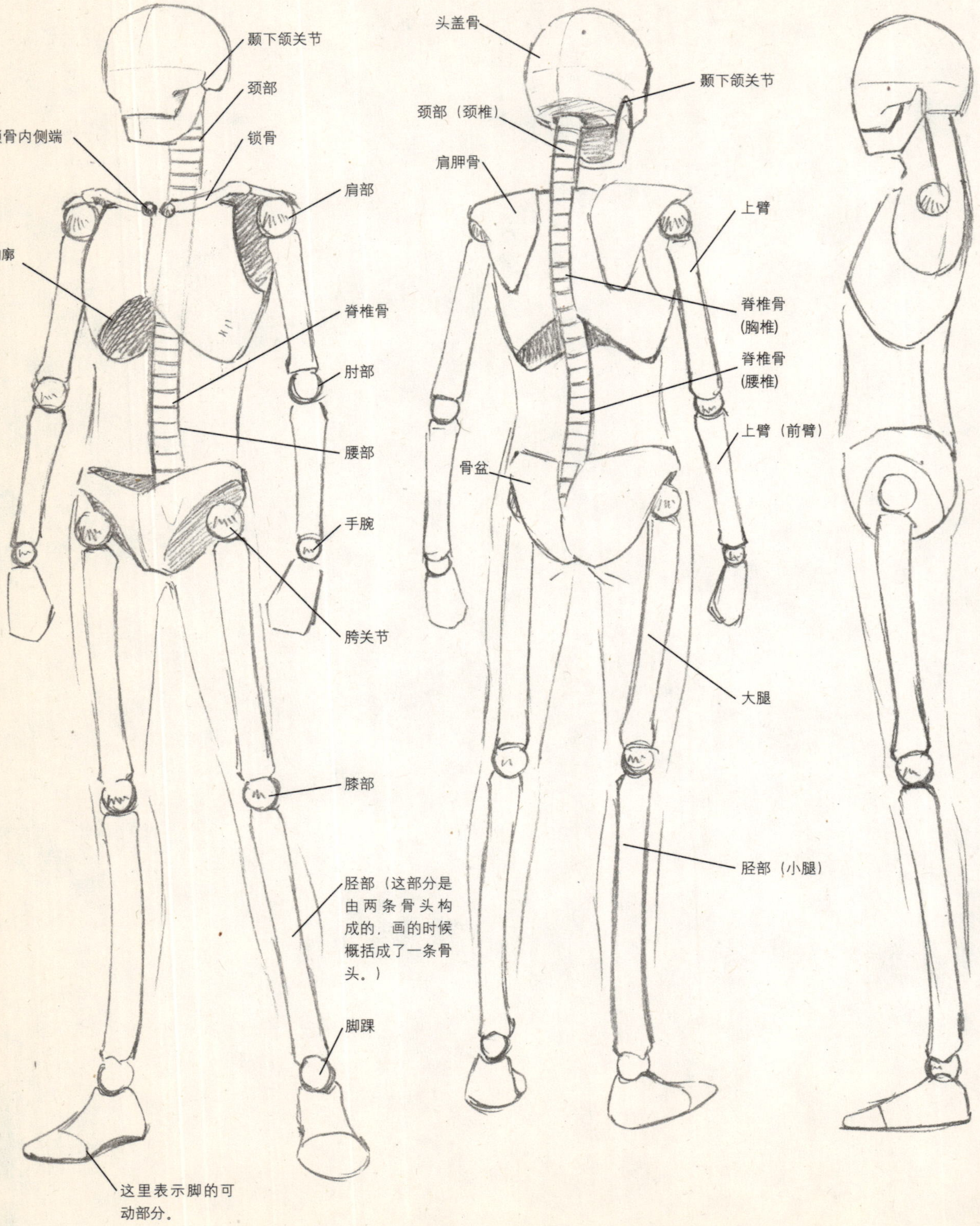

可自由活动的部分

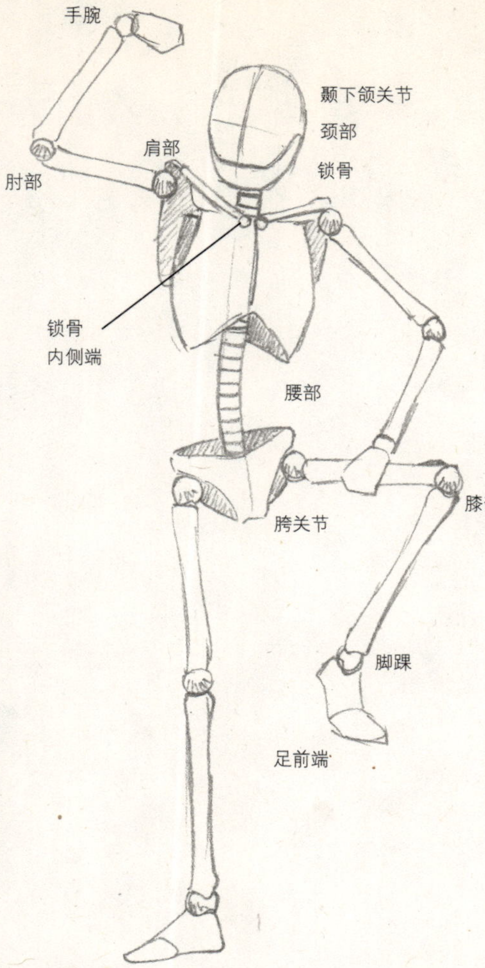

关节部分可以做出弯曲旋转的动作。同时，关节还具有些许可以伸缩的弹性。

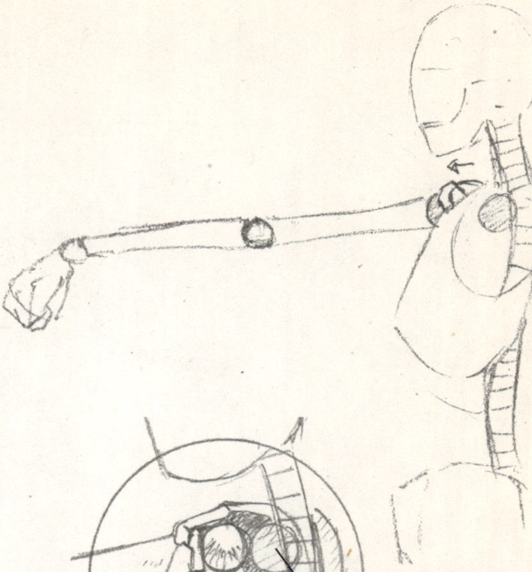

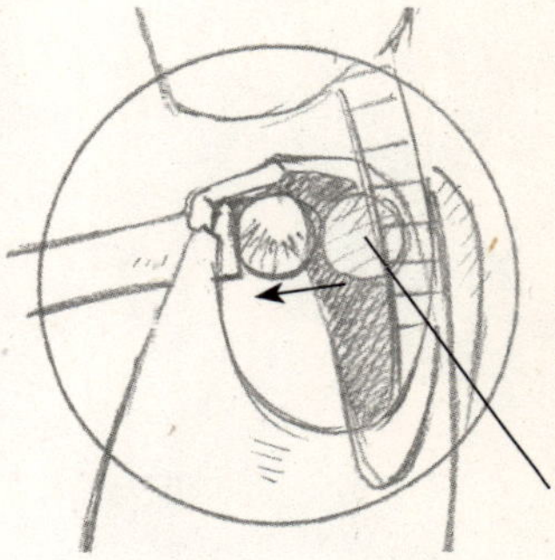

颈椎骨和脊椎骨是由小的骨块连接而成的关节集合体，可以弯成弧形。

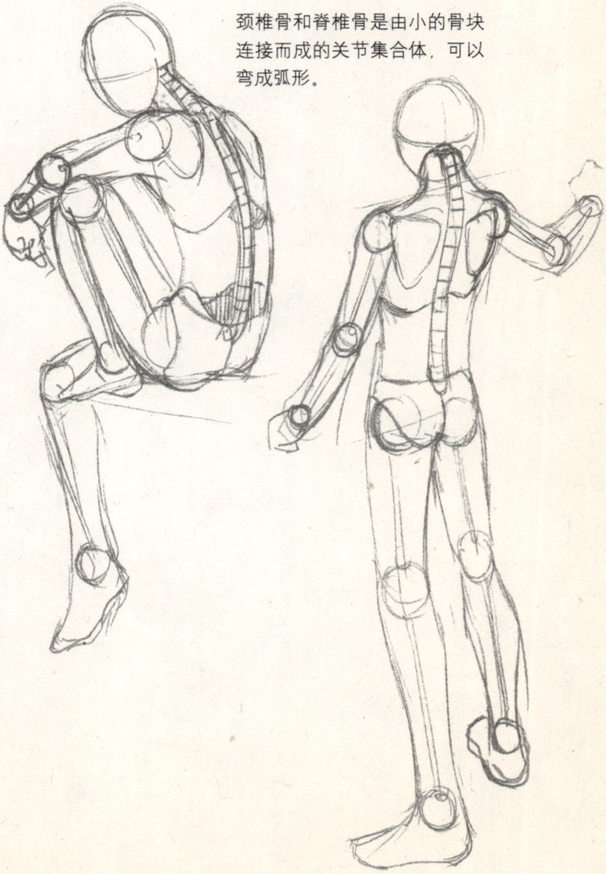

【膝关节】

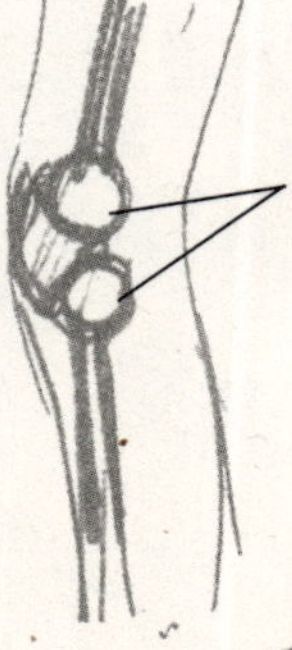

上下腿骨的前端紧挨着形成关节。联结两个前端的部分伸展开，就可以形成跪坐的姿势。

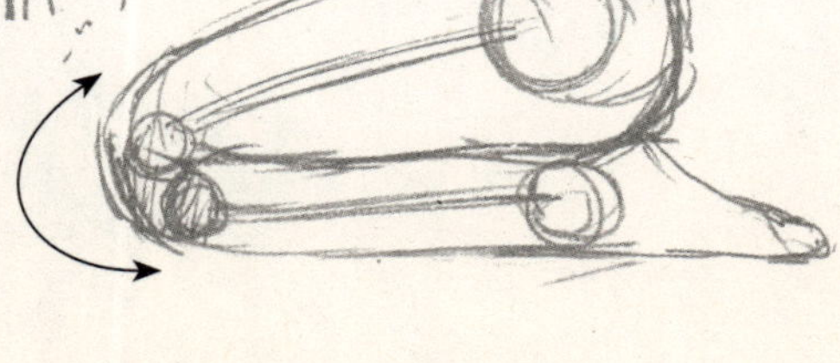

与身体轮廓相关的肌肉

体表的线条表现出肌肉的起伏。请记住基础性肌肉的名字，特别是那些用较大字体标出的内容。

正面的肌肉

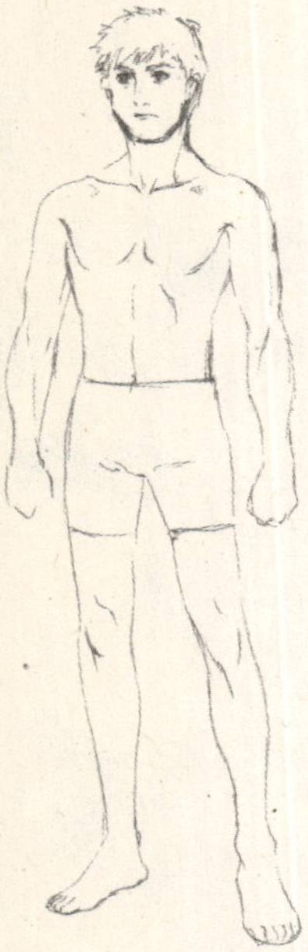

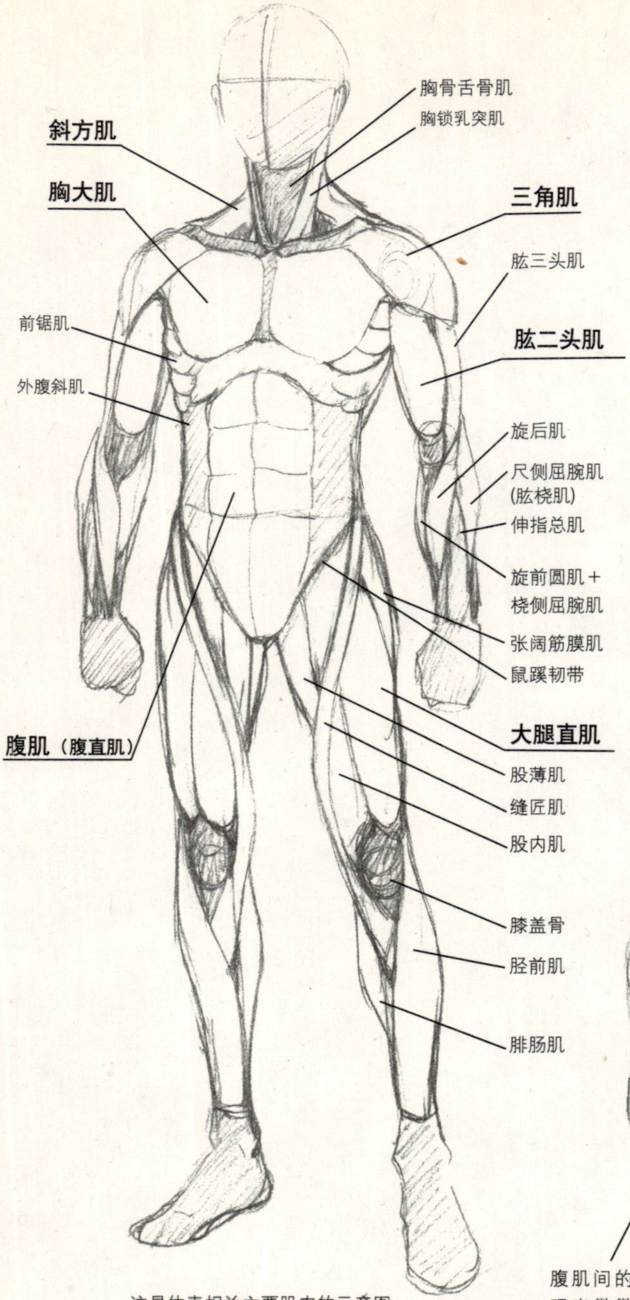

这是体表相关主要肌肉的示意图。

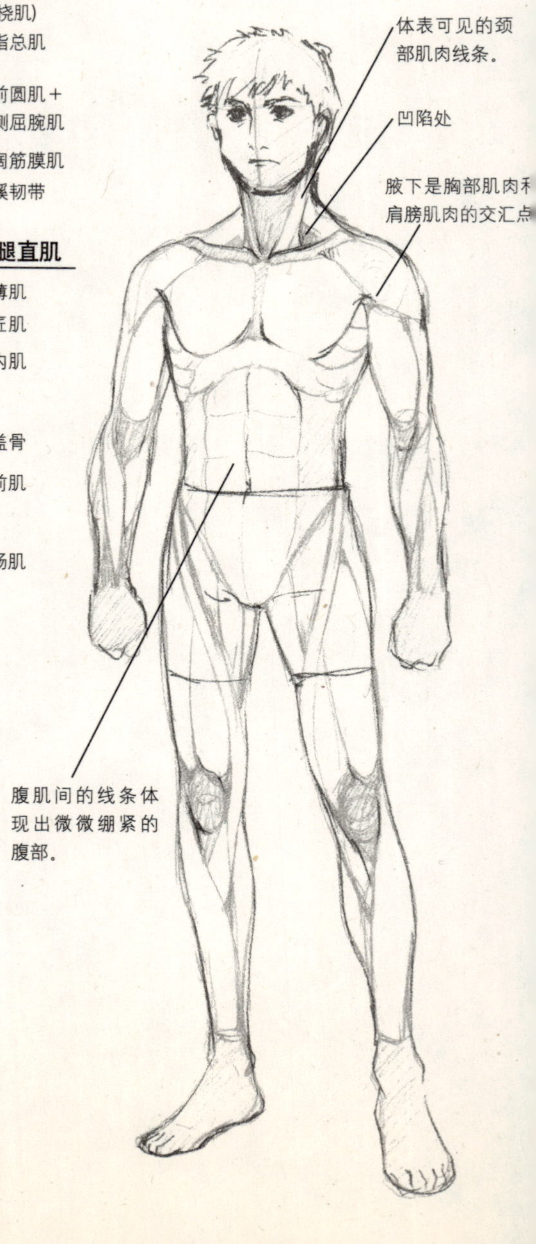

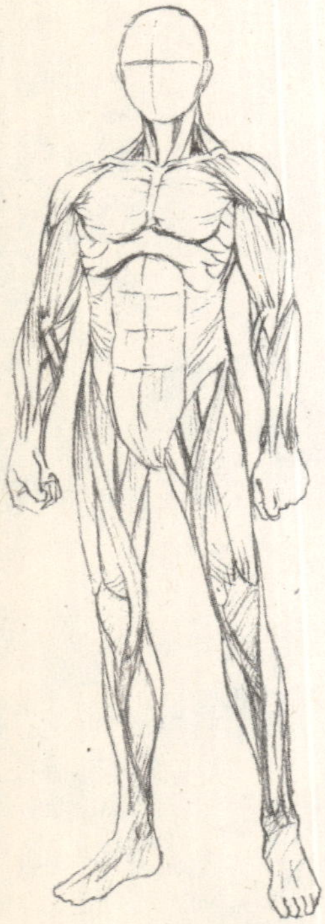

实际肌肉大略图。这个在学习把握和应用表现两方面都比较难。

侧面的肌肉

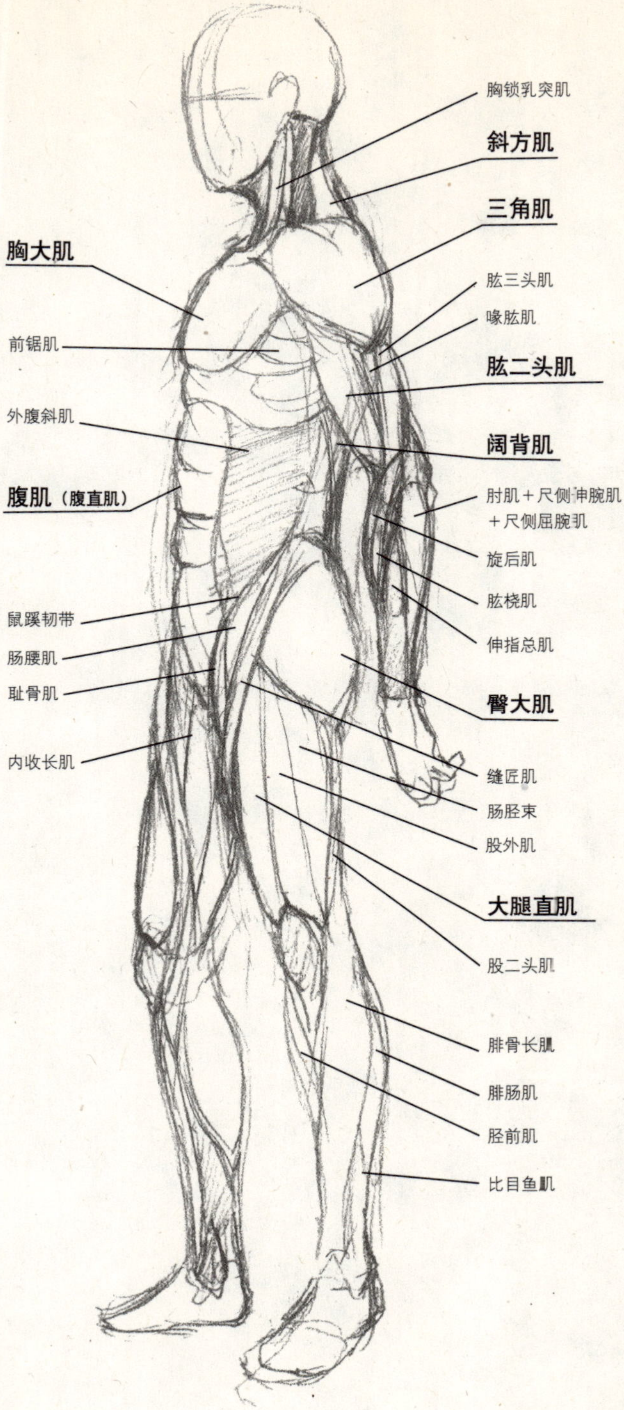
胸锁乳突肌
斜方肌
三角肌
胸大肌
肱三头肌
喙肱肌
前锯肌
肱二头肌
外腹斜肌
阔背肌
腹肌（腹直肌）
肘肌＋尺侧伸腕肌
＋尺侧屈腕肌
旋后肌
肱桡肌
鼠蹊韧带
肠腰肌
伸指总肌
耻骨肌
臀大肌
内收长肌
缝匠肌
肠胫束
股外肌
大腿直肌
股二头肌
腓骨长肌
腓肠肌
胫前肌
比目鱼肌

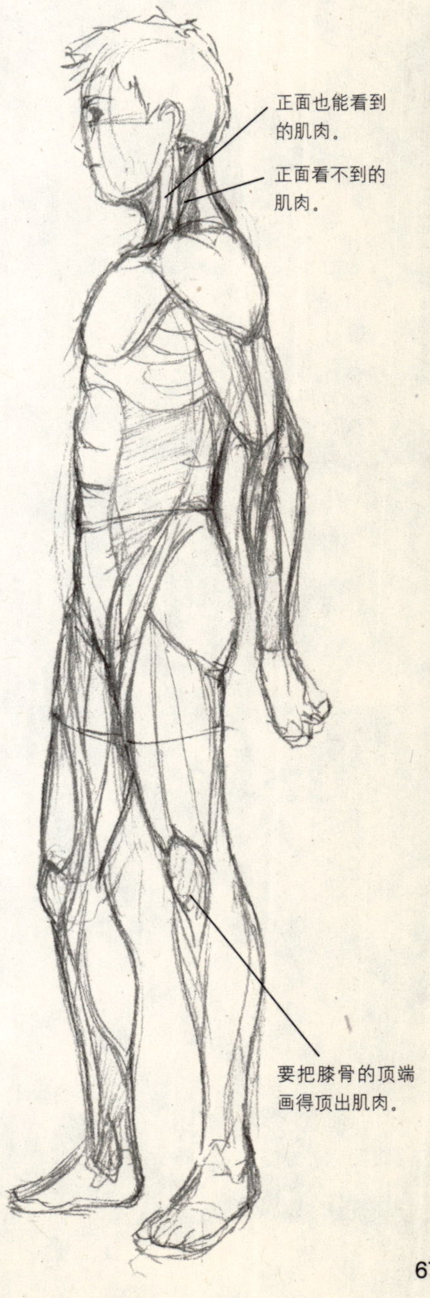
正面也能看到
的肌肉。
正面看不到的
肌肉。
要把膝骨的顶端
画得顶出肌肉。

背面的肌肉

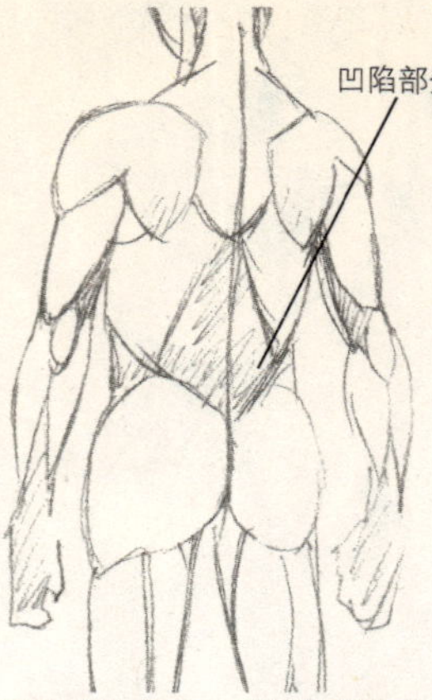

对于女性角色，可以强调背部的凹陷部分，画出优美的背部。

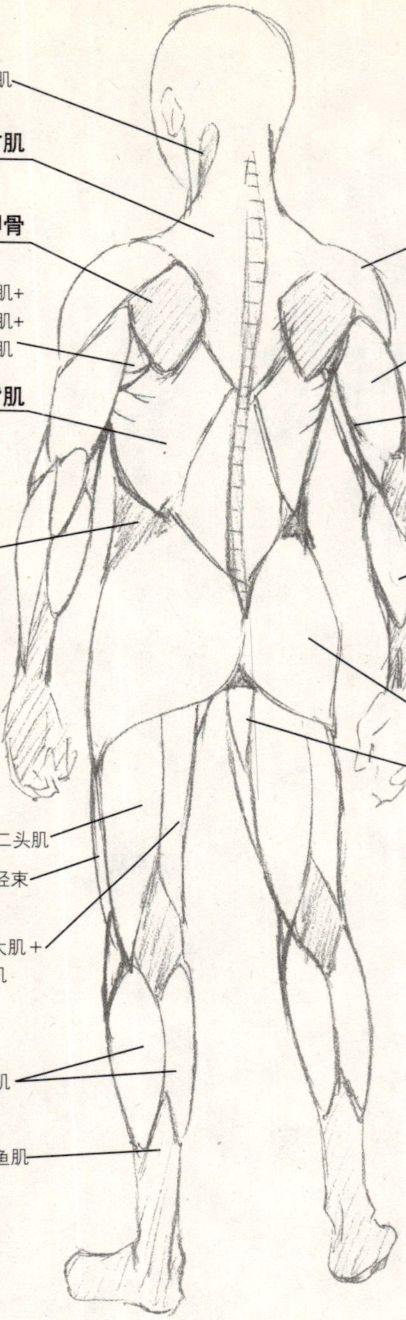

实际肌肉图示。背部的肌肉复杂地交织在一起。

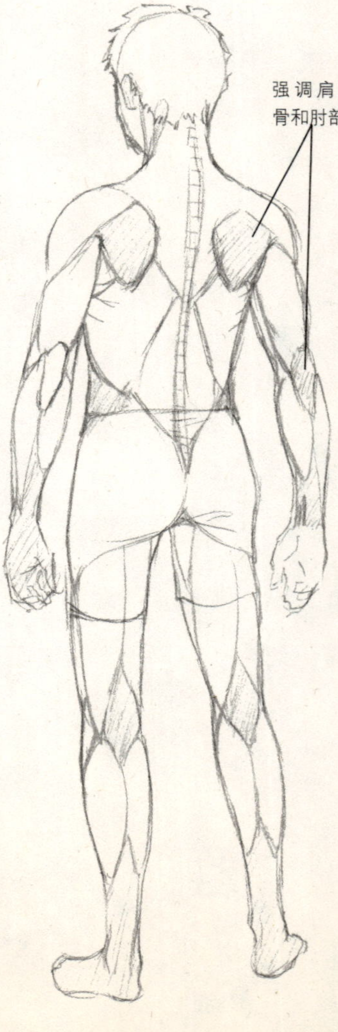

强调肩胛骨和肘部。

身体轮廓的表现

要用轮廓的起伏来表现身体和肌肉的立体感。

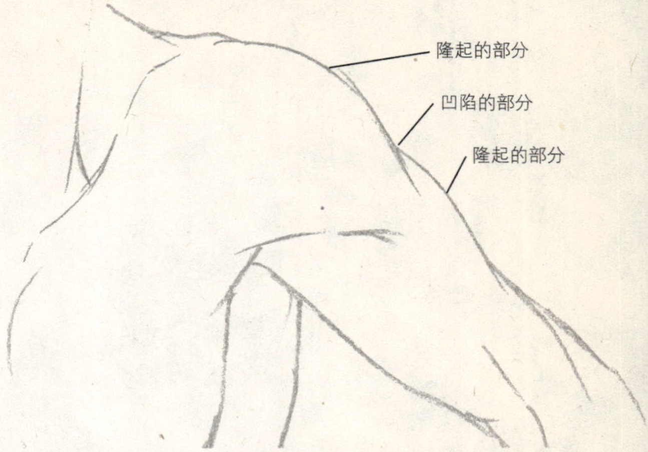

对于隆起部分和凹陷部分，要注意画出肌肉凹凸的前后关系。强调起伏能带来肉体性和肌肉感。

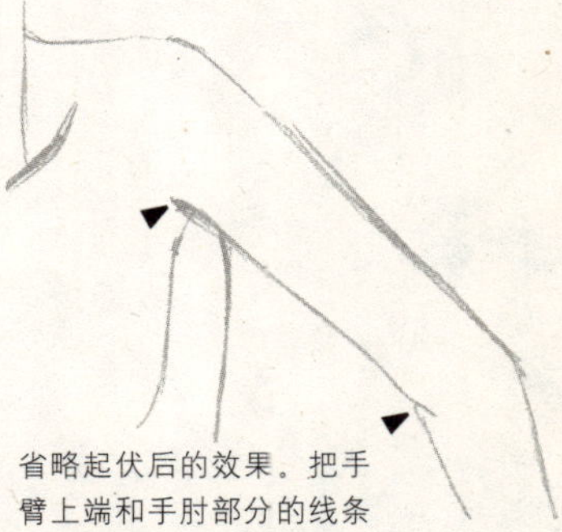

省略起伏后的效果。把手臂上端和手肘部分的线条画得长一点能让人物保持立体感。

平面式的图。省去手臂上端和手肘部分线条的伸长部分后，完全丧失了立体感。

将连接的肌肉看作起伏的山峦

前面的山的轮廓把后面的山遮住了。立体往往意味着前方事物对后方事物的遮挡。

肌肉其实就是肌肉块的堆叠。因此，怀着对“出现在前方的肌肉”和“后方被挡住的肌肉”的意识来作画，就能画出立体感。

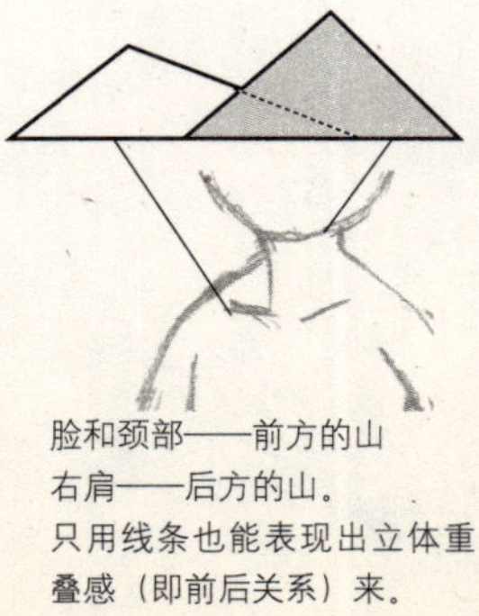

脸和颈部——前方的山
右肩——后方的山。
只用线条也能表现出立体重叠感（即前后关系）来。

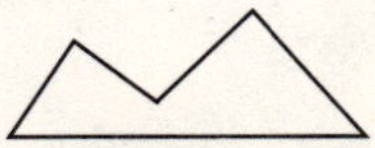

分辨不出前后的图形。
毫无立体感。

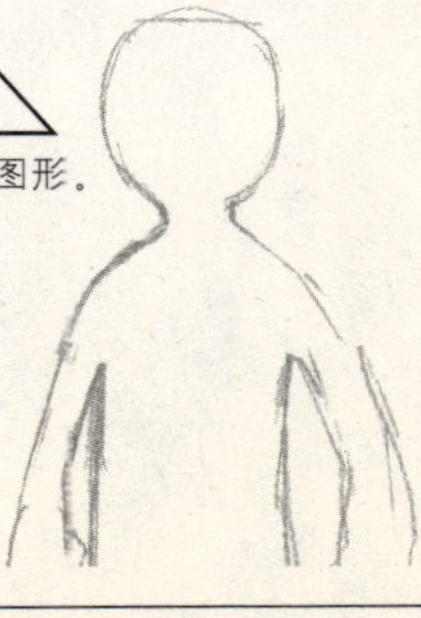

代表性体形的不同画法

【普通型】

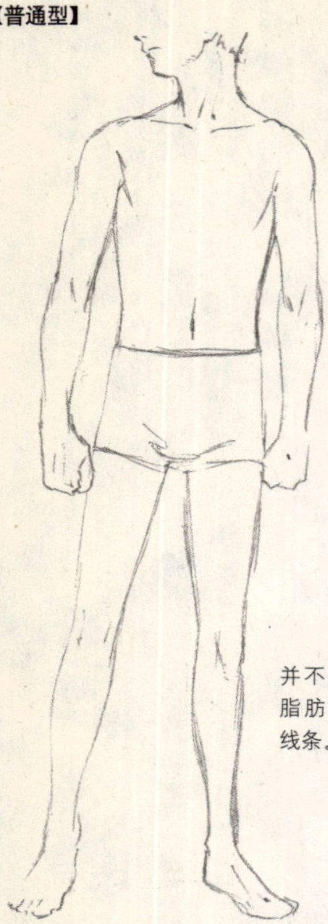

并不突出表现肌肉。脂肪缓和了肌肉的线条。

【肌肉型】

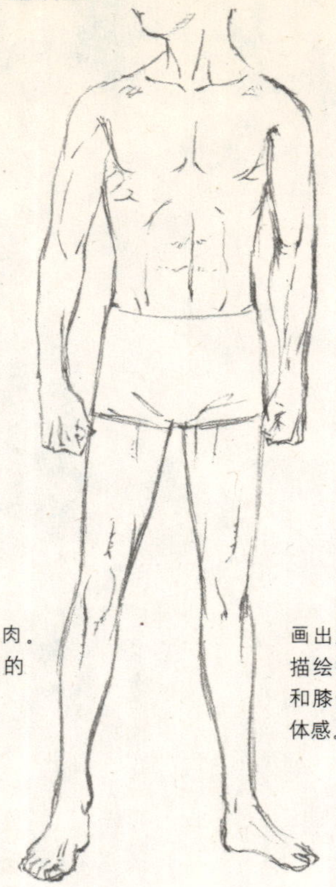

画出肌肉线条。重点描绘锁骨周围、腹部和膝部，可以突出立体感。

【消瘦型】

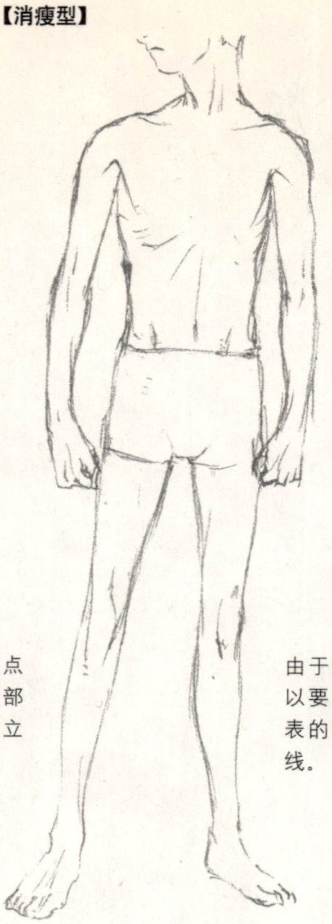

由于缺乏脂肪，所以要画上浮现于体表的肌肉线和骨骼线。

表现强壮的身体

【画出肌肉型】

用线条来强调肌肉。

【不画出肌肉型】

只画出肌肉隆起的轮廓并重点强调胸肌，这样即使不勾勒肌肉线条也能体现出强壮感。

任何人物的皮肤下面都有肌肉，因而肌肉的变化和人物的动作是一致的。在描绘人物时，多少带着些肌肉的意识去作画，这样就能体现出存在感和跃动感。

背部肌肉的表现。强调肩胛骨的凸起部分和后背的肌肉，突出格斗家经过锻炼的健壮身材。

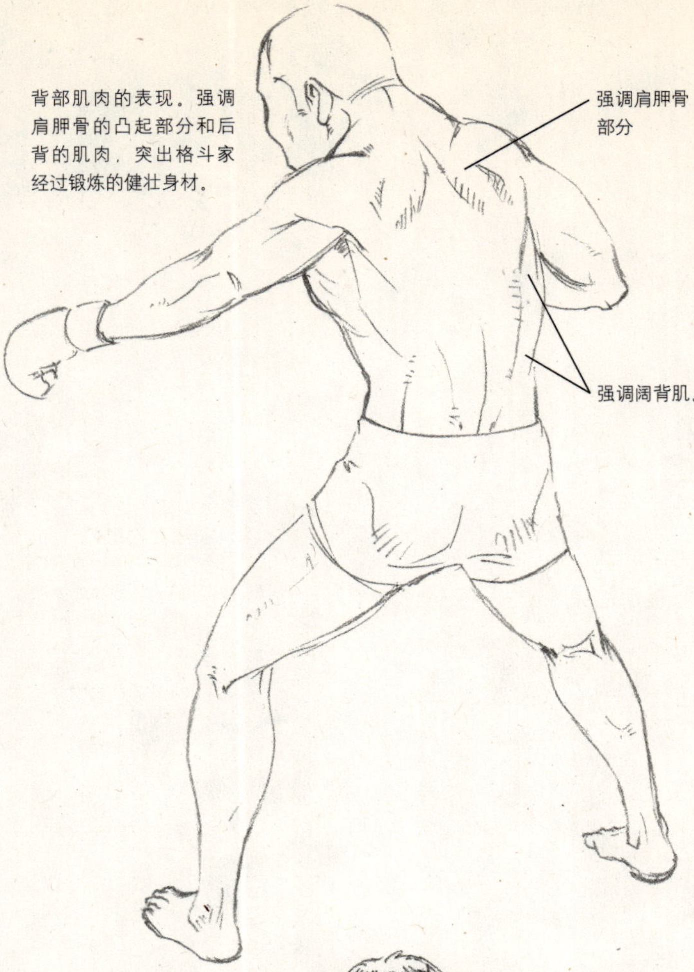

在表现肌肉时，肩部肌肉是保持女性特点的关键，诀窍在于要把肩部作为小而圆的隆起来强调。

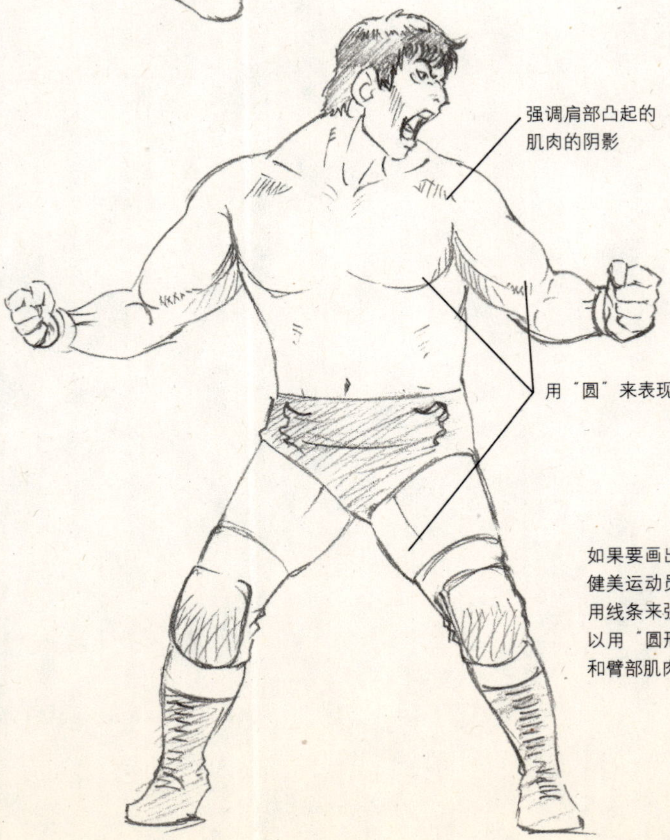

如果要画出摔跤运动员有别于健美运动员的肌肉，就不能只用线条来强调所有的肌肉，可以用"圆形隆起"来表现胸部和臂部肌肉。

男和女的不同画法

描绘身体时，要注意男性“硬实的身体”以表现肌肉为主，女性“柔软的身体”以表现脂肪为主，这样就能拓宽人物的表现领域。

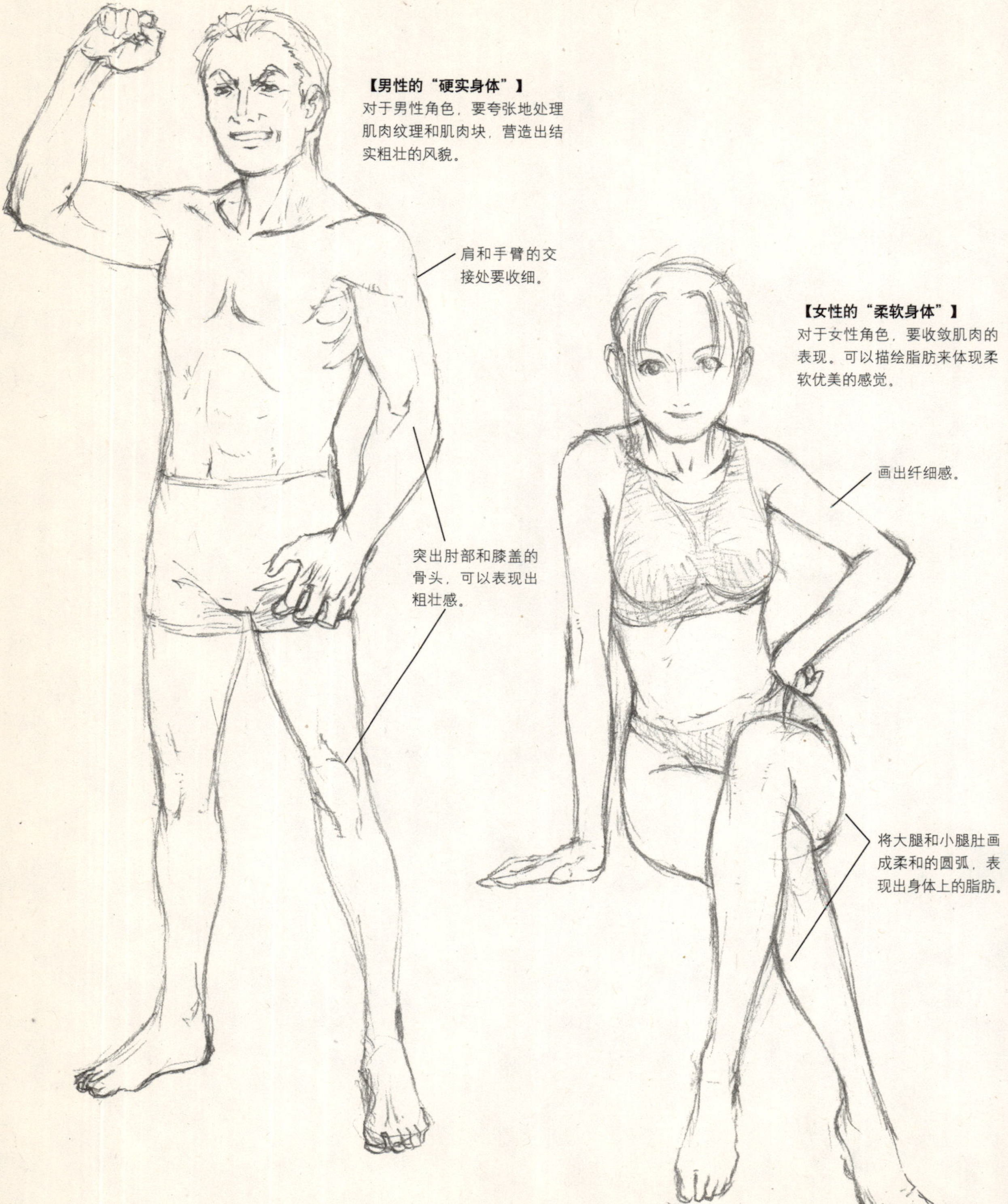

身体的表现

男性—“用肌肉的表现来形成阳刚之气”

【表现肌肉型】
（硬实的身体）

强调腹部和手臂的肌肉。

腰部收细。

在肌肉型的身体上要画出大量线条。

【表现脂肪型】

基本不画出胸部和腹部的肌肉。

强调腹部和手臂的脂肪。

引向腰部的线条要直，并稍稍向外展。

不对膝关节进行强调。

在脂肪型的身体上基本不要画出线条，使之呈现出平板状。

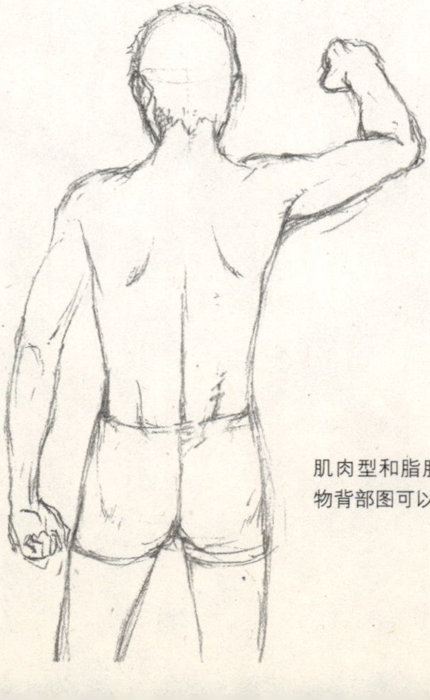

肌肉型和脂肪型的人物背部图可以通用。

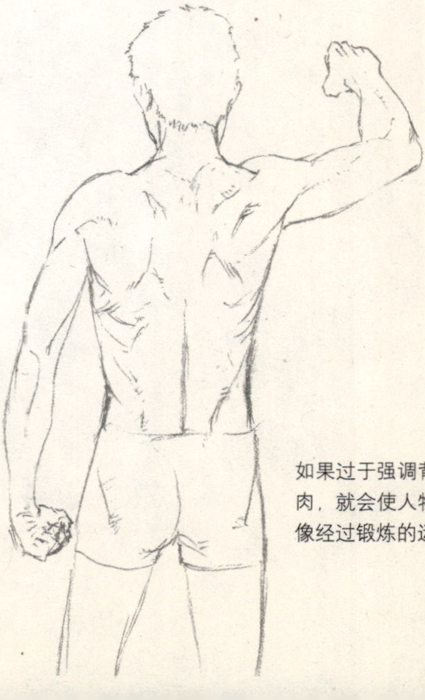

如果过于强调背部的肌肉，就会使人物看上去像经过锻炼的运动员。

女性—“用脂肪的表现来形成柔美之气”

和男性相比，女性全身脂肪较多，肌肉也比较软。作画时要注意体现柔软的风貌。

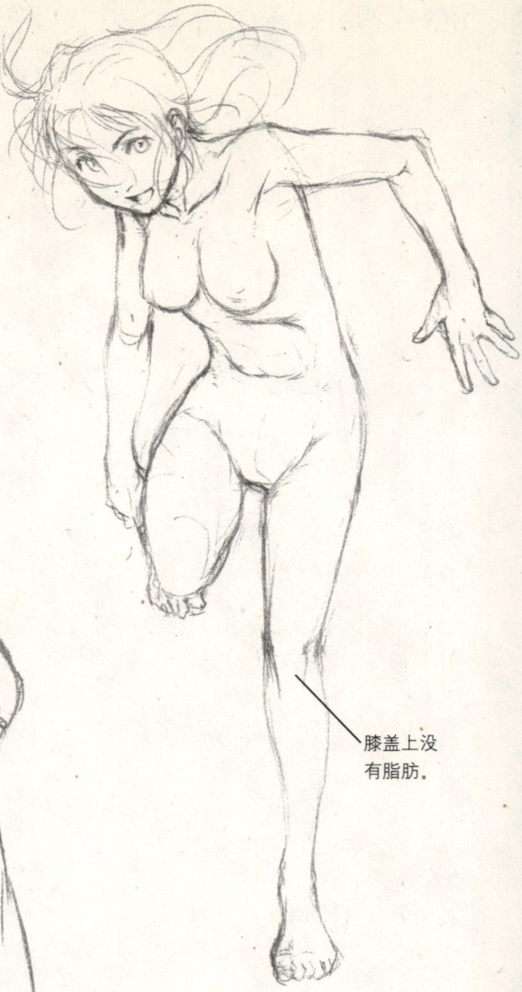

膝盖上没有脂肪。

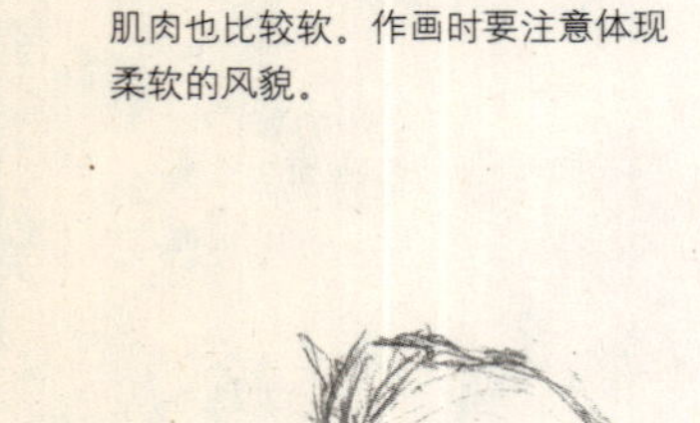

对于苗条的身体也要注意脂肪的表现，要画出胸部和臀部的体积感。

臀部脂肪较多，因此要画成曲线。

肌肉型的女性

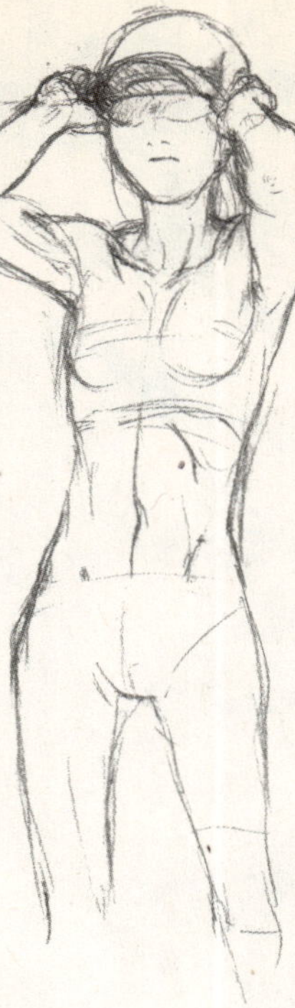

在女性角色上画出肌肉，可以突出其男性般的强壮。

经过锻炼的女性，肌肉会变得发达而脂肪随之消减。但很难做到像男性角色那样整个身体的轮廓充满肌肉感。

女性角色肌肉的极限

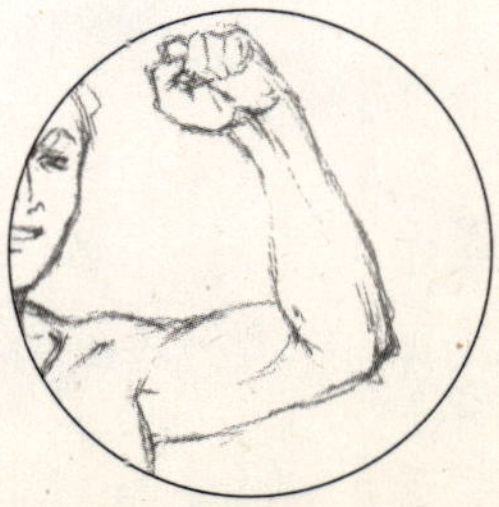

男性只要稍加锻炼，就能达到经过长期锻炼的女性的肌肉外观。

比例的区别

男女体型的差异要在画大致轮廓时就表现出来。

正面

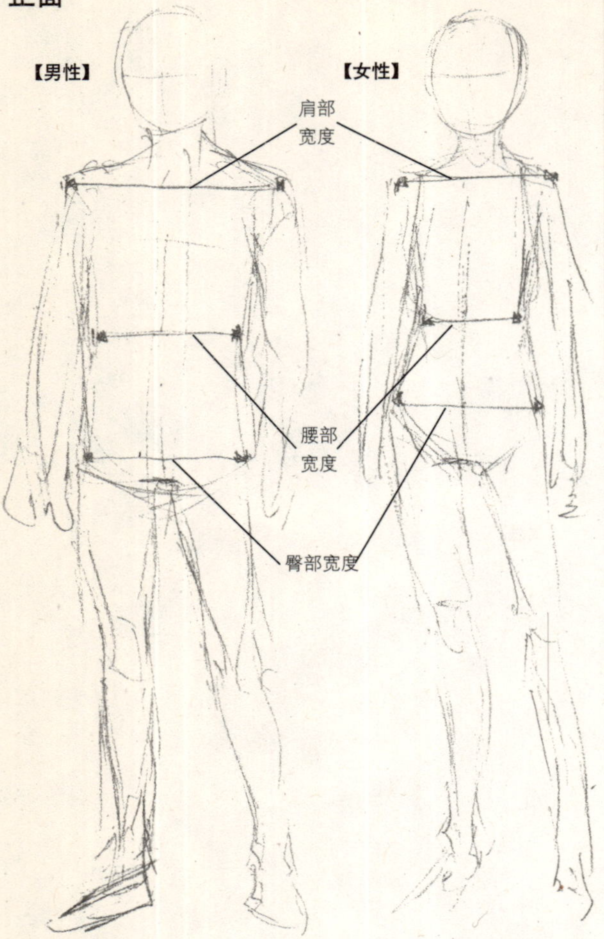

侧面

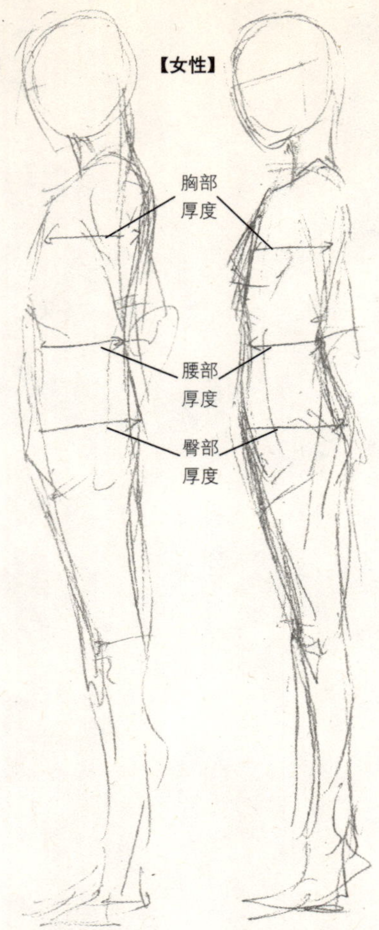

正面角度和背面角度一样。要把女性的肩画窄、腰画细。臀部宽度男女可以画得基本差不多。

女性的胸部和腰部要画窄画细。而对于两性臀部的厚度则不用画出太大的区别。

男女体形差异模式图

侧面轮廓的区别

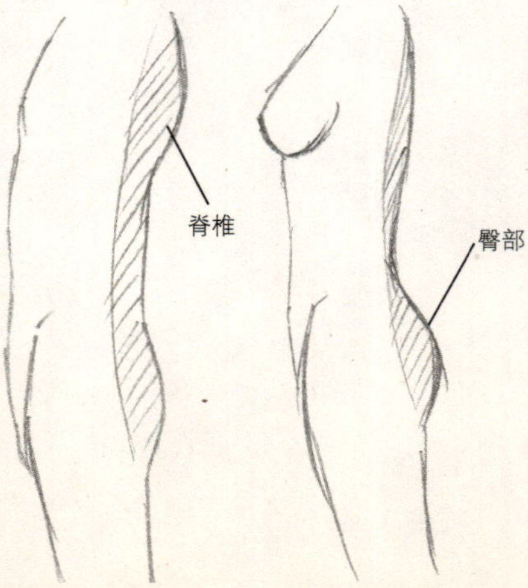

男性背部肌肉凸出。 女性臀部膨起。
作画时要注意背部肌肉和臀部。

臀部弧度的区别

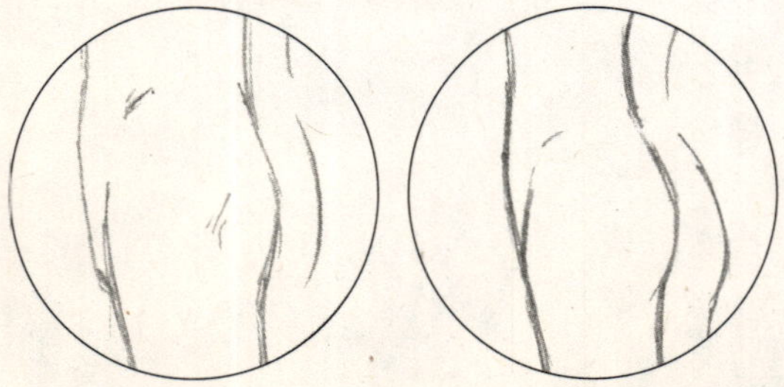

男性扁平　　女性浑圆

虽然男女的脊椎线都会内曲，但要注意两者的弧度有很大的区别。

背面

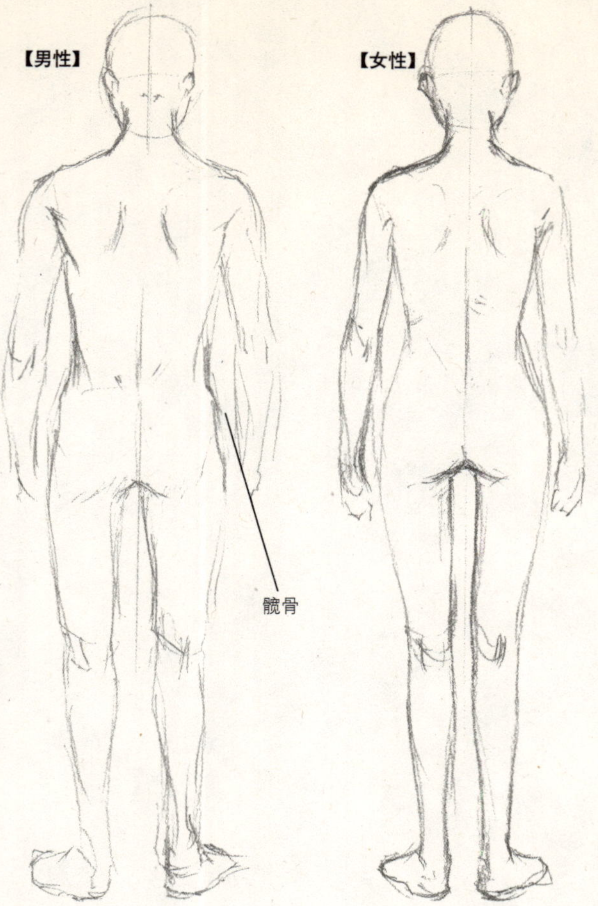

整体上有棱角，呈直线型。　　整体上浑圆，呈曲线型。

大小的区别

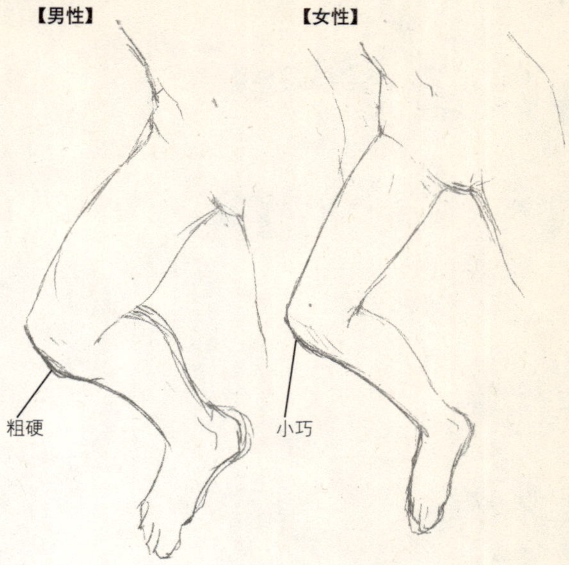

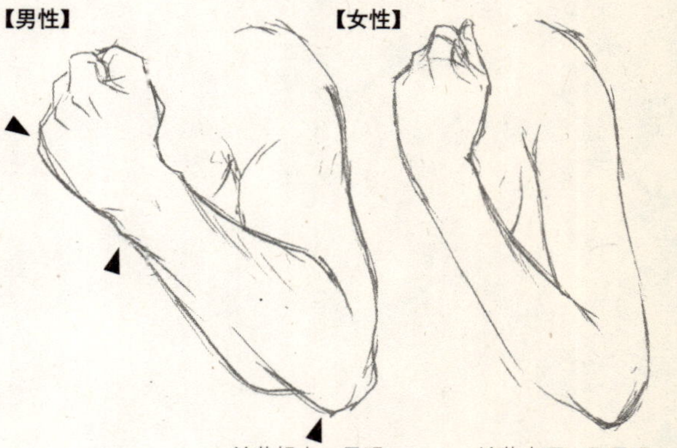

关节粗大、显眼。　　关节小巧、不显眼。

厚度和宽度的区别

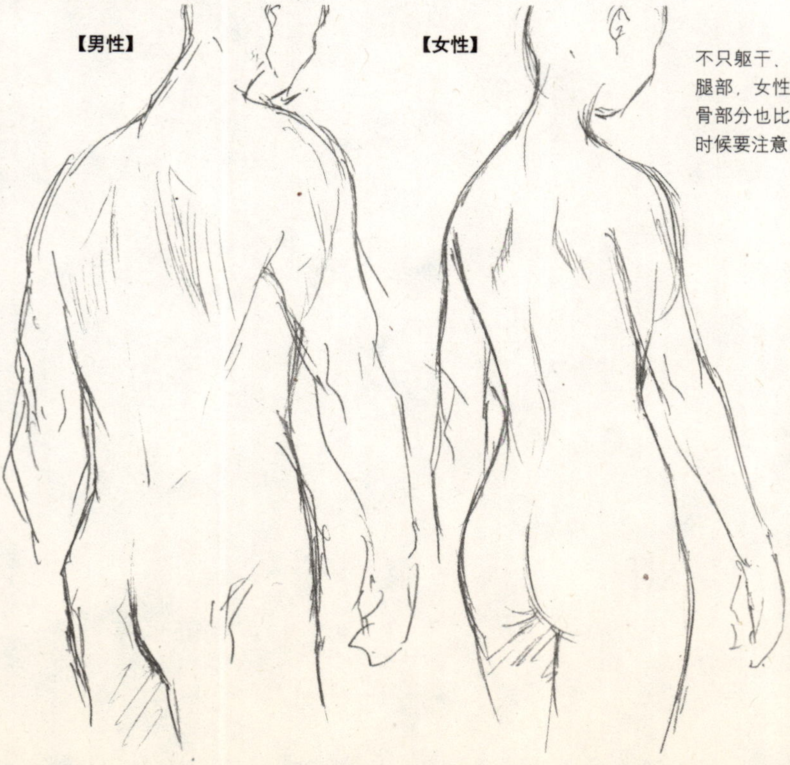

不只躯干、颈部、手臂和腿部，女性的肩部和肩胛骨部分也比男性小，画的时候要注意。

身高差

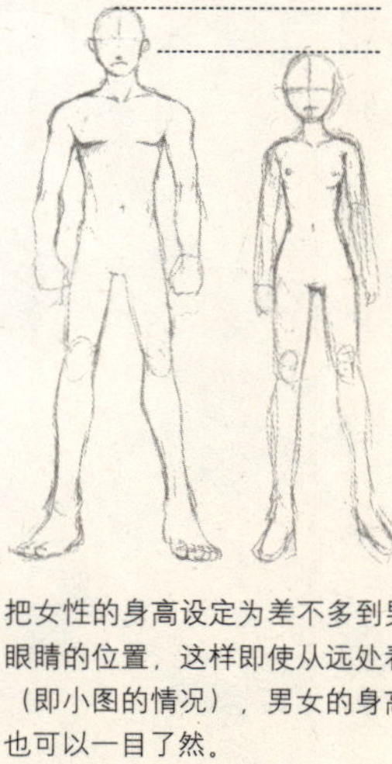

把女性的身高设定为差不多到男性眼睛的位置，这样即使从远处看来（即小图的情况），男女的身高差也可以一目了然。

手臂和手的区别

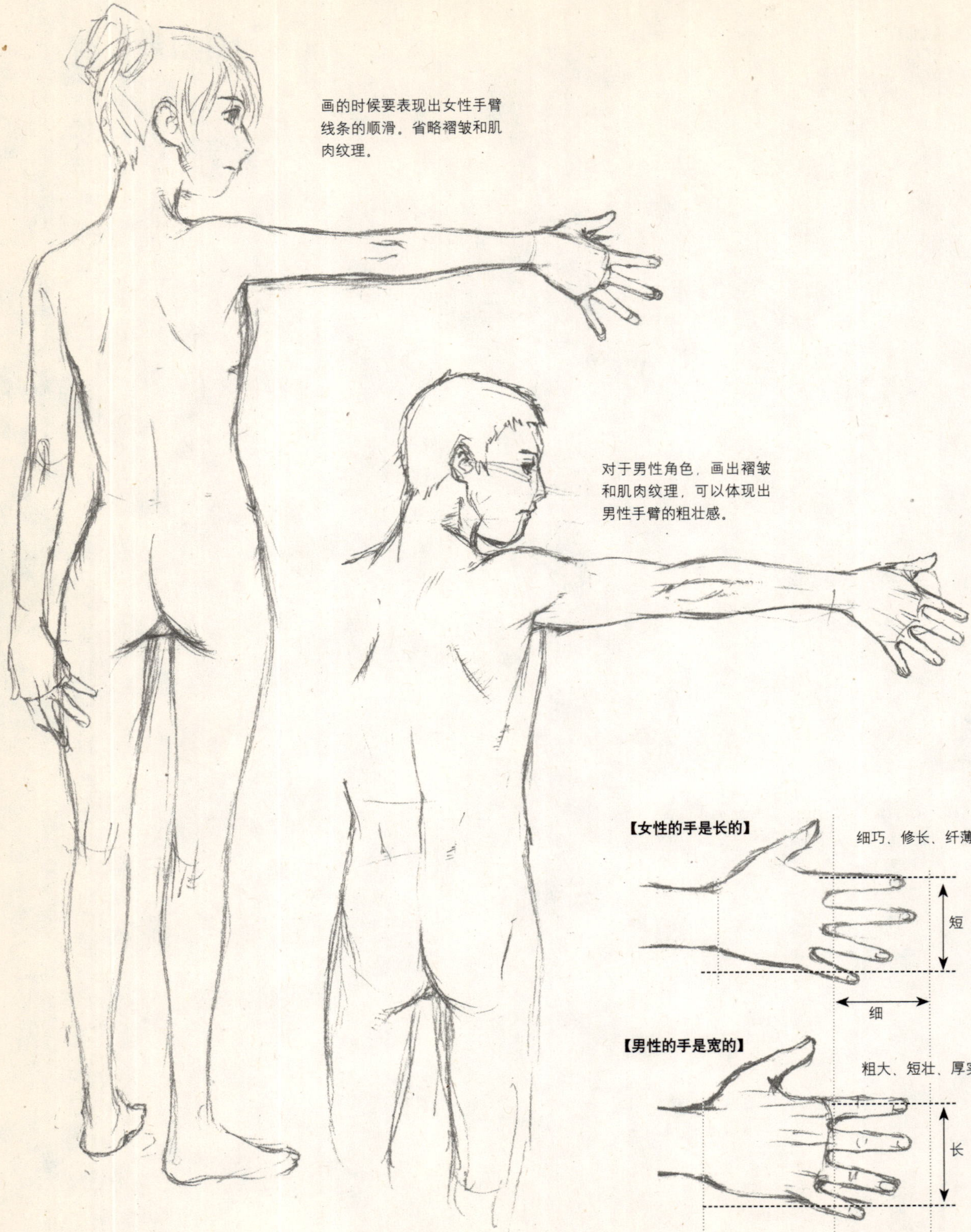

画的时候要表现出女性手臂线条的顺滑。省略褶皱和肌肉纹理。

对于男性角色，画出褶皱和肌肉纹理，可以体现出男性手臂的粗壮感。

【女性的手是长的】

细巧、修长、纤薄。

【男性的手是宽的】

粗大、短壮、厚实。

【男性的手指】

把关节部分画得突出，能体现粗壮感。

颈部的区别

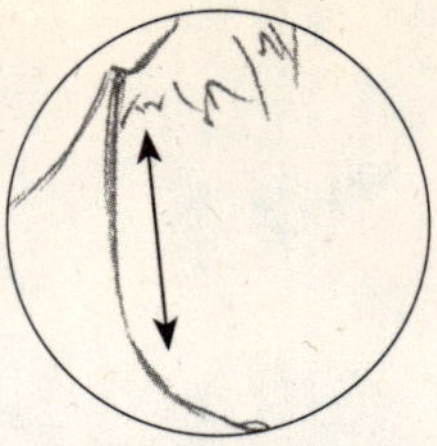

肩部肌肉少，使脖子显得长。

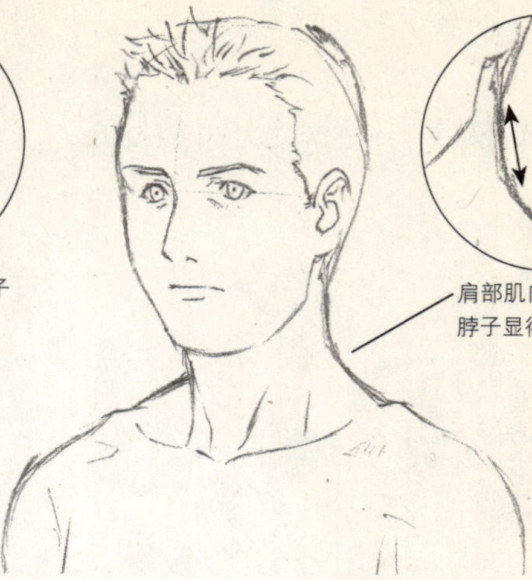

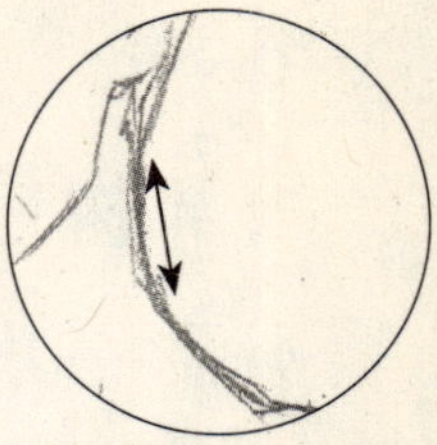

肩部肌肉发达，使脖子显得短。

颈部的粗细度、肩部肌肉的量以及是否有喉结这几方面的情况，令女性的脖子显得比较长。

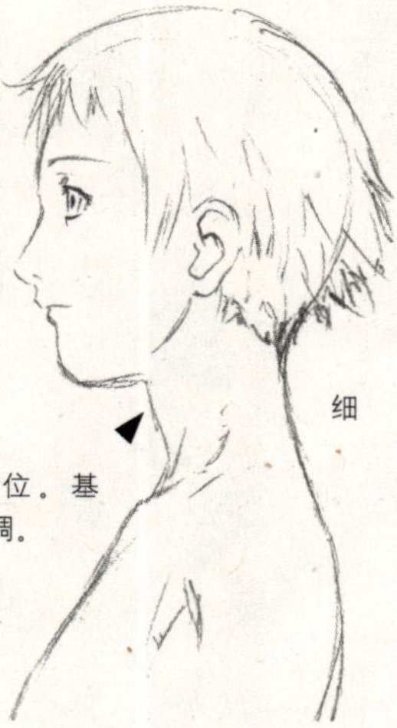

细

喉结部位。基本不强调。

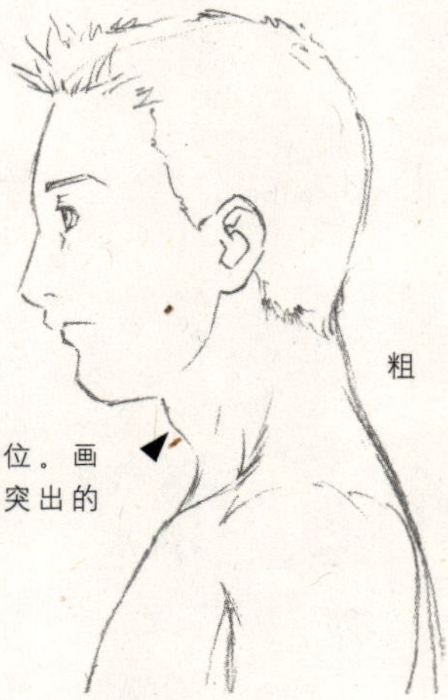

粗

喉结部位。画成稍稍突出的样子。

肘部的区别

女性和男性的骨头粗细不同，女性的肘部末端要画得比较细小。

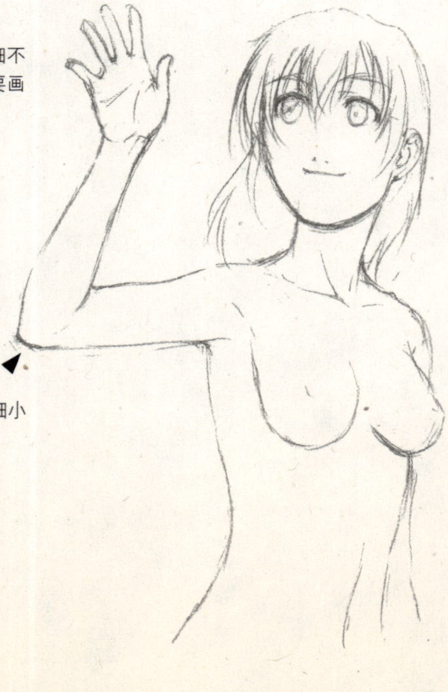

细小

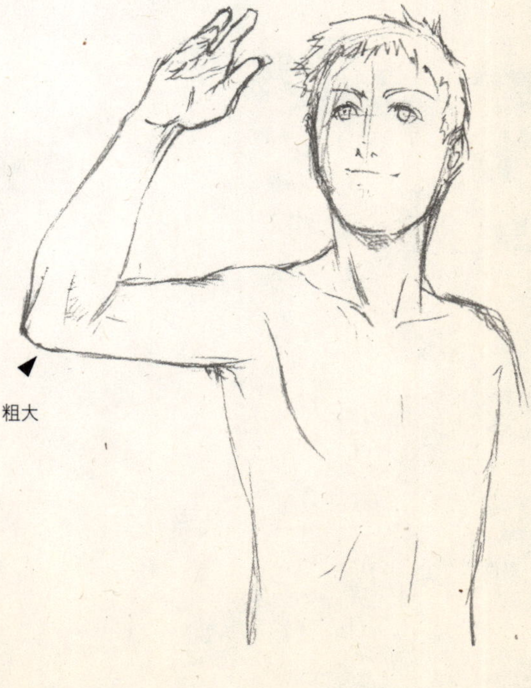

粗大

主要关节的构造和运动

为了画出自然的姿态和鲜明的动作，让我们来学习关节运动的基础知识。

1. 颈部构造和运动的基本知识

先来学习头部和颈部的连接方式和颈部的动作。

正面

画出颈部肌肉的线条能给头部和颈部带来立体感。

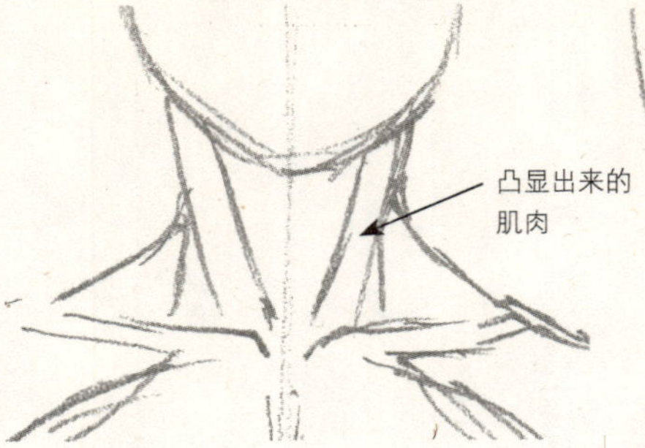

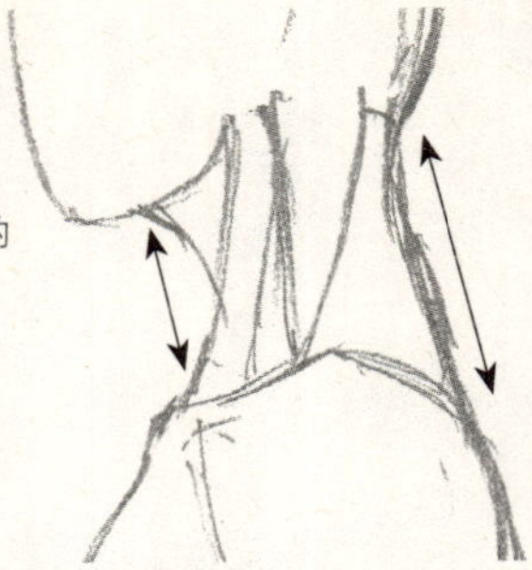

颈部正面和背面的长度有所不同。

仰视图中的头部和颈部

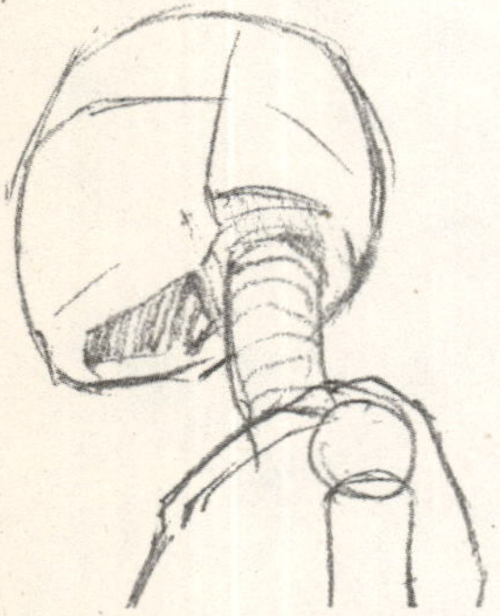

由于这样可以看到下巴的底部，所以这是最能体现头部立体感的角度。

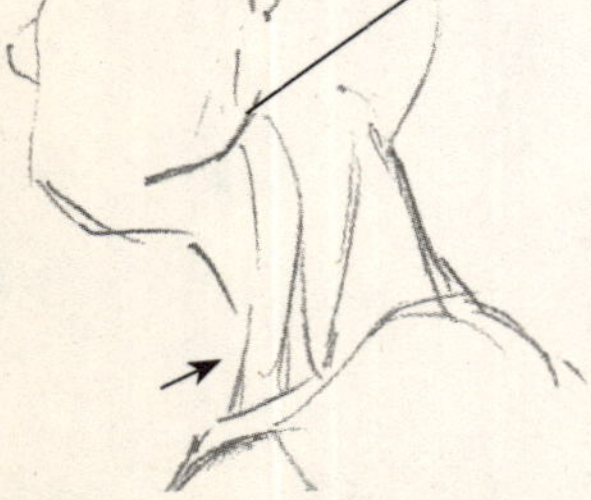

喉部的肌肉从耳朵下方开始一直连到锁骨。

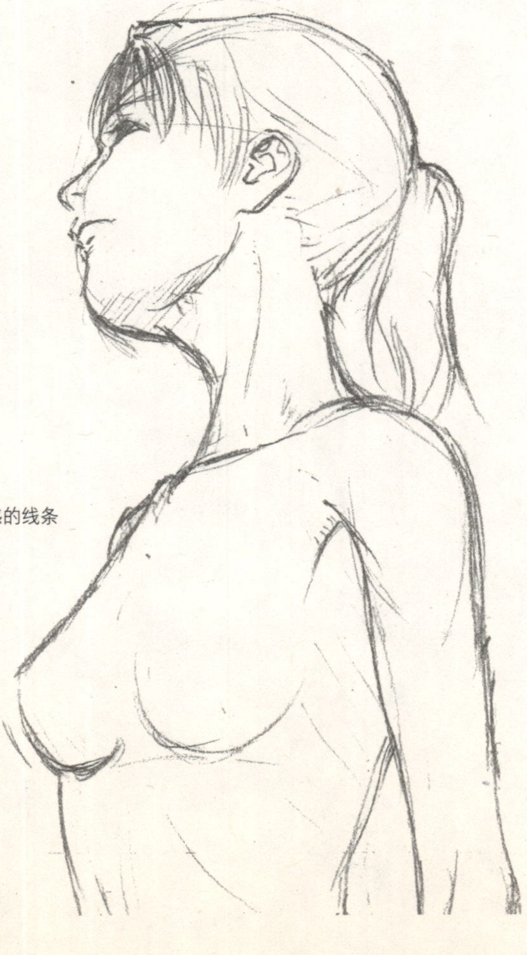

在下巴底部的大小方面，男女基本没有差异。要把男性的脖子画粗，并加入较多表现肌肉的线条。

背面

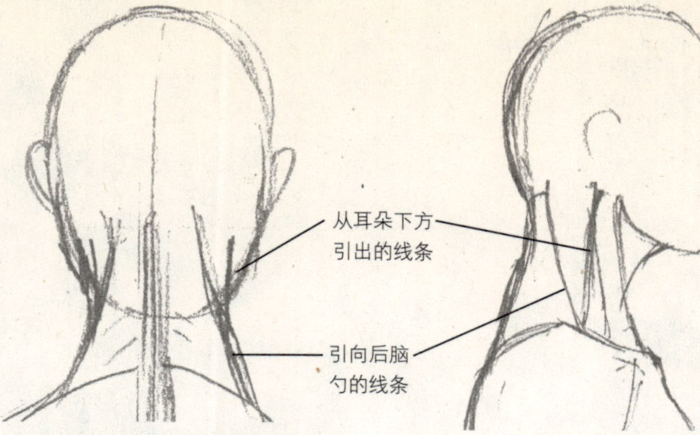

只要在颈部画出两条肌肉线就可以了。

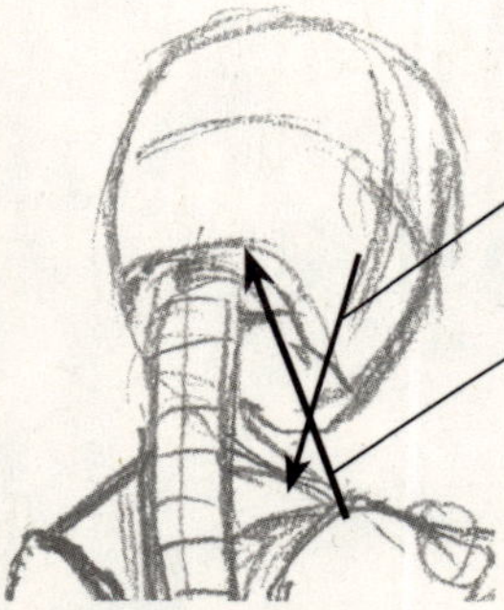

从斜后方看出来，这两道线条会把下巴遮住。

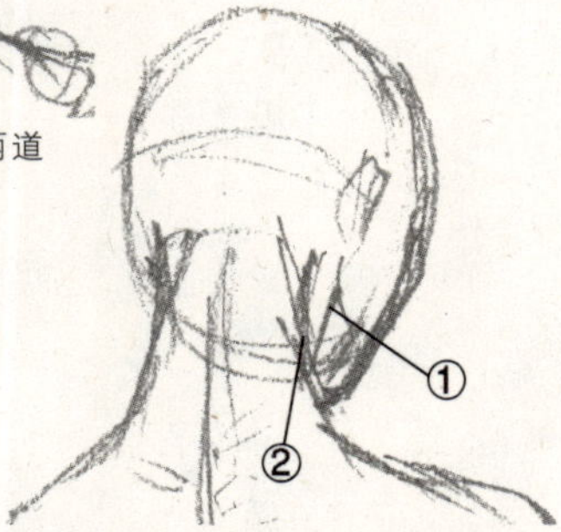

画出脖子上的这两条线，就能令头部和颈部显得具有立体感。

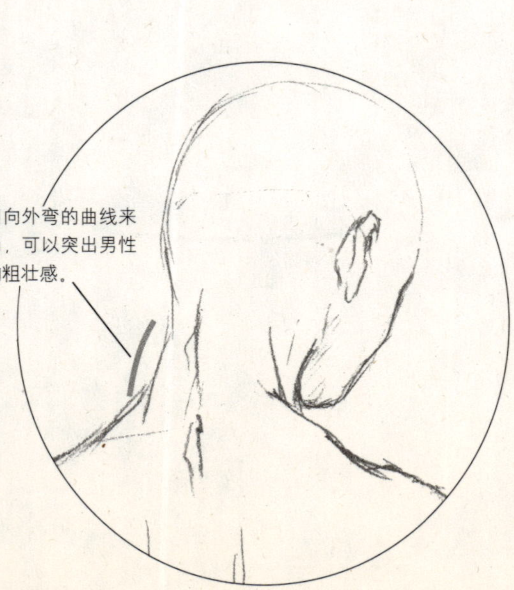

用向外弯的曲线来画，可以突出男性的粗壮感。

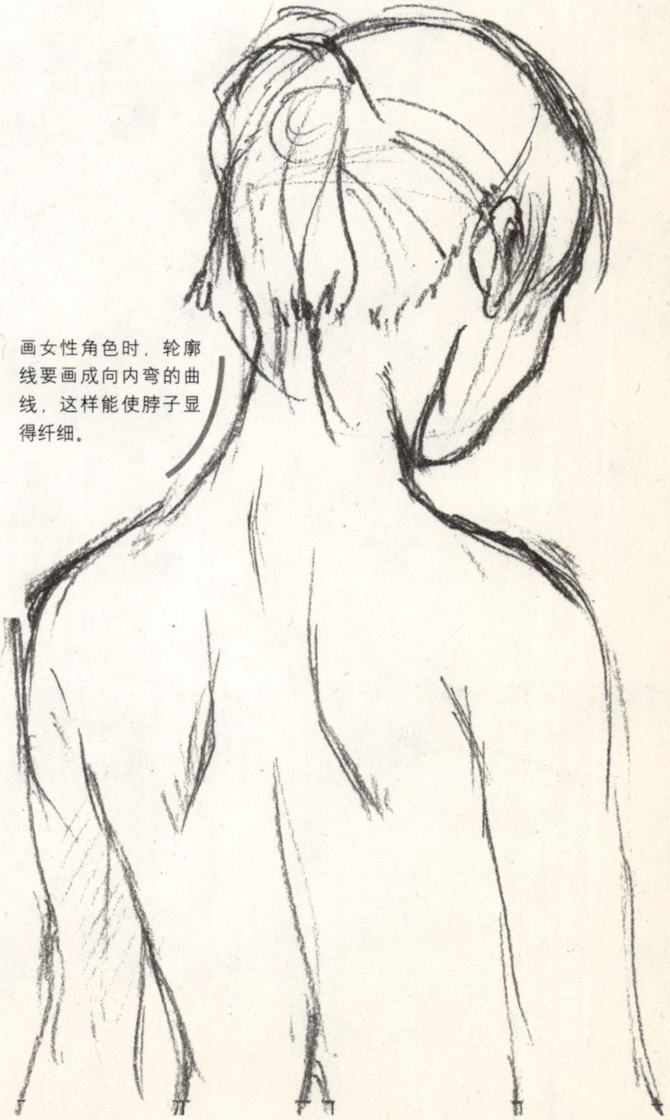

画女性角色时，轮廓线要画成向内弯的曲线，这样能使脖子显得纤细。

重要的颈部肌肉

与人物动作和作画线条有关的
重要颈部肌肉有三项。

颈部肌肉的基础知识

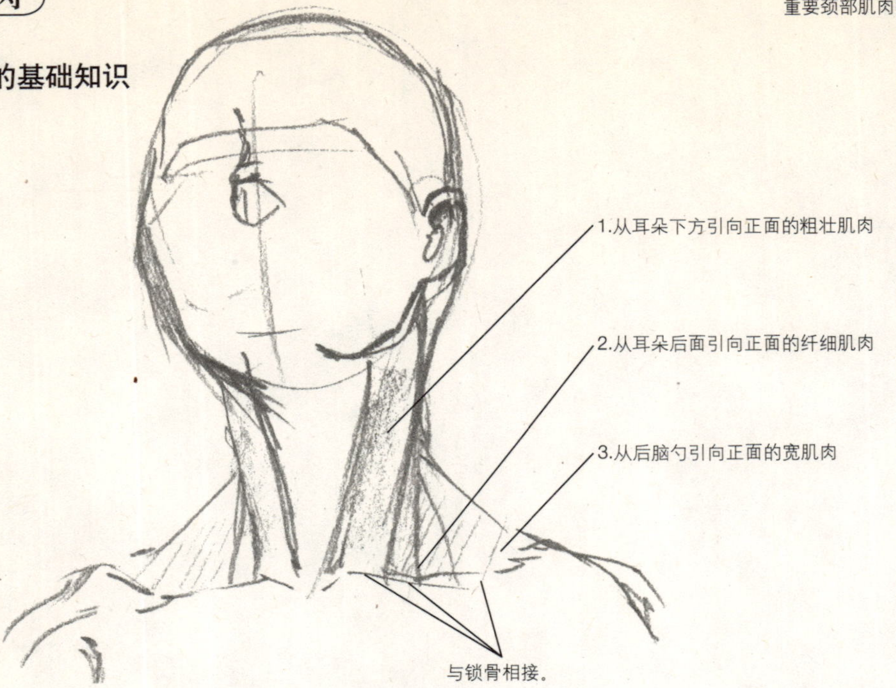

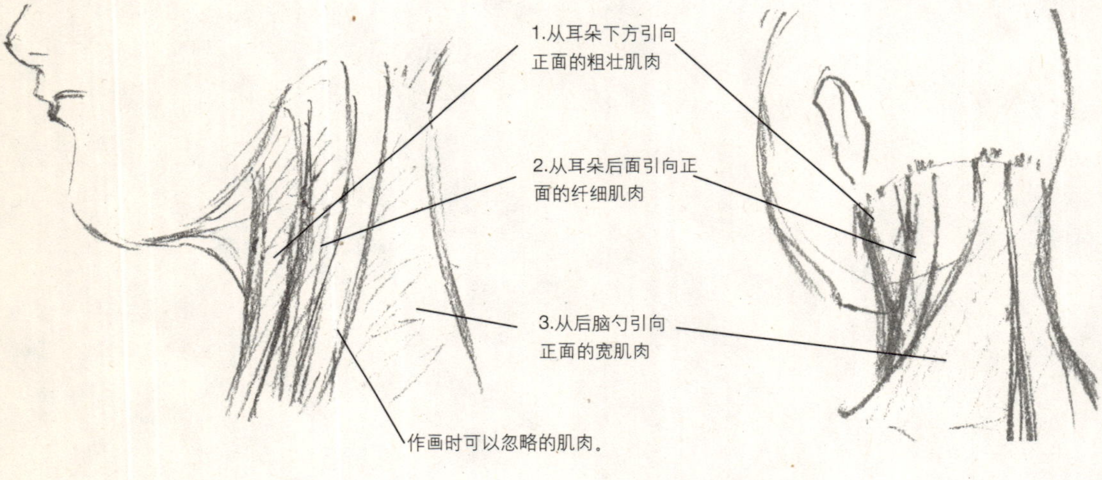

动作的基本构成—肌肉的伸缩

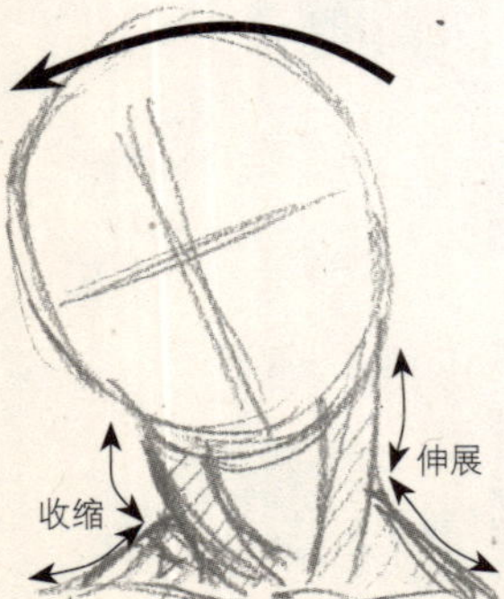

【左右倾斜—左右伸缩】
引向肩部的肌肉也跟着一同伸缩。

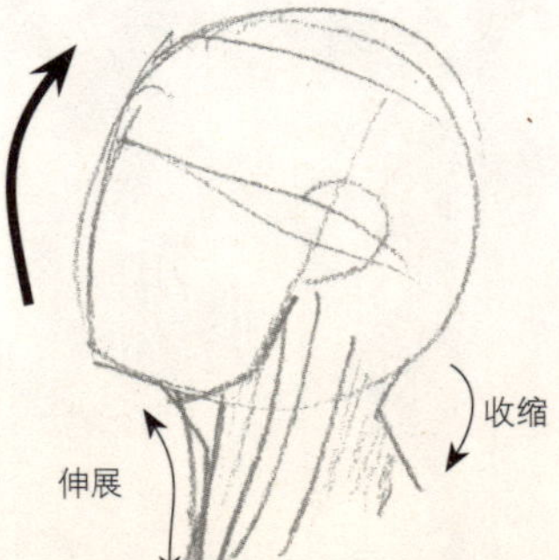

【前俯后仰—前后伸缩】

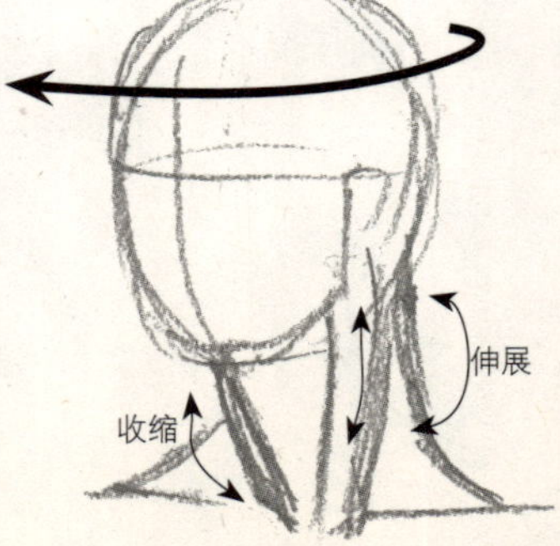

【左右转动—复合伸缩】

歪头—左右倾斜

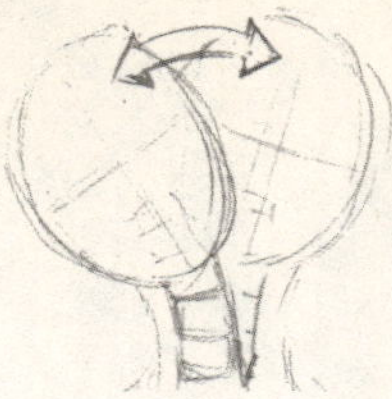

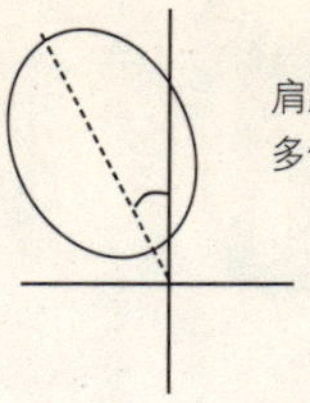

肩膀不动时，头部最多倾斜30°左右。

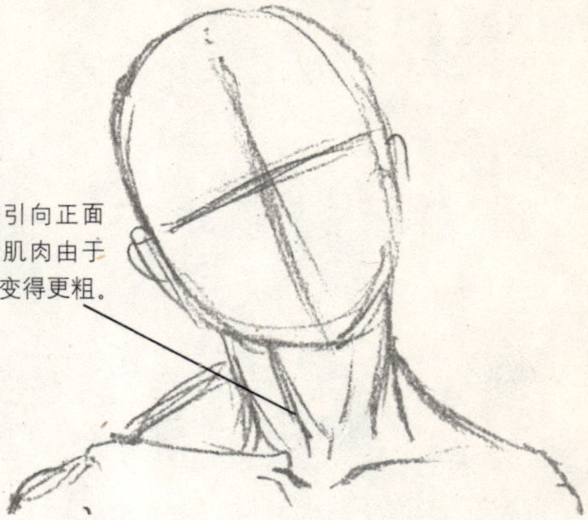

从耳下引向正面的粗壮肌肉由于收缩会变得更粗。

保持脸部朝前肩膀上抬。

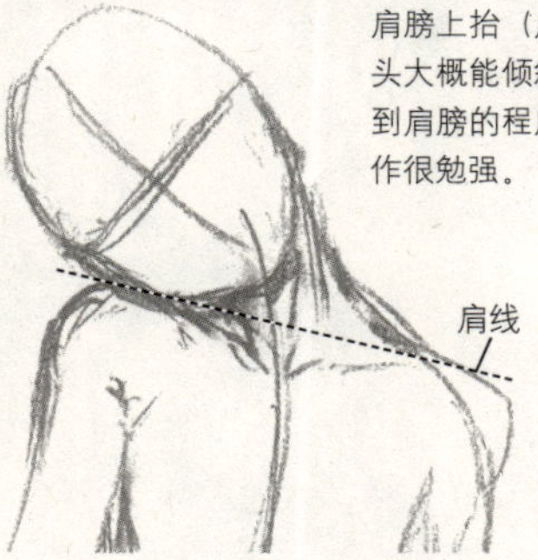

肩膀上抬（肩线倾斜），头大概能倾斜到让耳朵碰到肩膀的程度，但这个动作很勉强。

脸转向肩膀时，就从左右歪头的动作变成了转头的动作。

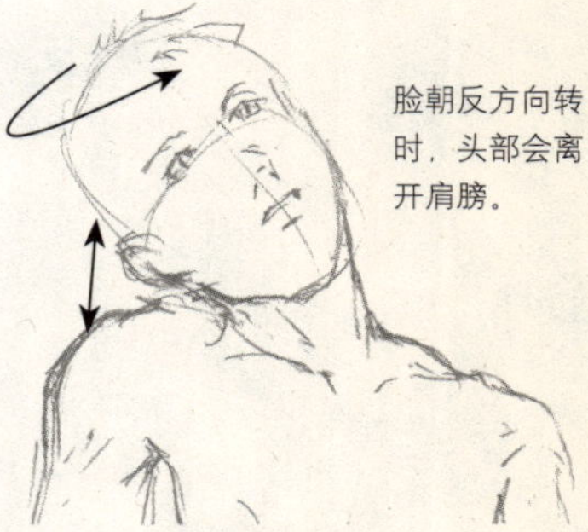

脸朝反方向转时，头部会离开肩膀。

向两旁看—左右转动

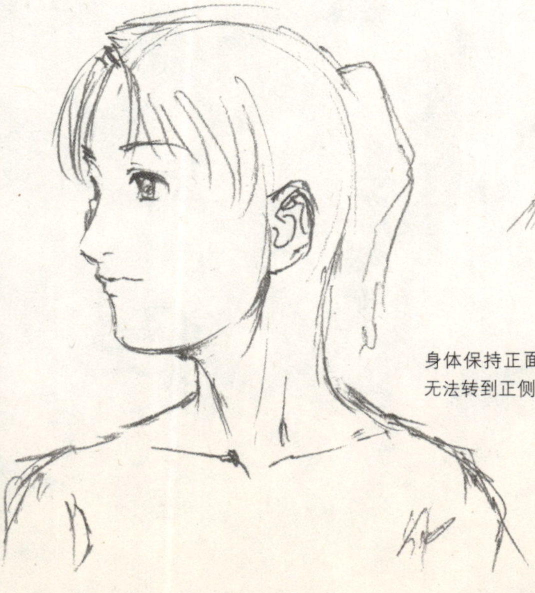

身体保持正面状态时，脸无法转到正侧面的角度。

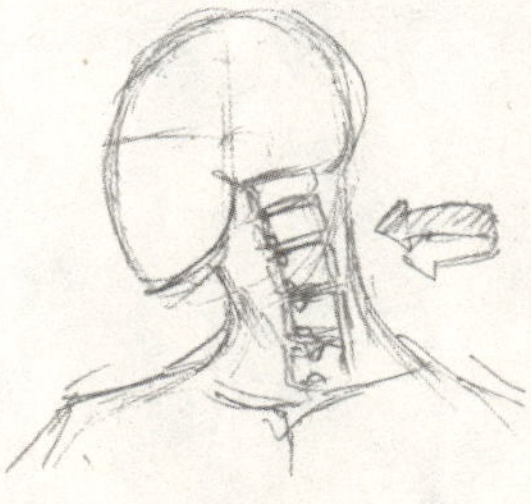

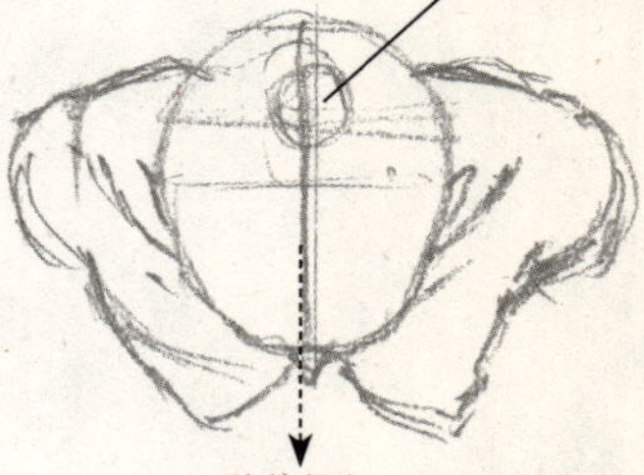

颈部旋转极限位置的基准。

上下动

向上

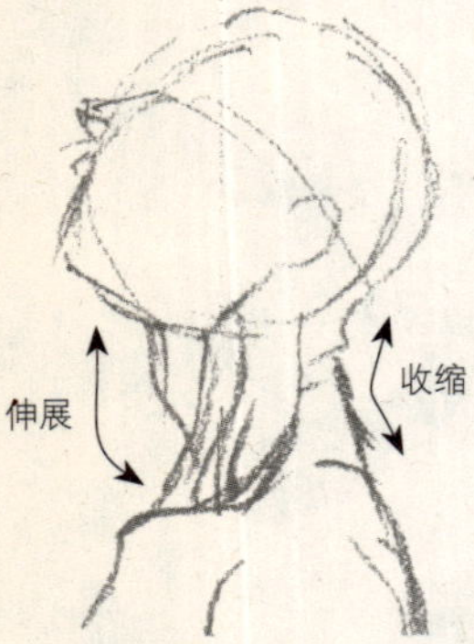

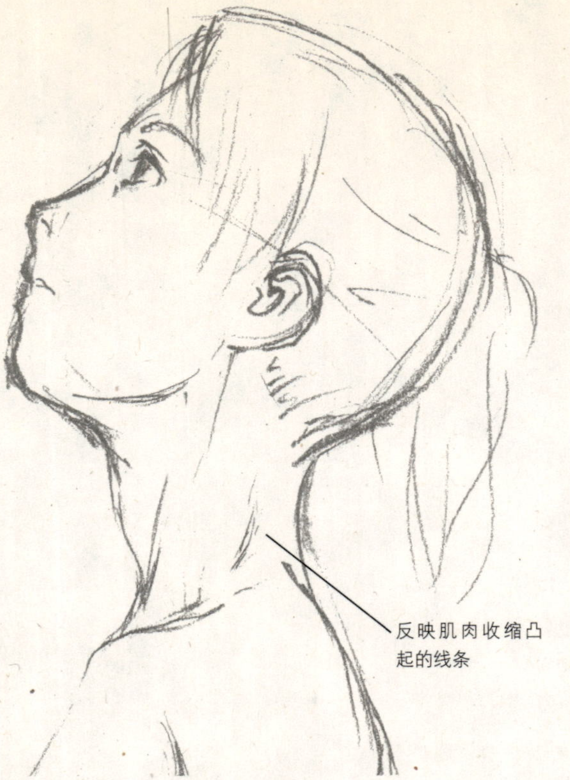

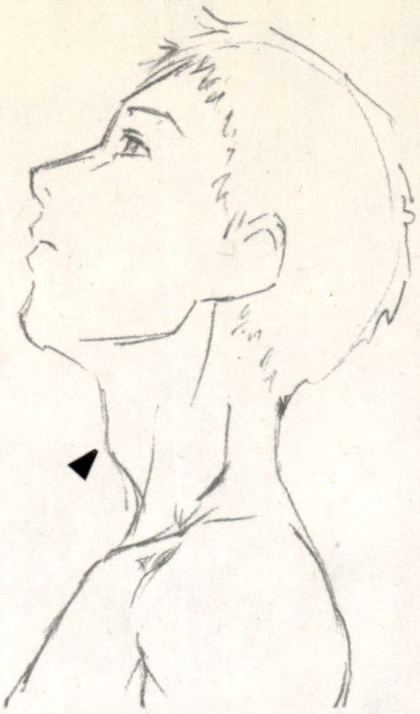

如果对喉结进行强调，那么即使脖子不粗也能和女性形成区别。

向下

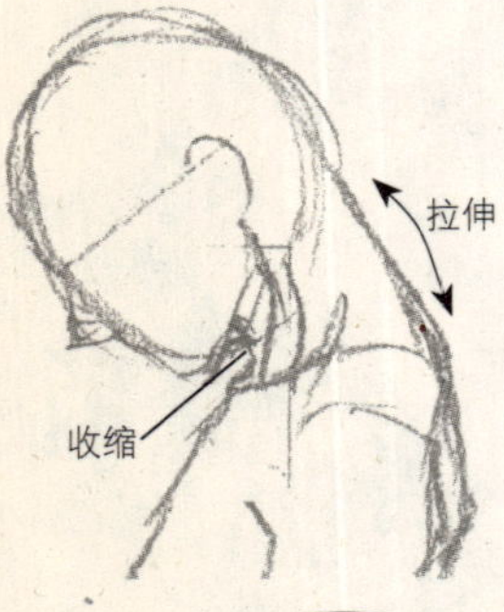

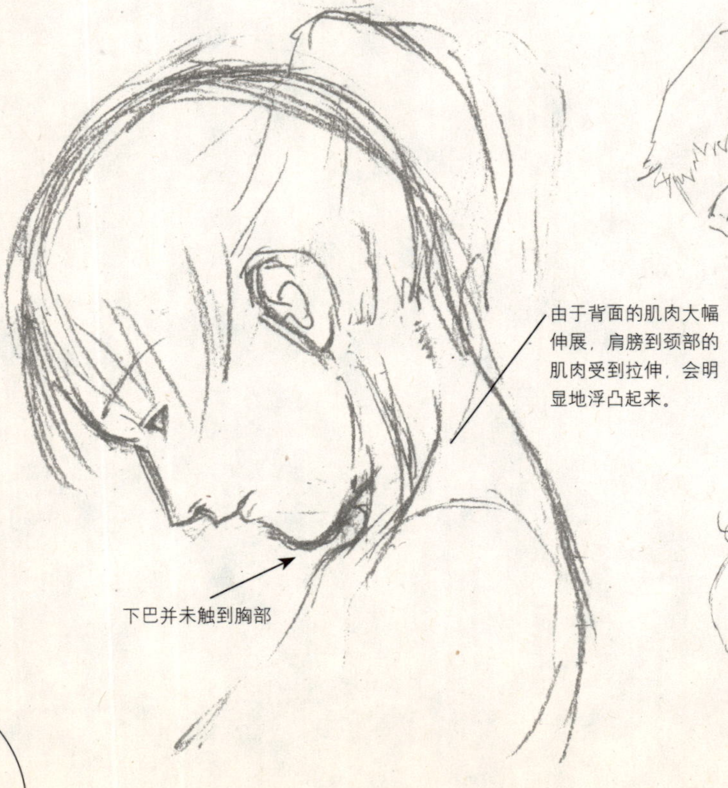

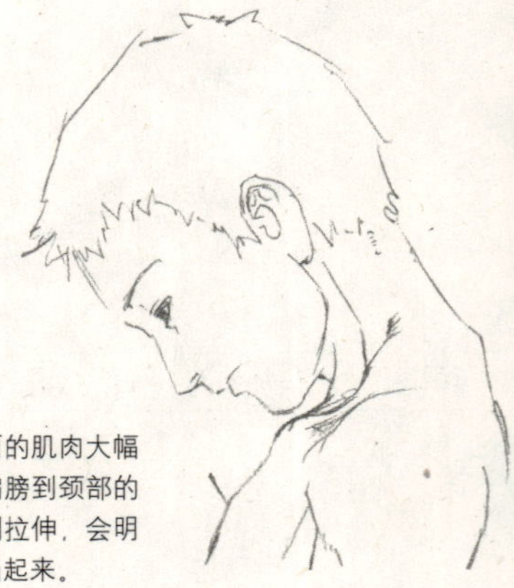

对于脂肪很多的肥胖角色，颈部埋在了肉里。

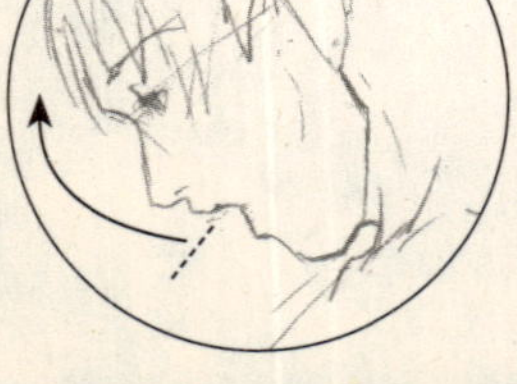

即使张开嘴，下巴也碰不到胸部。以下颚的位置为基点，头部从上颚开始向上提升。

后仰（向上看）

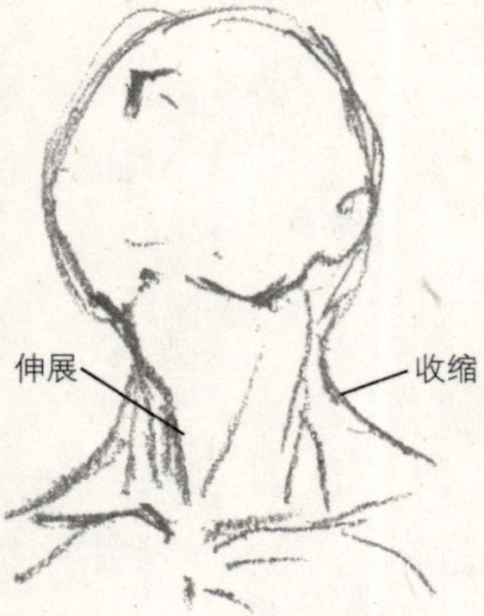

颈部前面的肌肉拉伸，造成肌肉线明显浮出。锁骨也随之凸起。

正面角度图无需强调喉结，而要强调颈部的肌肉。

低头

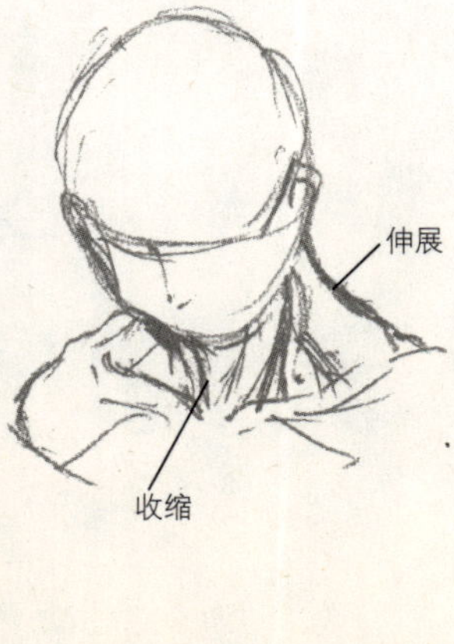

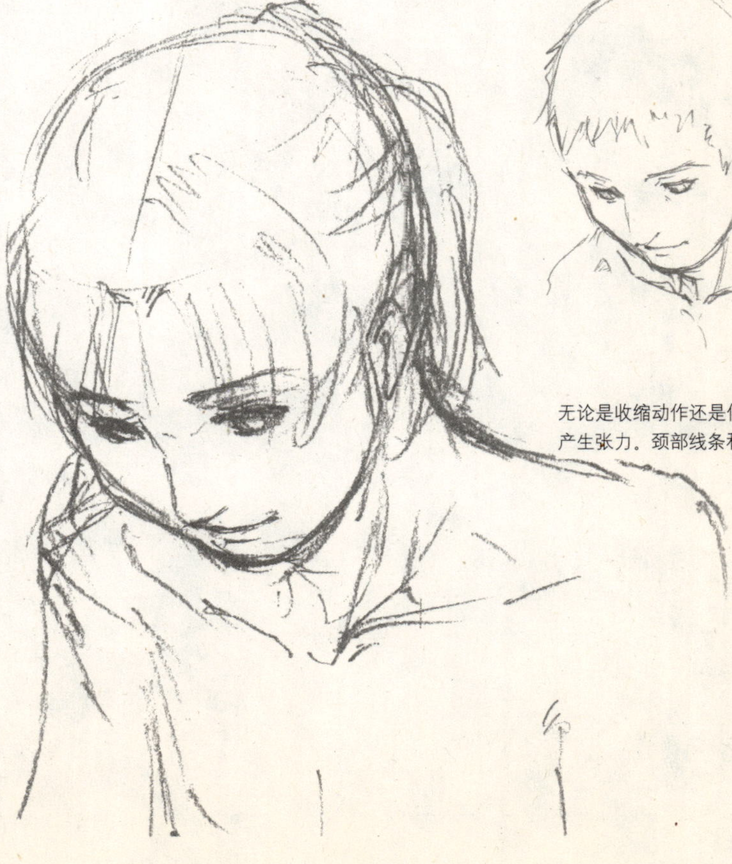

无论是收缩动作还是伸展动作都会产生张力。颈部线条和锁骨会凸起。

头部、颈部和身体

要注意身体的朝向会随着脸的朝向而变化。

脸朝侧面

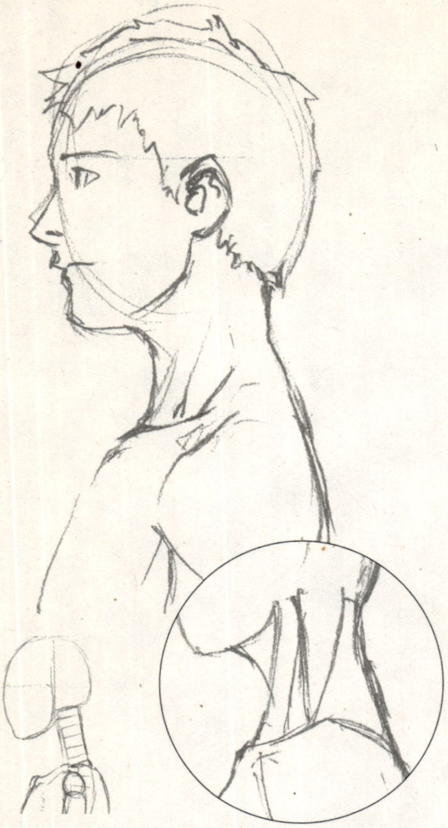

脸和身体同时朝侧面转时，脖子会显得比较长。

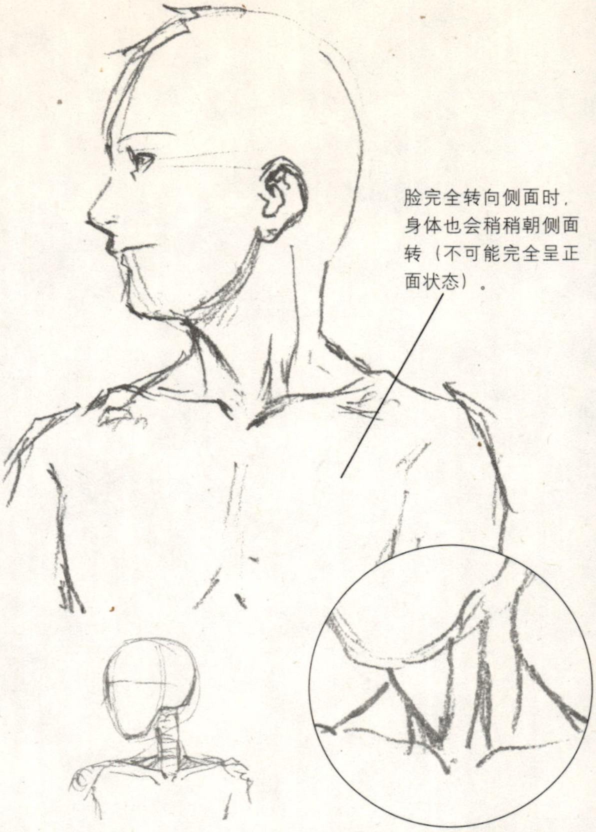

身体摆正，只有脸向侧面转时，脖子会显得比较短。

脸朝着正面

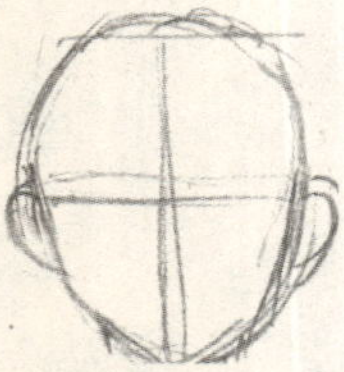

朝着正面的脸

＋

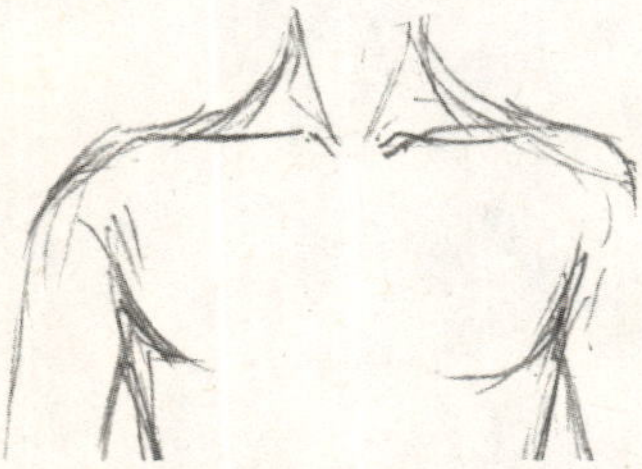

朝着正面的身体

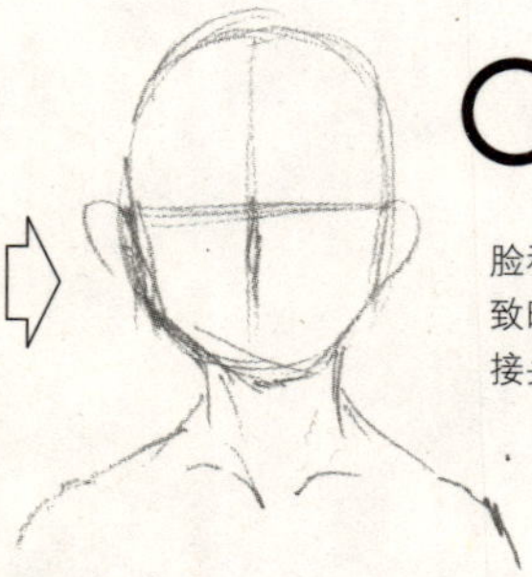

○

脸和身体的朝向一致时，脖子正常连接头部和胴体。

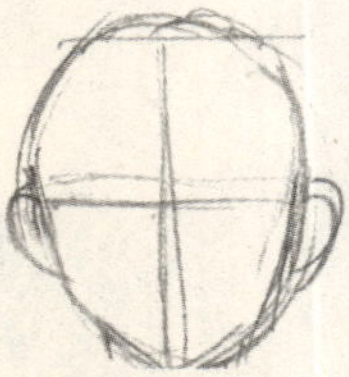

朝着正面的脸

＋

朝着正侧面的身体

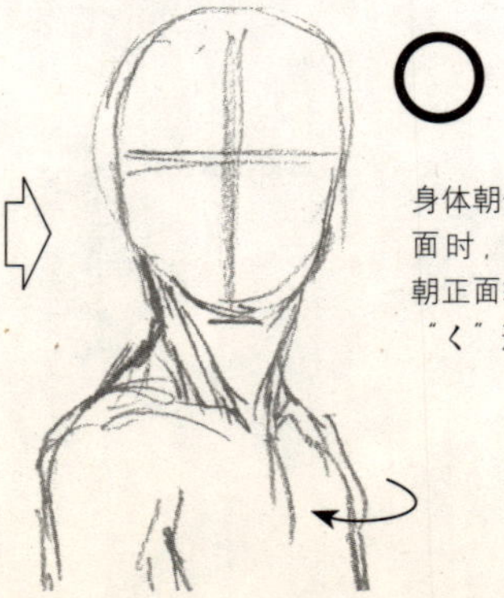

○

身体朝侧面，脸转向正面时，身体也会微微朝正面转，颈部轮廓呈“く”形。

×

注意不可能有脸朝正面而身体却朝着正侧面的情况发生。

身体随着头部转动

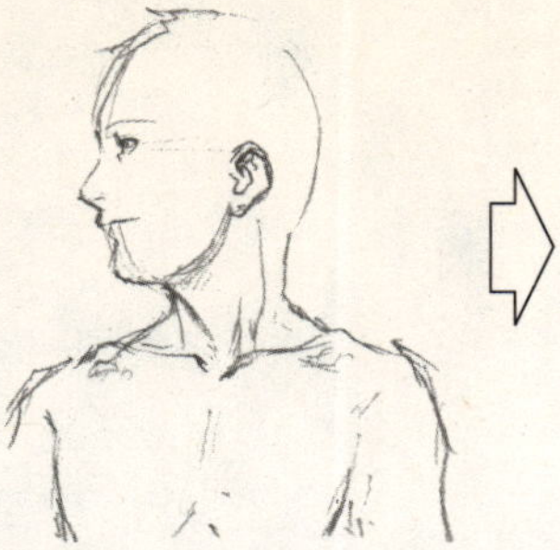

脸朝侧面。

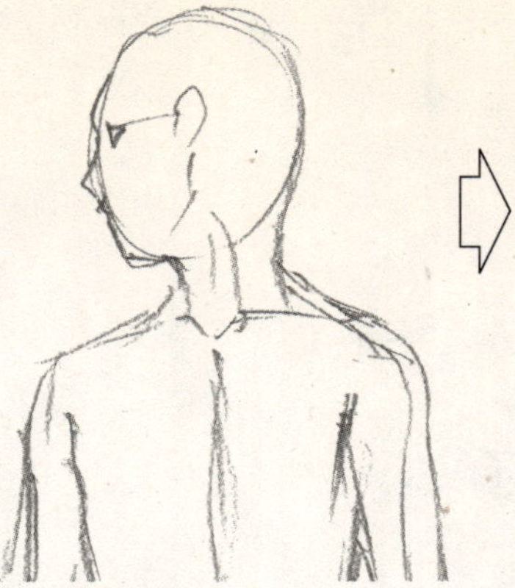

脸进一步向后转。

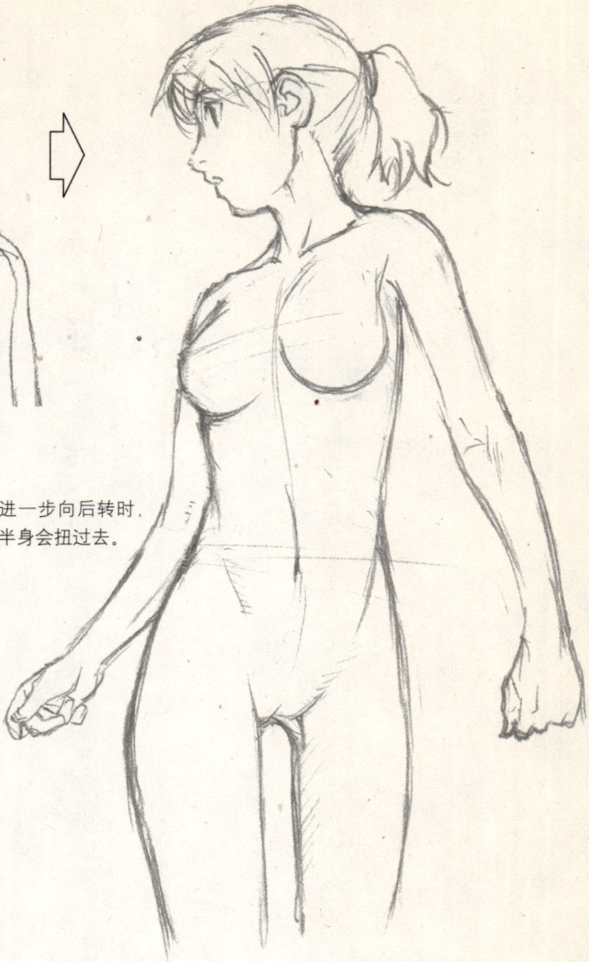

脸进一步向后转时，上半身会扭过去。

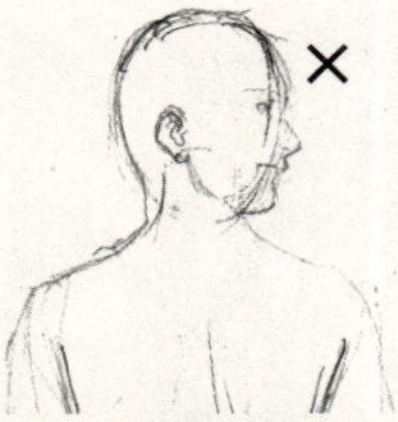

背面状态和正面状态一样，脸不可能转到正侧面。

这是从背着身的状态自然回头的情形。大半张脸都转过来时，身体也基本上转成了朝着侧面状态。

颈部的各种轮廓

颈部的作用是连接头部和身体。即使脸部朝着相同的方向，颈部还是要根据身体的朝向画出不同的形状和线条。

2. 脊椎的构造和躯干动作的基本知识

让我们来学习以脊椎为核心的躯干的基本动作。

从大致的骨骼图来观察脊椎

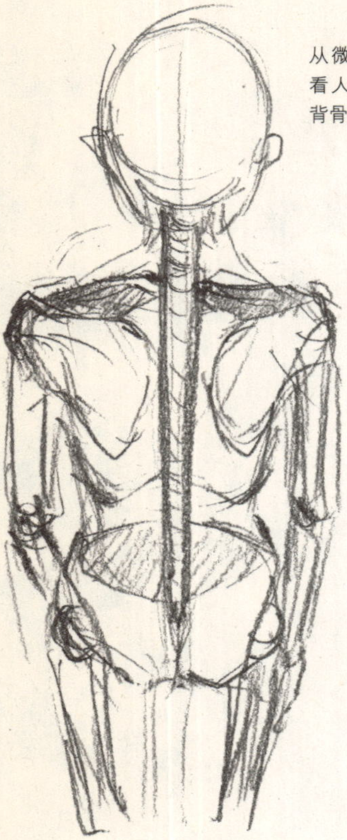

从微微俯视的角度看人体正背面时，背骨呈笔直状。

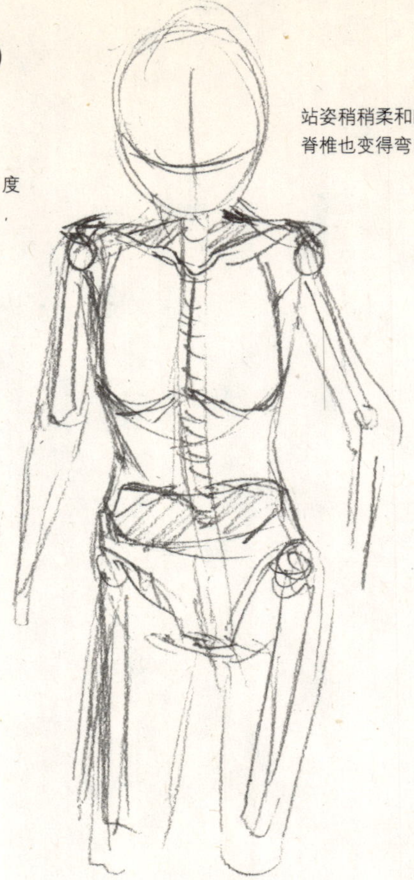

站姿稍稍柔和时，脊椎也变得弯曲。

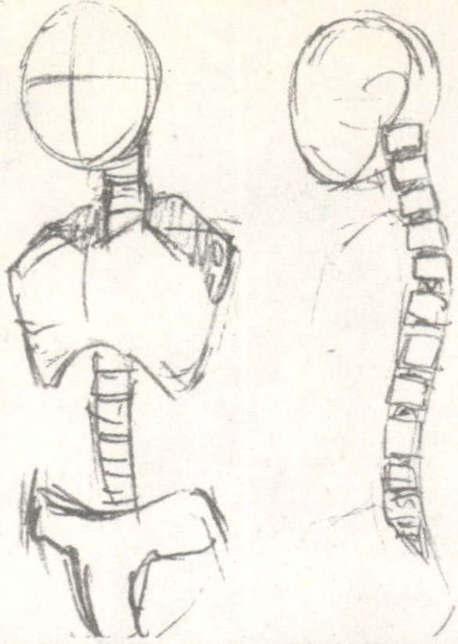

【头部、脊椎、胸部、腰部的模式图】

从微俯的角度看人体斜背面时，脊椎呈S形。

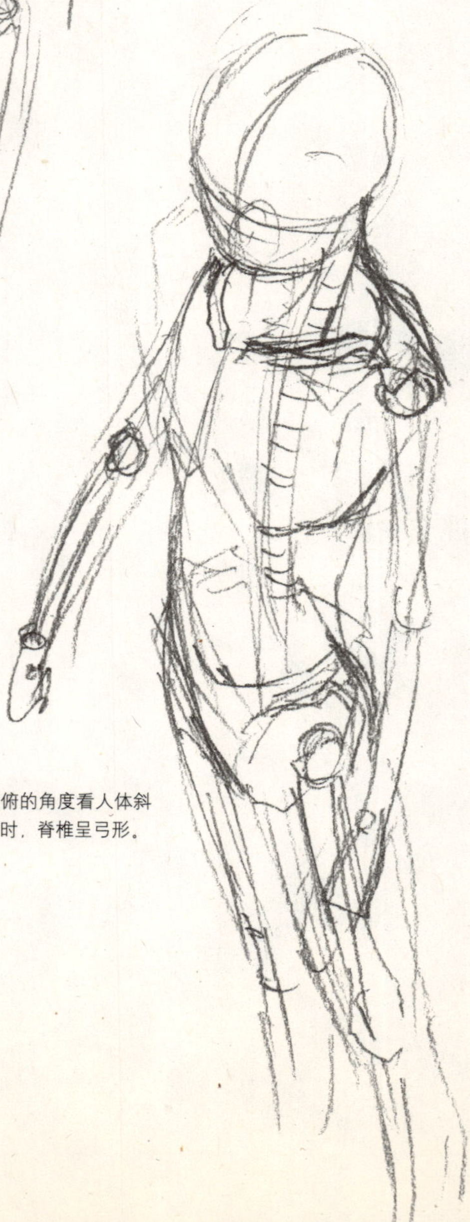

从微俯的角度看人体斜正面时，脊椎呈弓形。

脊椎的曲线会随着姿态和角度而变化。可以根据脊椎弯曲的规则来设计人物姿态。

根据大致骨骼画出的身体轮廓

画全身大致轮廓时，要画出代表脊椎的中线。根据中线作画有利于保证人体比例的平衡，并能把握住身体的立体感。

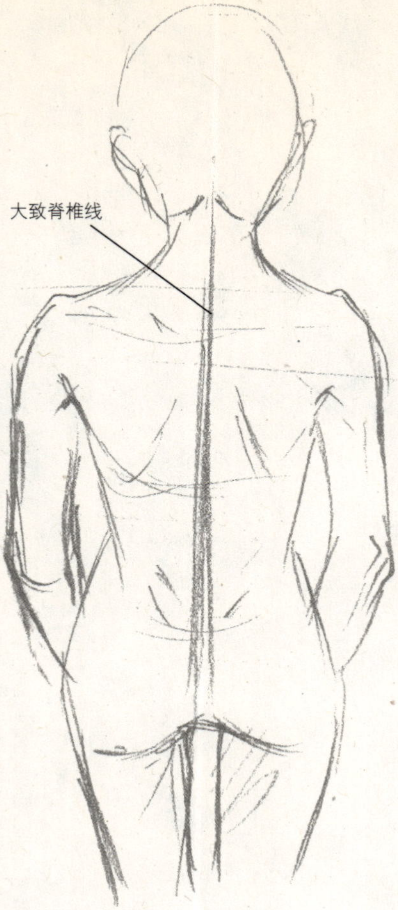

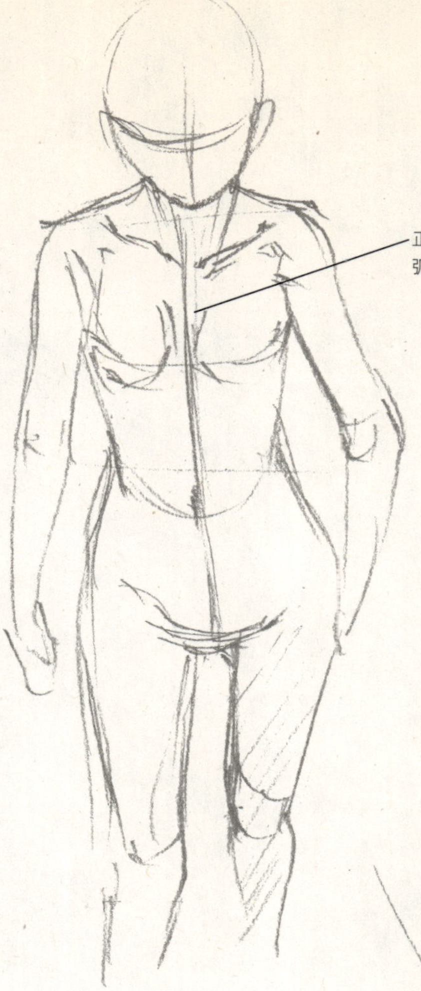

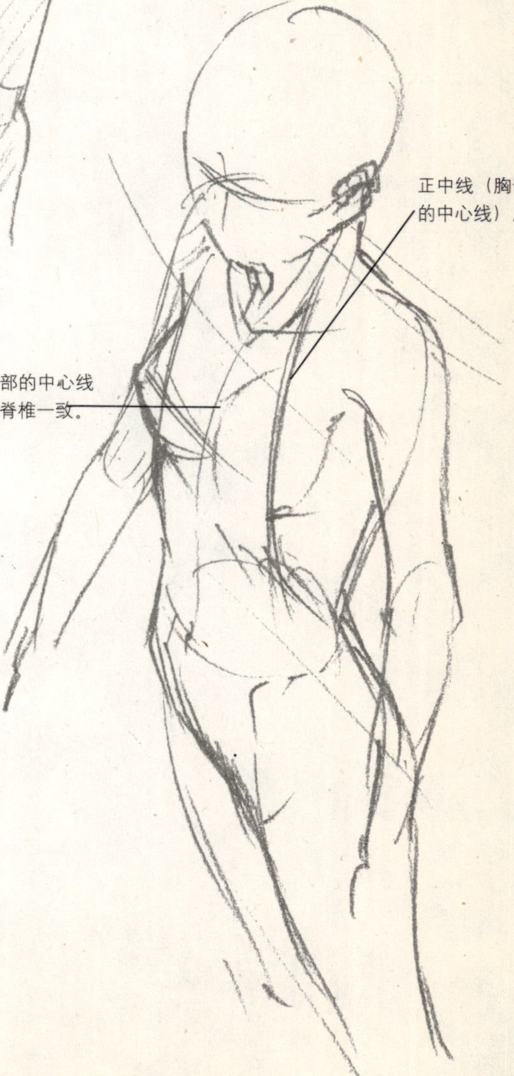

左右动

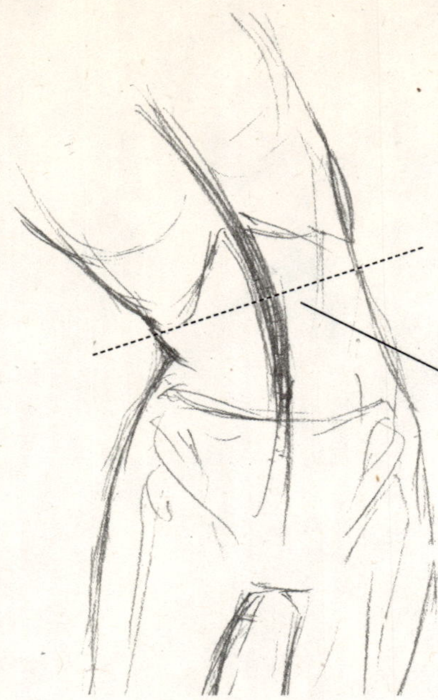

作画重点在于腰部。要设想是以腰部来进行大幅弯曲，而脊椎本身并不剧烈弯曲。

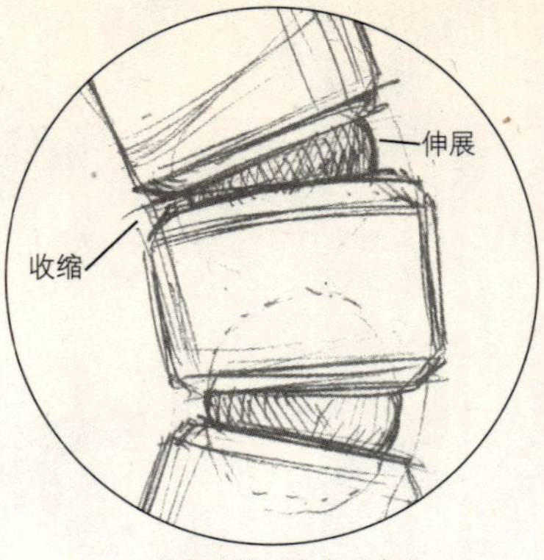

整条脊椎一点点地弯曲。

人的上身无法大幅度地向两侧弯曲，最多弯到45°左右。

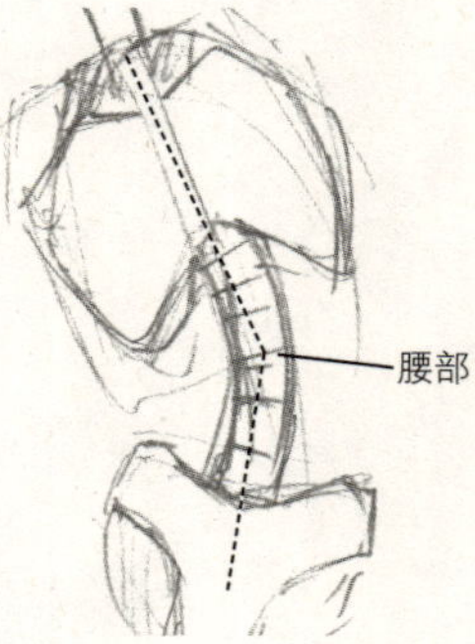

前后动

向前屈体

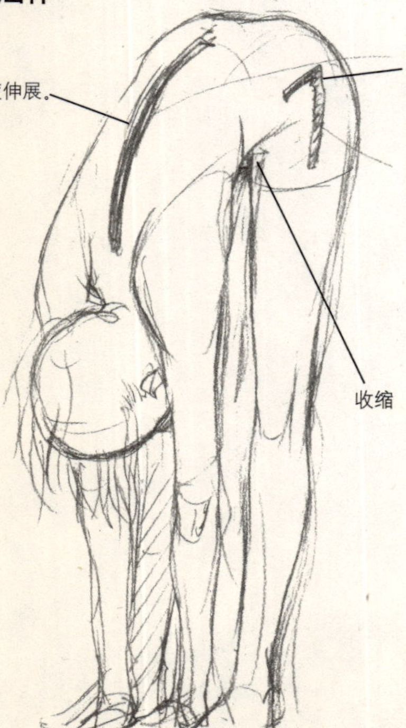

大幅弯曲的重点部位是髋关节。请注意脊椎本身不可能弯成U形。

脊椎的弧度要画成平缓的曲线。

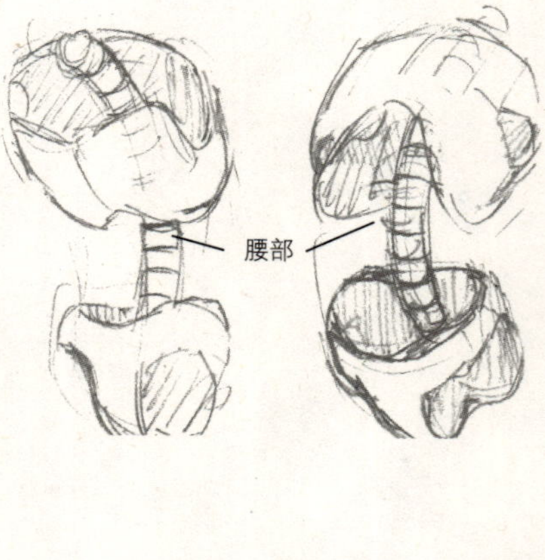

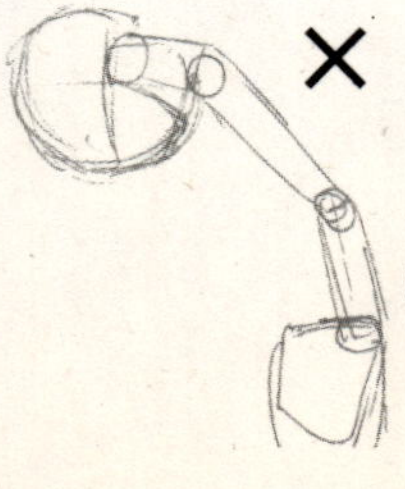

腰部不可能形成折角。

向后仰体

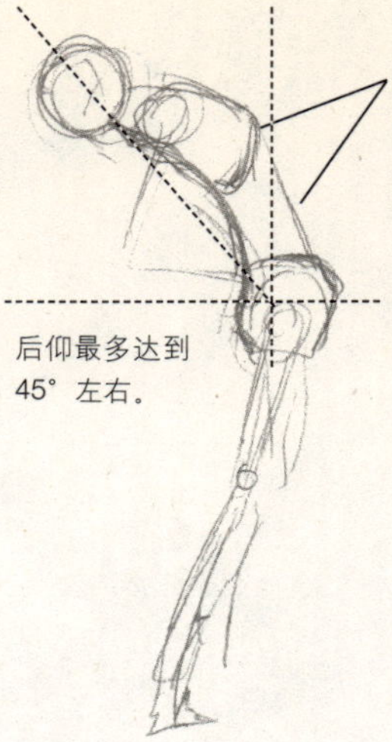

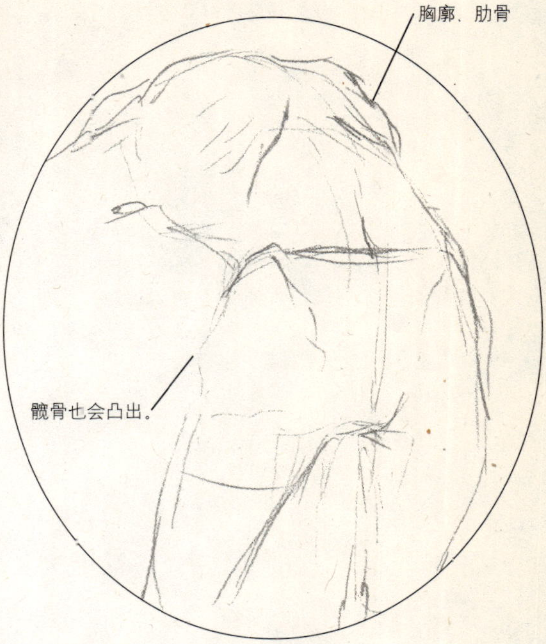

在大致轮廓中，要用曲线来画胸部和骨盆部分。

抬起背的动作

这是向下趴着抬起背的状态。

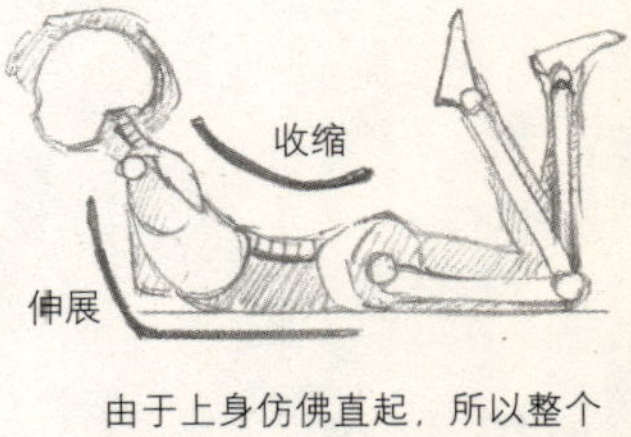

由于上身仿佛直起，所以整个身体看上去呈大幅后仰的状态。

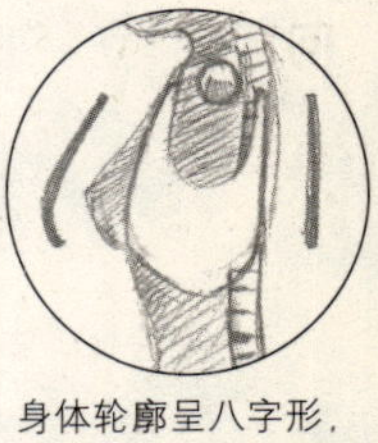

身体轮廓呈八字形，因而后仰状态显得很醒目。

扭转身体

回头的动作

腰部、肩部和头部联动构成身体扭转的动作。

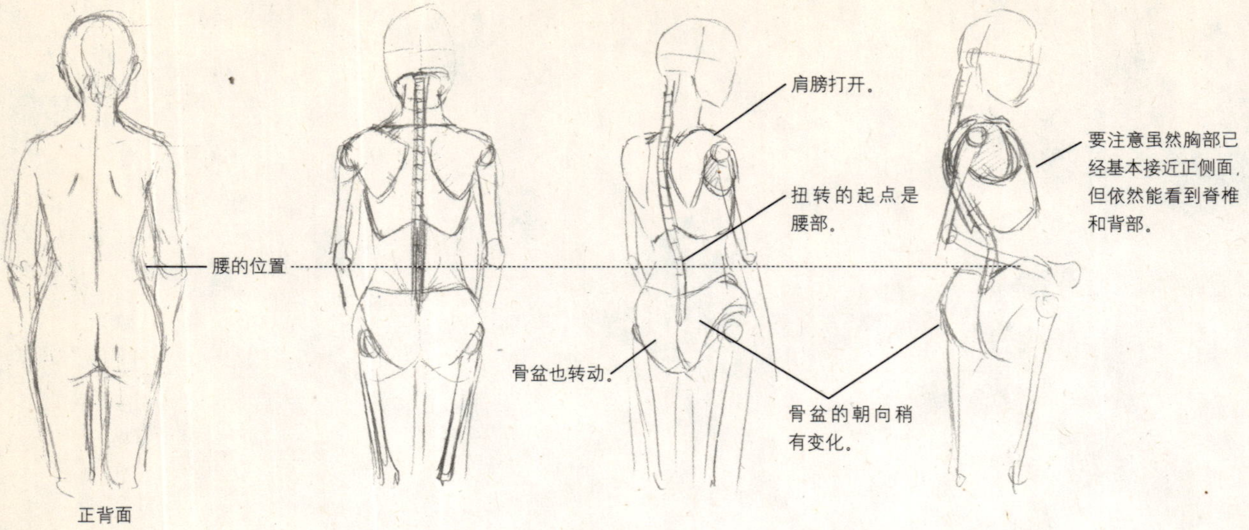

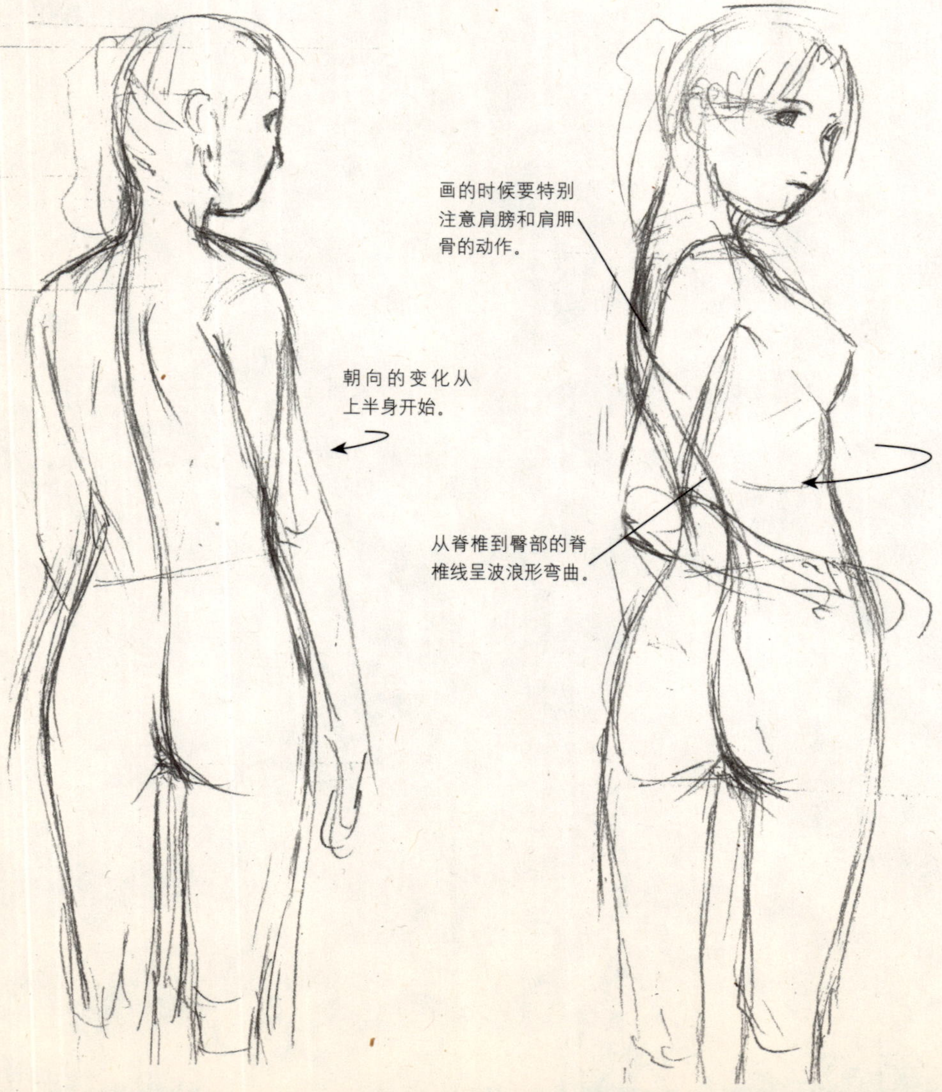

投掷动作

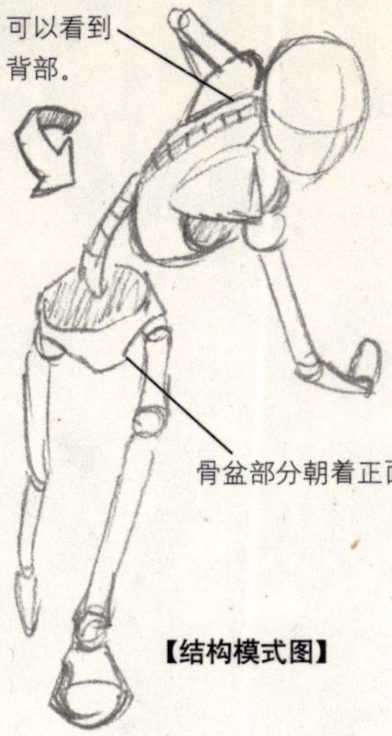

【结构模式图】

草稿。对于能有效突出立体
感的部位都打上了阴影线。

【参考：大致草图】

屈体和转体引发的动作

不光是夸张的动作，对于自然的动作也要赋予动感。

联合脊椎、颈部、腰部和髋关节的综合动作

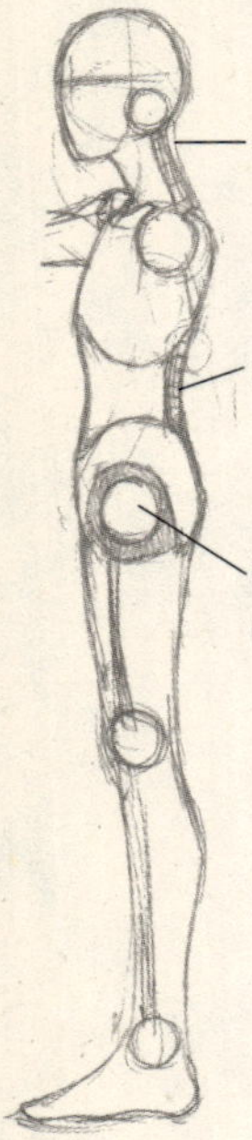

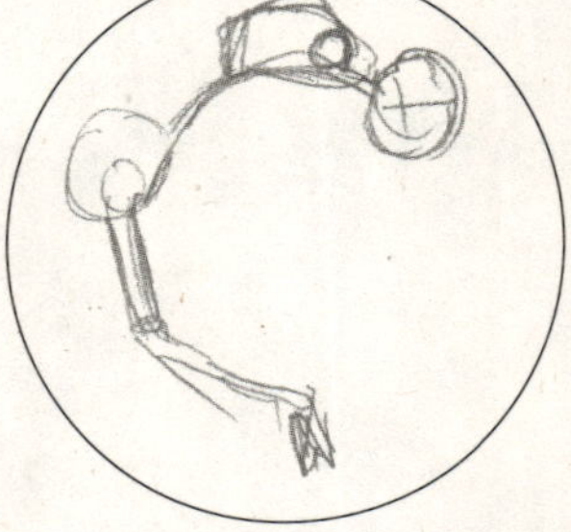

不仅是脊椎，加上颈部、腰部和髋关节的联动才完成了全身大幅后仰的动作。

扭身的姿态

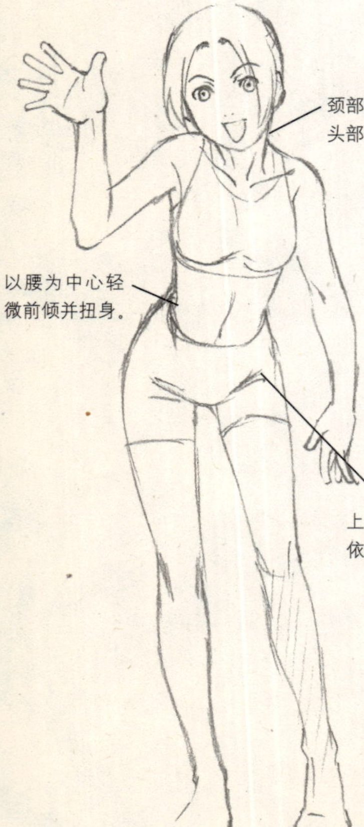

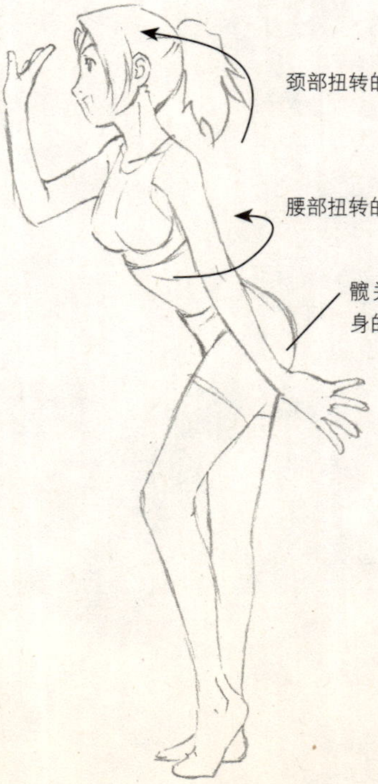

参考：上半身反向扭转的样子。

这是受过专门训练后才能做出的屈体动作，要点在于颈部和髋关节。

做操的动作

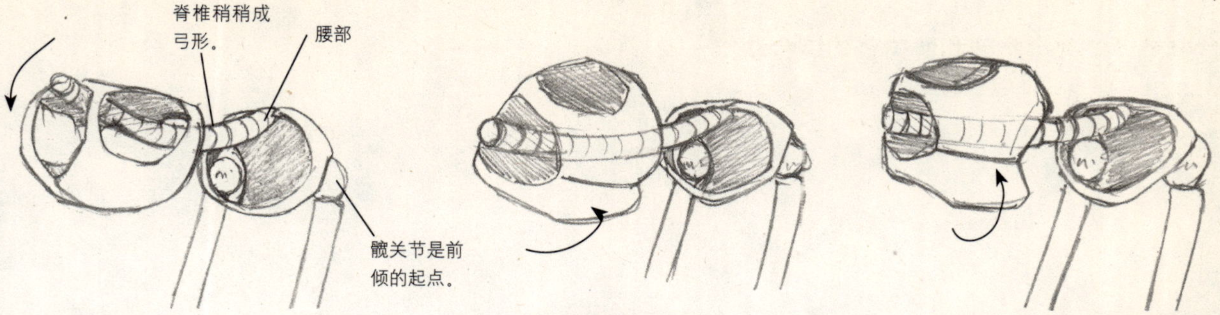

1.上半身前倾。　2.转体。整条脊椎以腰为起点扭转。　3.进一步转体，脊椎大幅扭转。

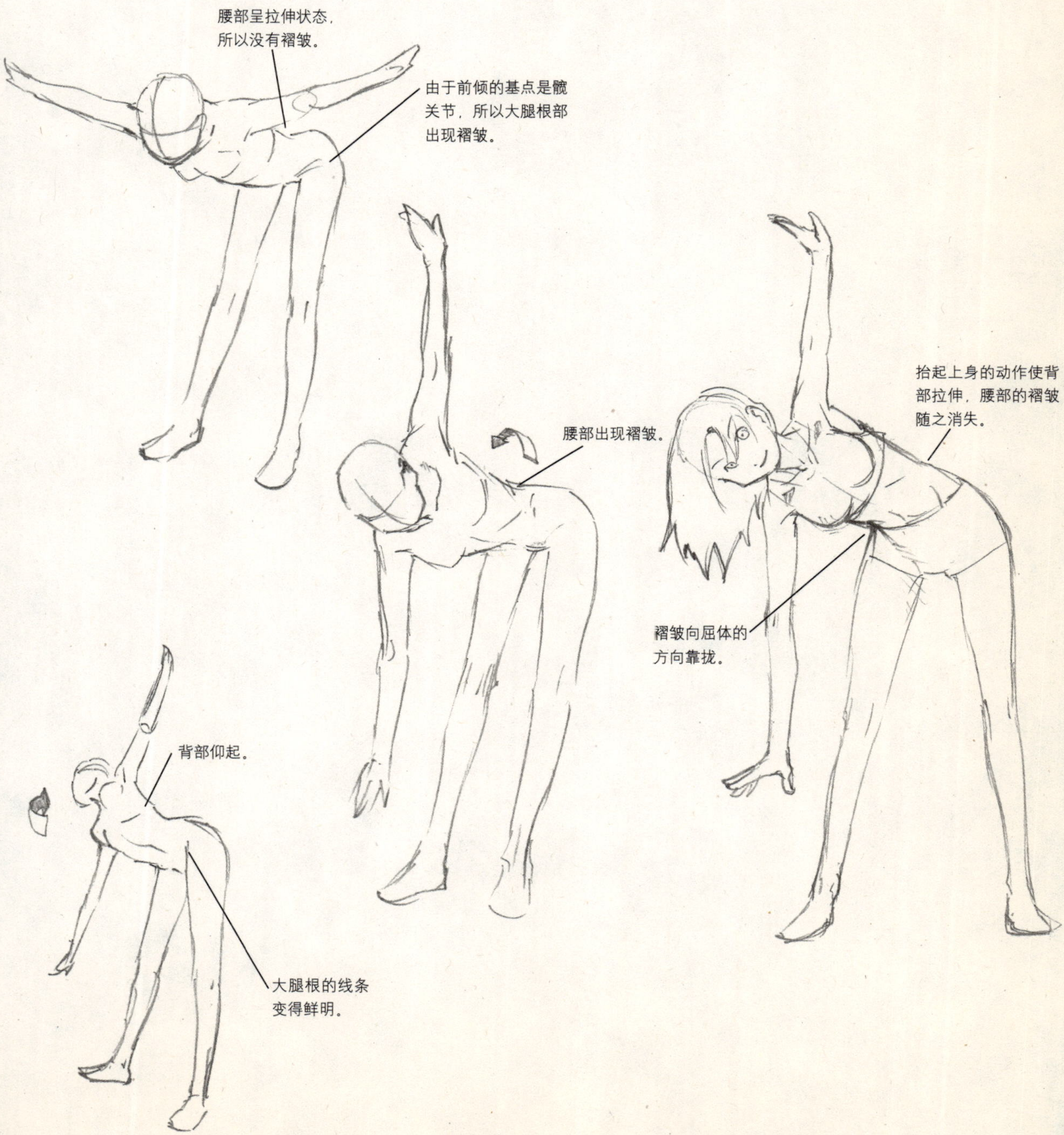

3. 肩膀与手臂的连接和动作的基本知识

肩关节与肩胛骨和锁骨相连。让我们来学习手臂和肩膀的构造。

肩膀构造和手臂肌肉

正面

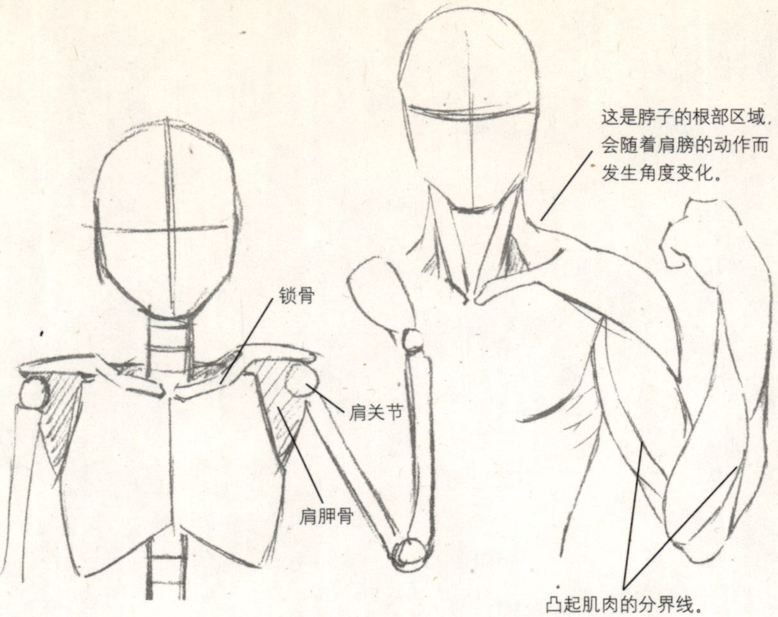

骨骼构造

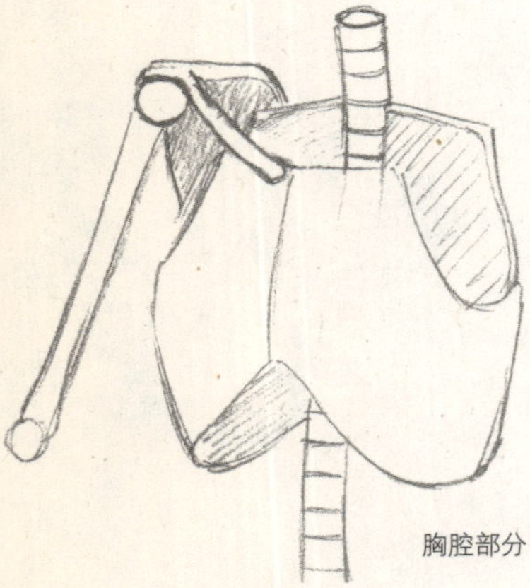

肩部和臂部的肌肉

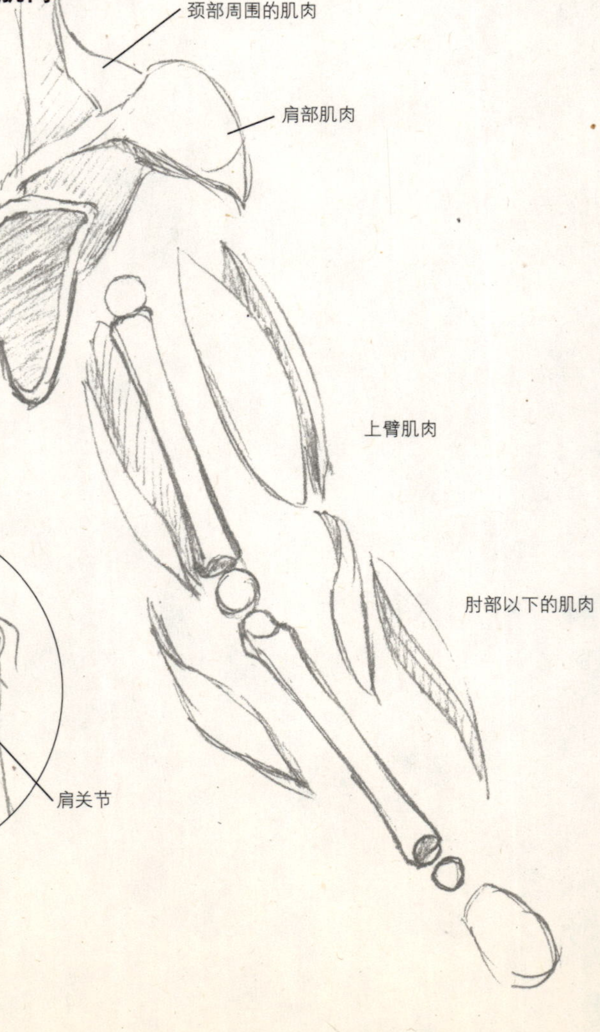

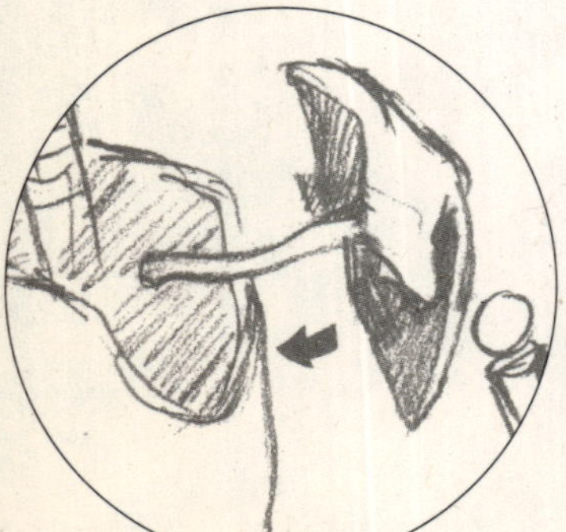

肩胛骨和锁骨是一个整体，覆盖着胸腔并与之接触。

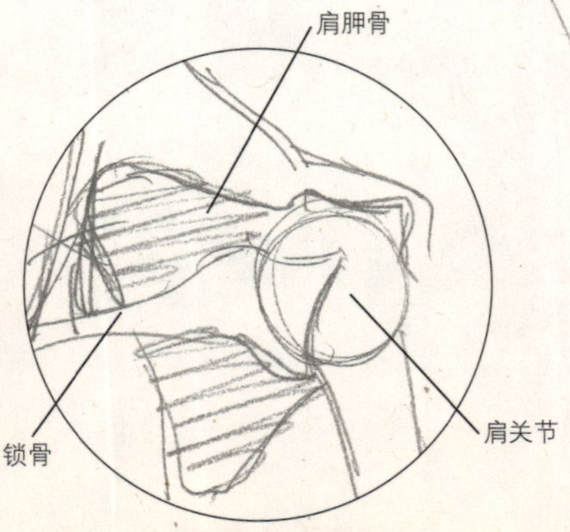

肩关节嵌于锁骨和肩胛骨之间。

背面

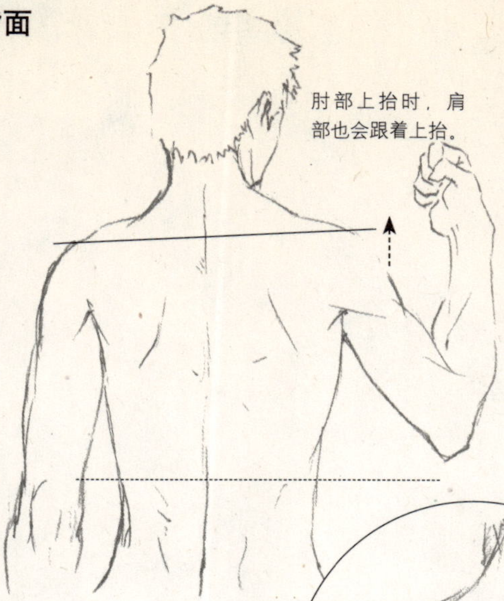

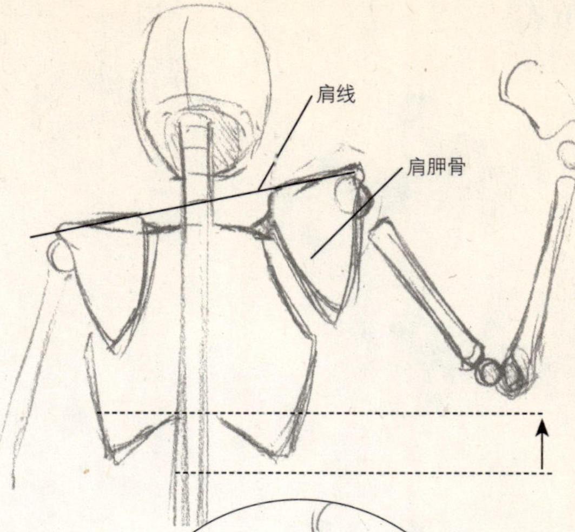

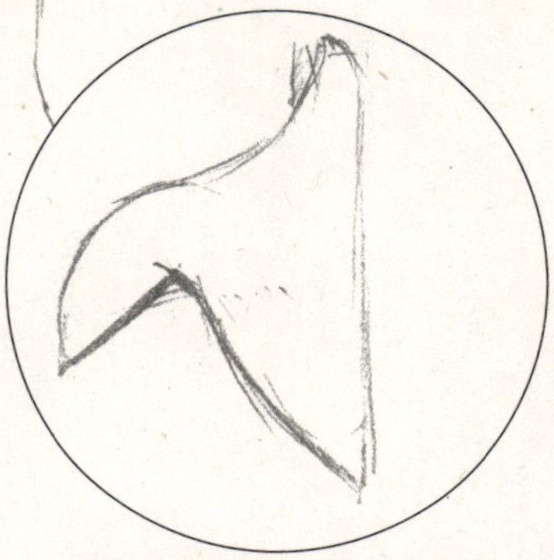

人体背面的肌肉。从后颈到肩膀、再到背部，肌肉大面积相连。

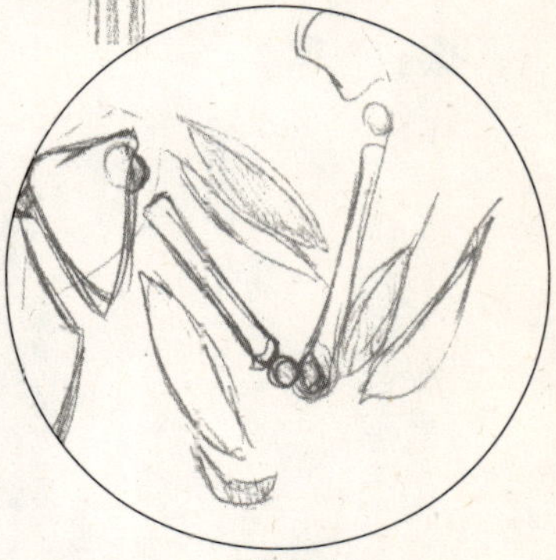

手臂肌肉

侧面

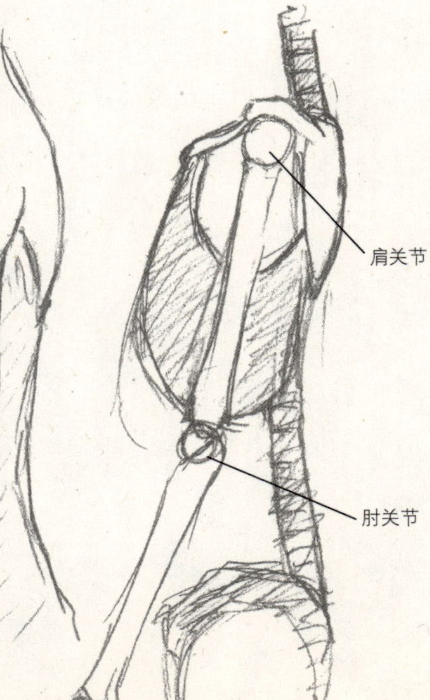

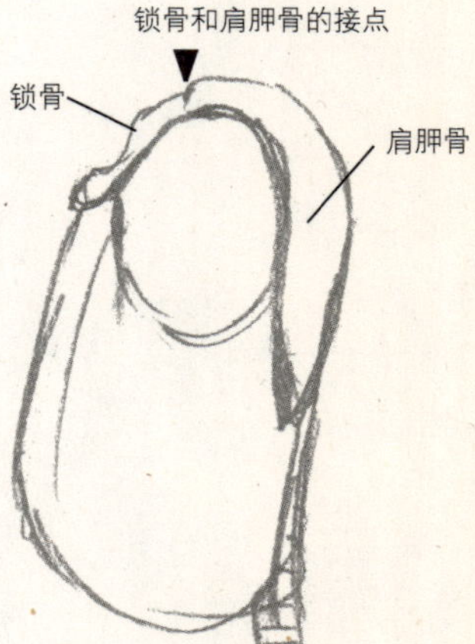

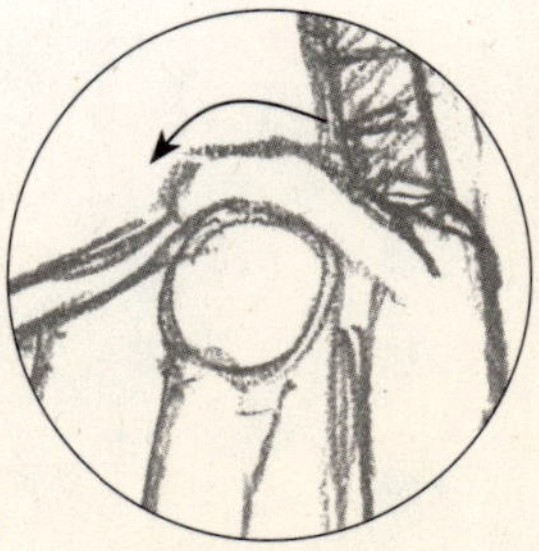

肩关节部分

虽然肩胛骨大部分位于背部，但也有一部分向前延伸，由此构成了肩关节。

肩部的动作

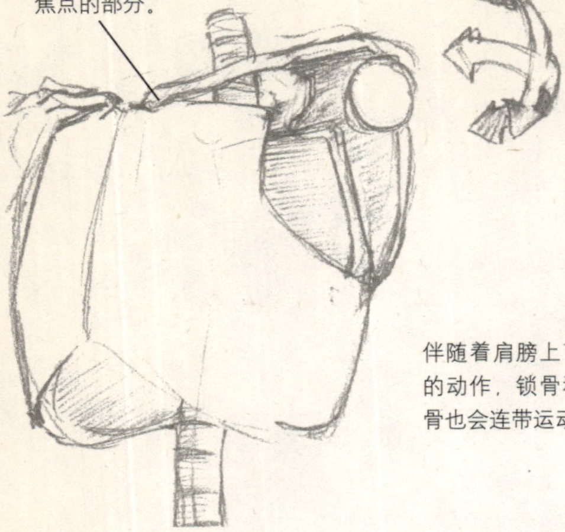

伴随着肩膀上下左右的动作，锁骨和肩胛骨也会连带运动。

上下的动作

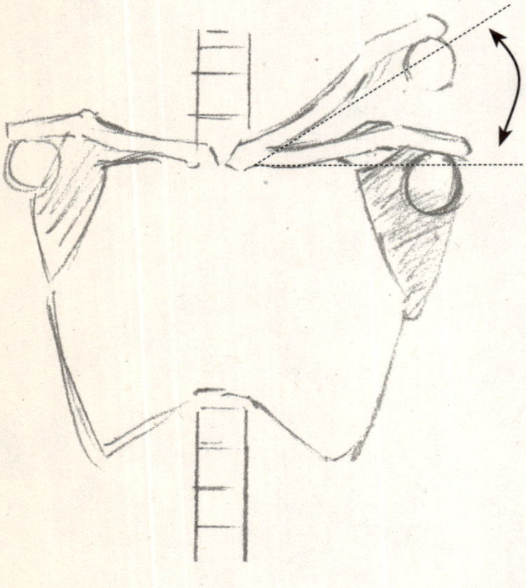

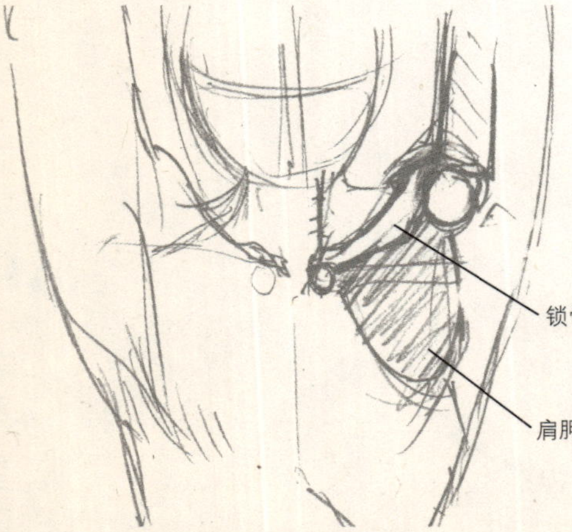

锁骨和肩胛骨连带着运动。

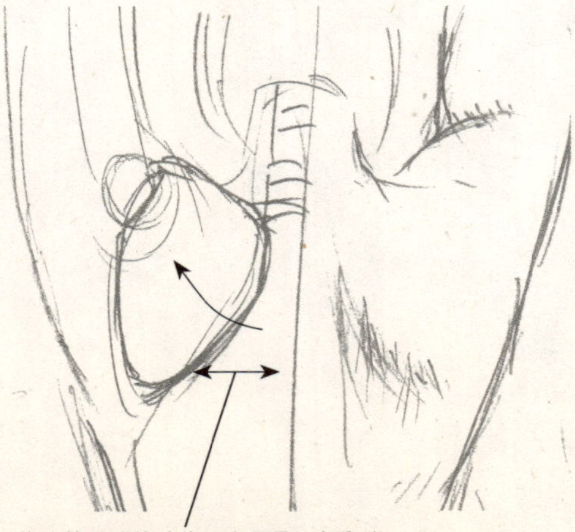

伴随着手臂的动作，肩胛骨下部和脊椎的距离会大大改变，而背部的表情也会跟着发生变化。

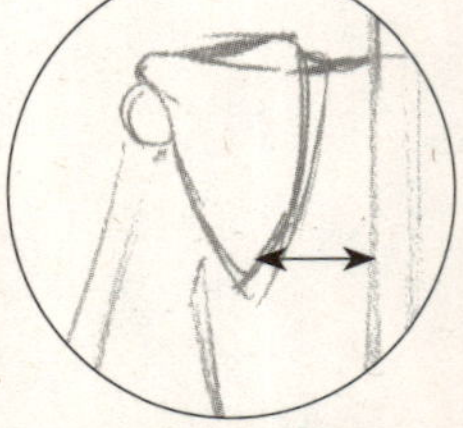

肩胛骨的通常位置

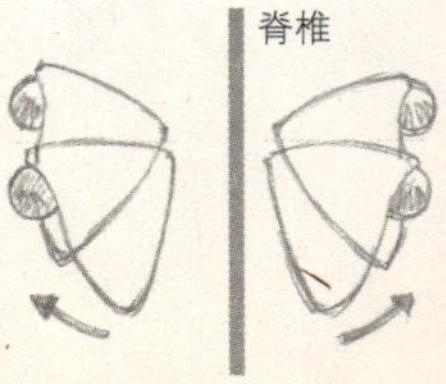

随着双臂的抬升，肩胛骨渐渐远离脊椎，呈八字形。

抬起双臂

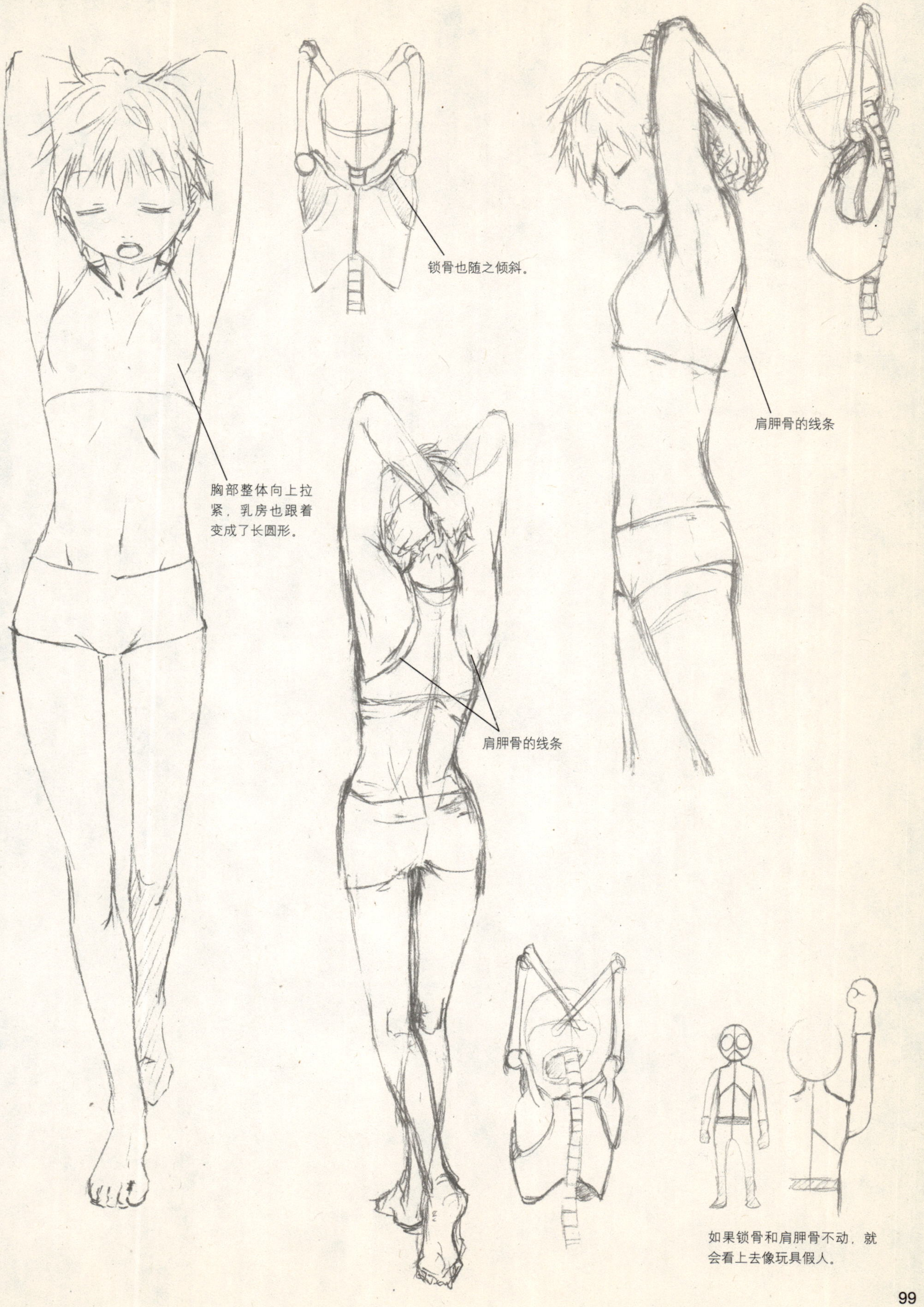
锁骨也随之倾斜。
肩胛骨的线条
胸部整体向上拉紧，乳房也跟着变成了长圆形。
肩胛骨的线条
如果锁骨和肩胛骨不动，就会看上去像玩具假人。

前后的动作

这是躯干的俯瞰图。让我们来看看肩胛骨的运动范围。

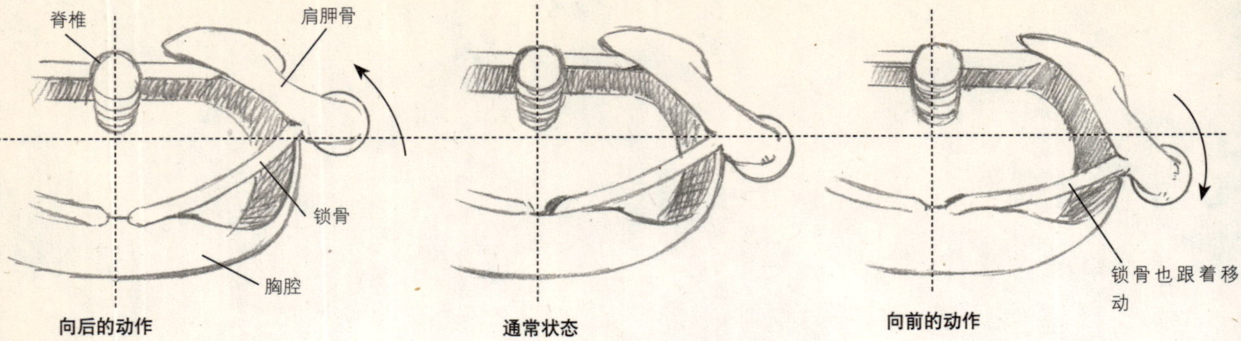

手臂向后的动作—肩胛骨合拢

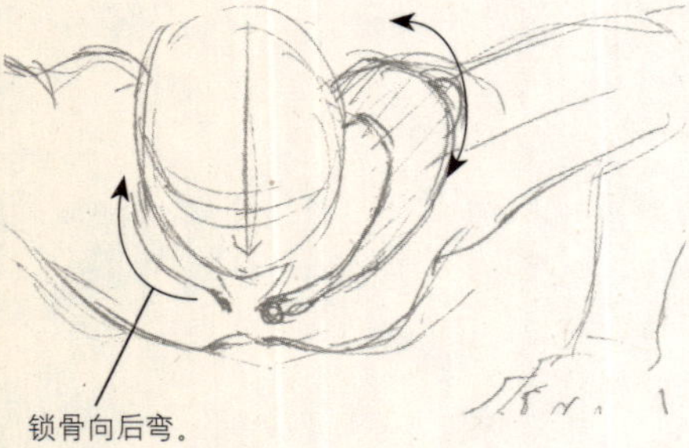

锁骨向后弯。

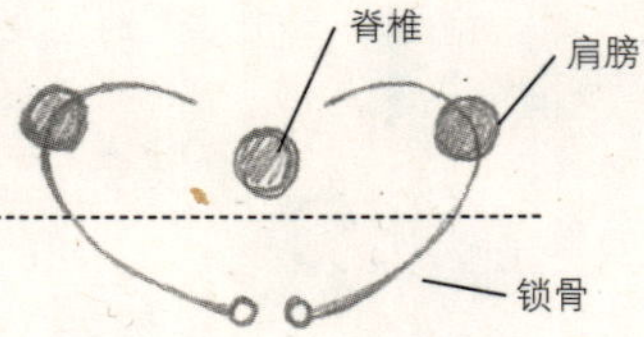

从正上方看下去，肩部的位置拉到了脊椎之后。背部的皮肤和肌肉向着脊椎收缩，胸部大幅拉伸。

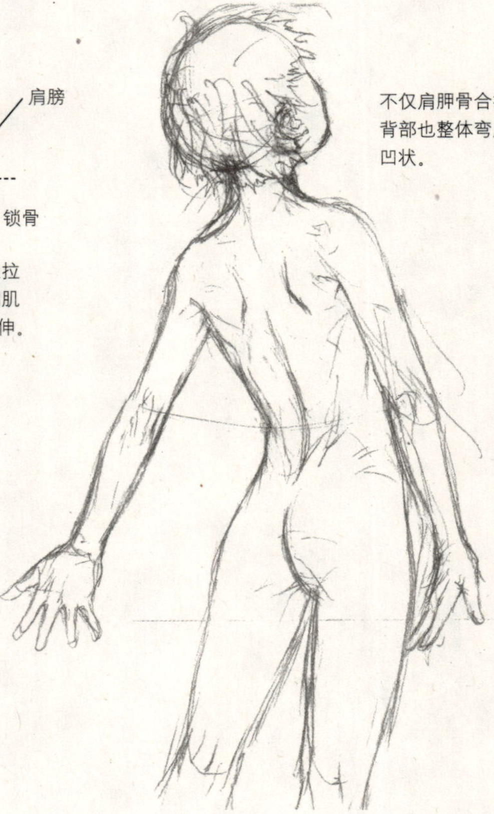

不仅肩胛骨合拢，背部也整体弯成了凹状。

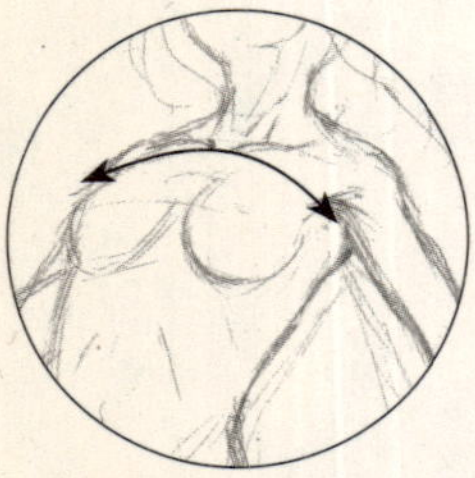

胸部向着左右拉伸为大大的弧形。

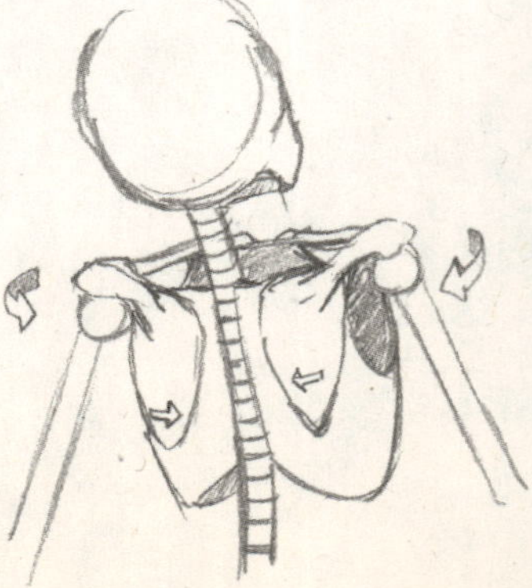

手臂向前的动作—肩胛骨张开

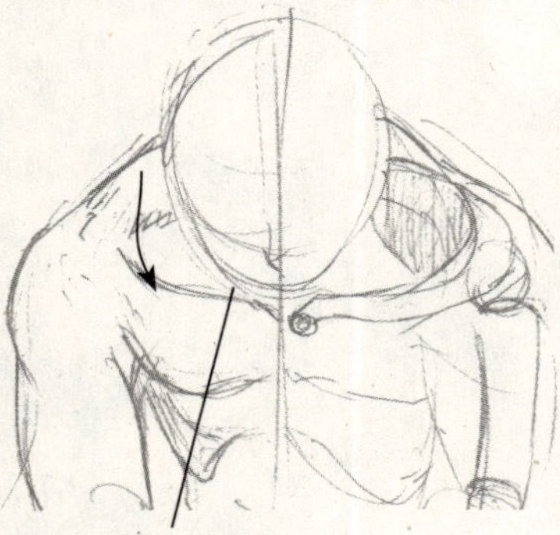

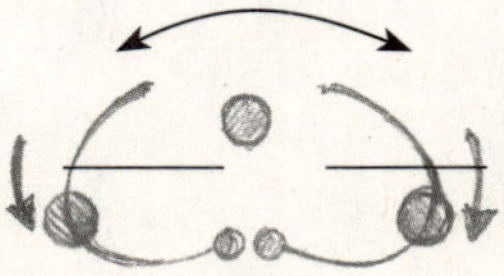

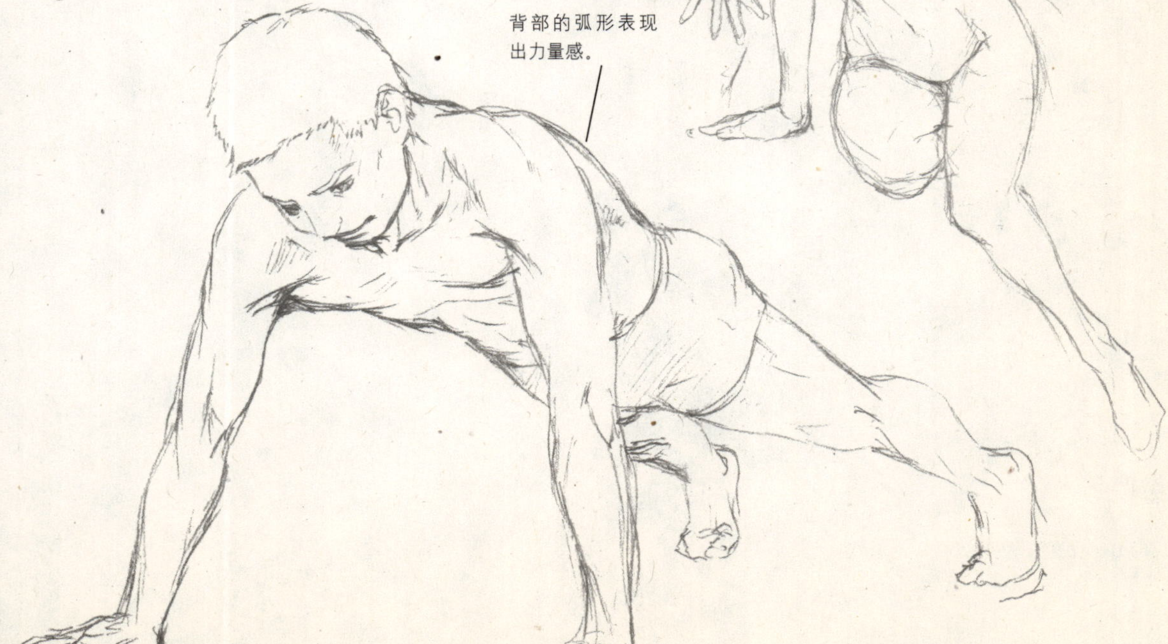

手臂的动作

手臂扭转后轮廓线会发生变化。作画时要注意变化特别显著的肘部到手腕的线条。

前抬并旋转的状态

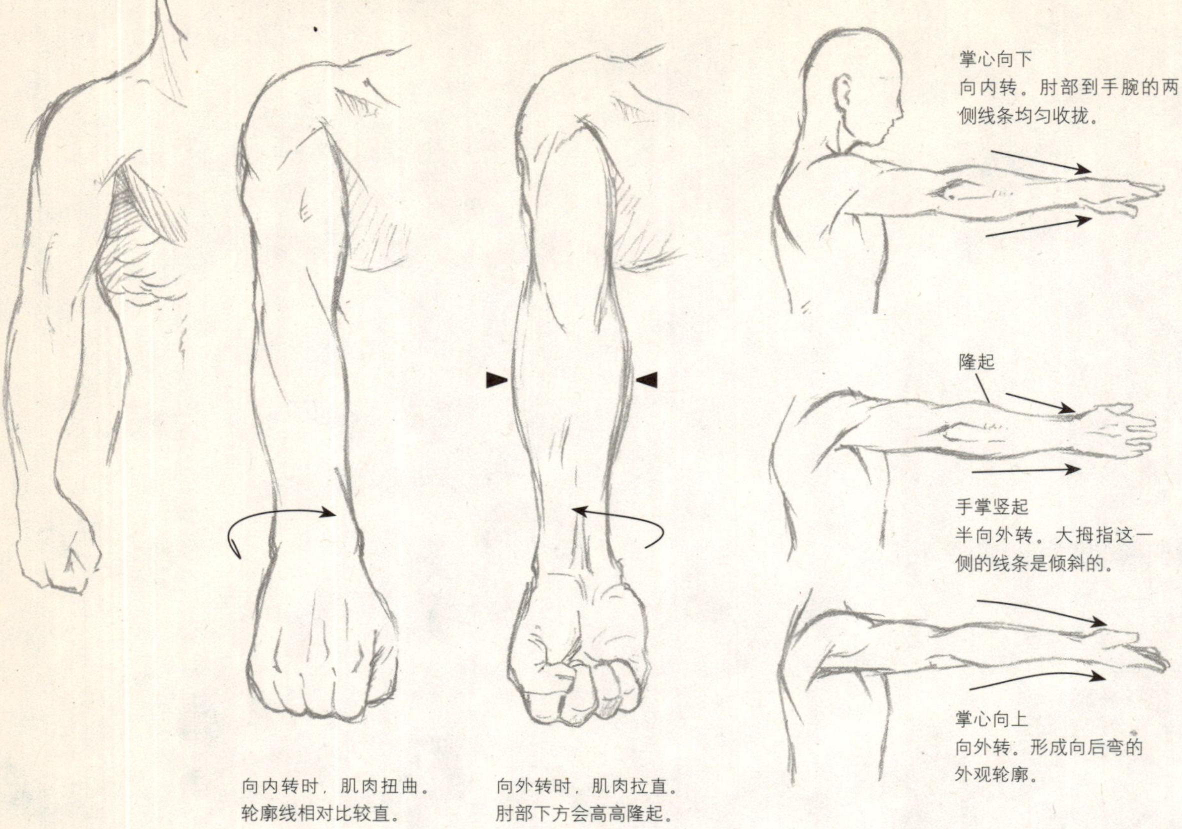

伸出并旋转的状态

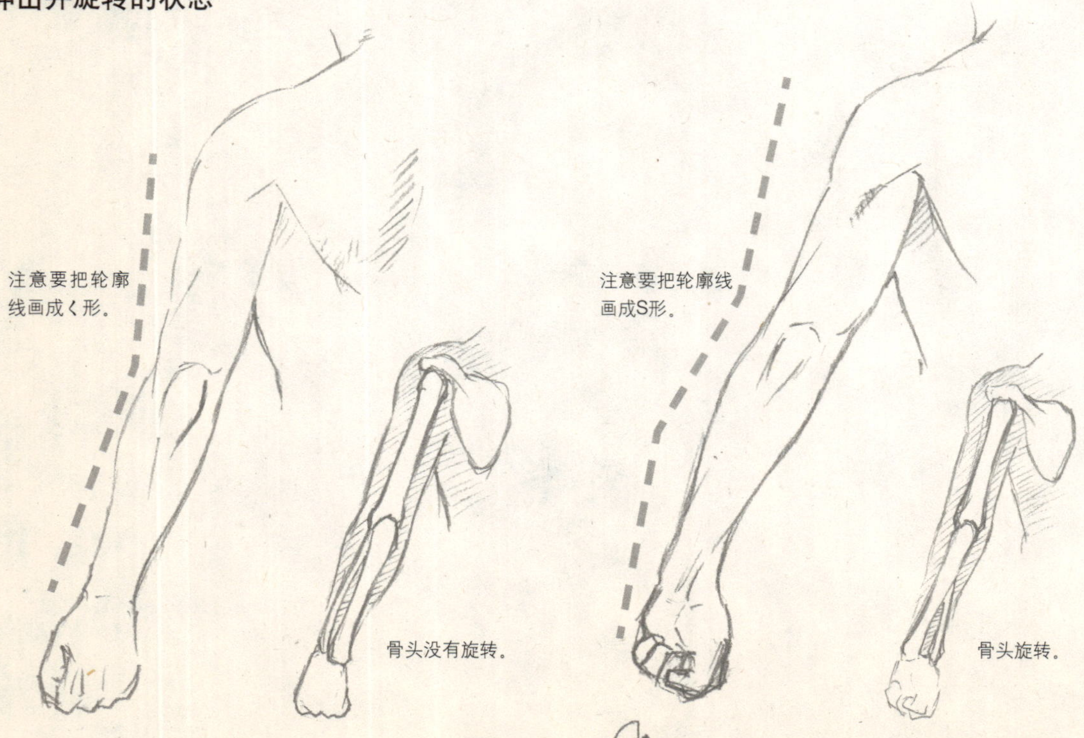

手腕弯曲的状态

肌肉的伸展和收缩带动手腕动作，会使手臂轮廓发生变化。而以手肘为起点旋转时，上臂部分不会发生变化。

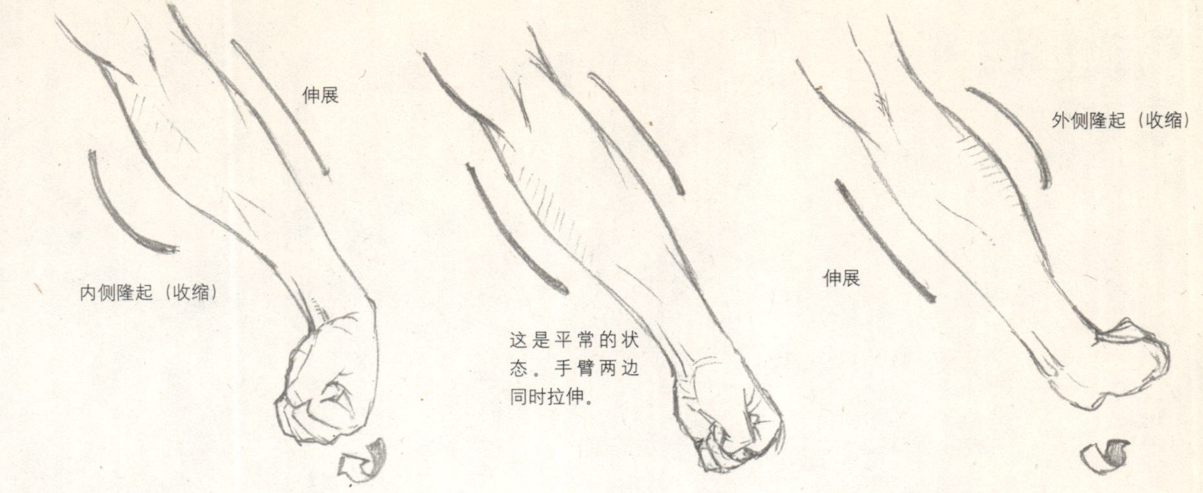

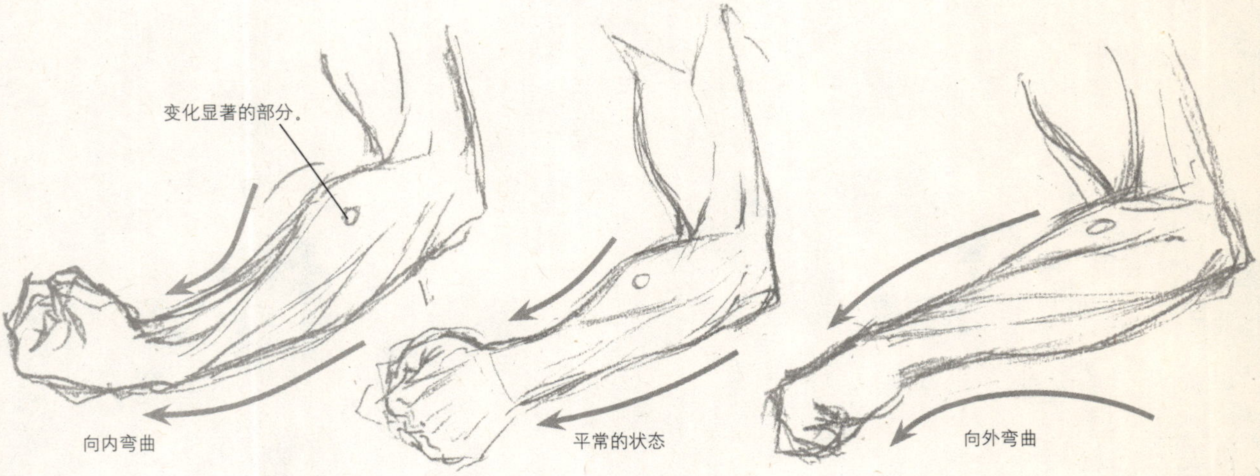

屈臂的状态

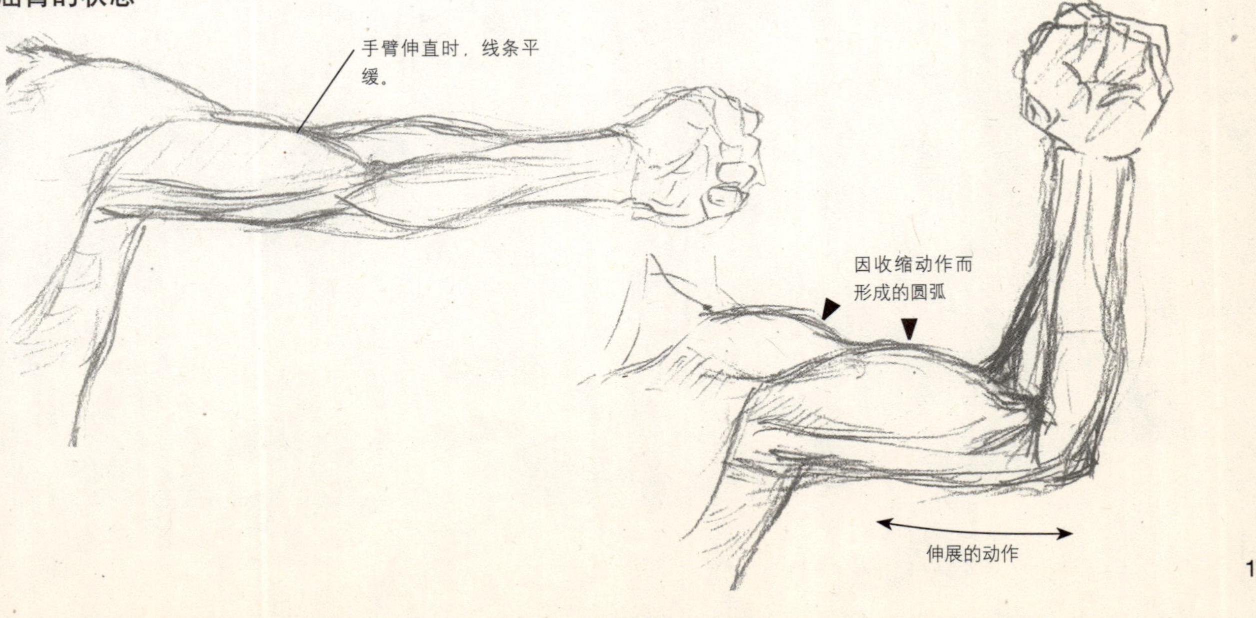

4. 腿部构造和动作的基本知识

髋关节的旋转（腿的朝向）会引起腿部线条的变化。要注意膝盖以下的部分基本上是不转。

髋关节和腿部的关节

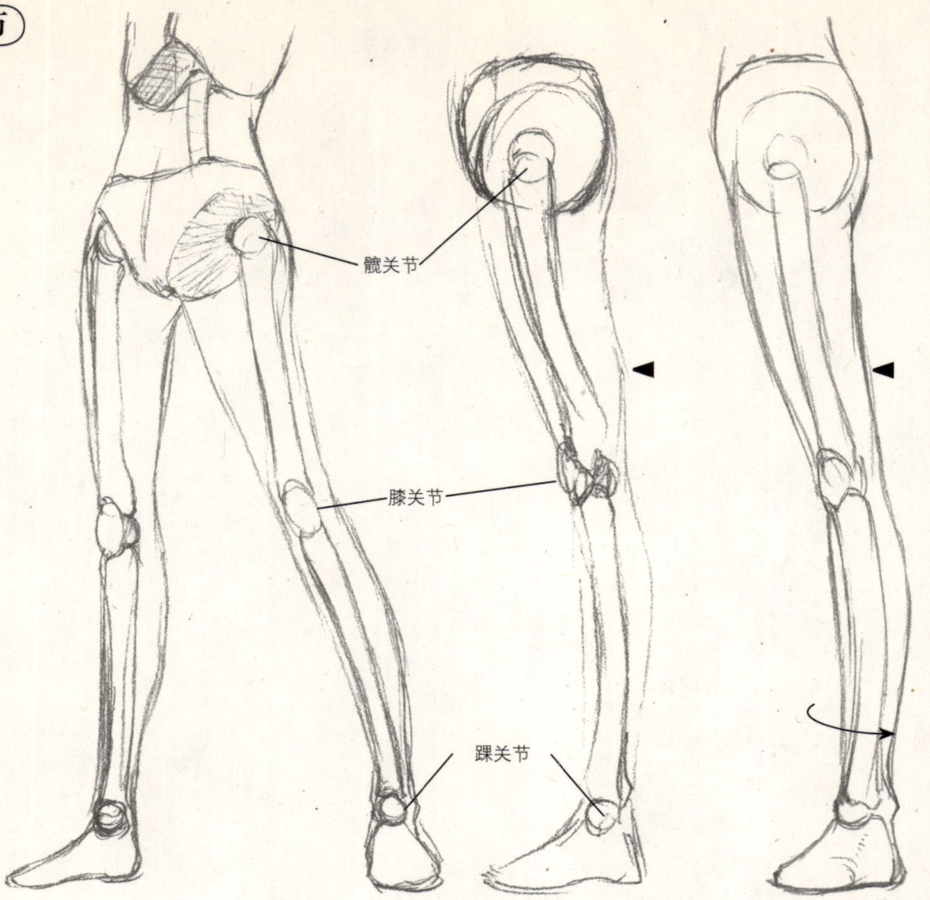

正侧面时，大腿线条有明显的起伏。

向外转时，腿部轮廓会形成具有韵律感的曲线。

髋关节的旋转

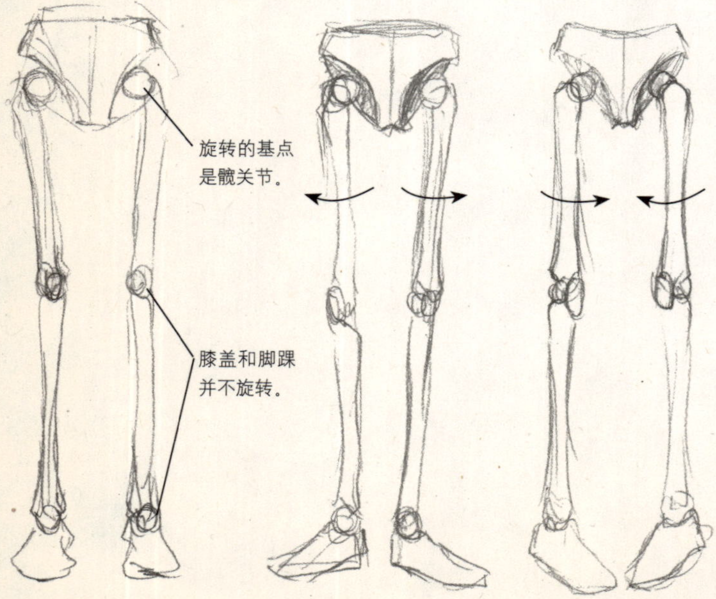

挺直的状态

向外侧旋转
如果没有经过训练，最多只能转到这样的程度。

向内侧旋转

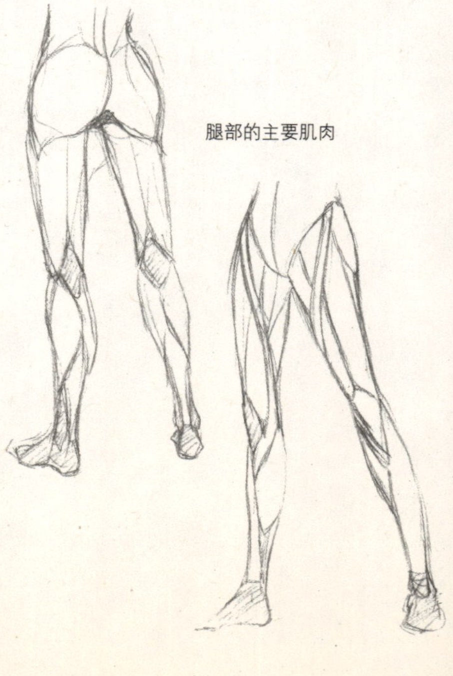

腿部的主要肌肉

左右打开

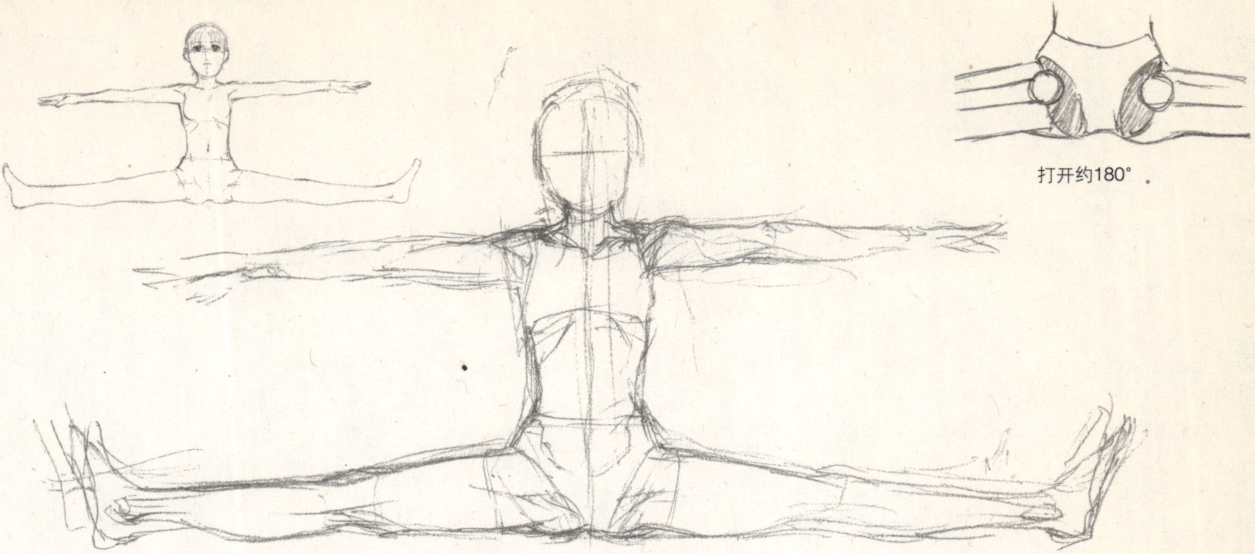

打开约180°。

脚尖竖起的状态

腿部、髋关节的动作是和腰部一起联动的。作画时要注意腰部和骨盆的转动和倾斜。

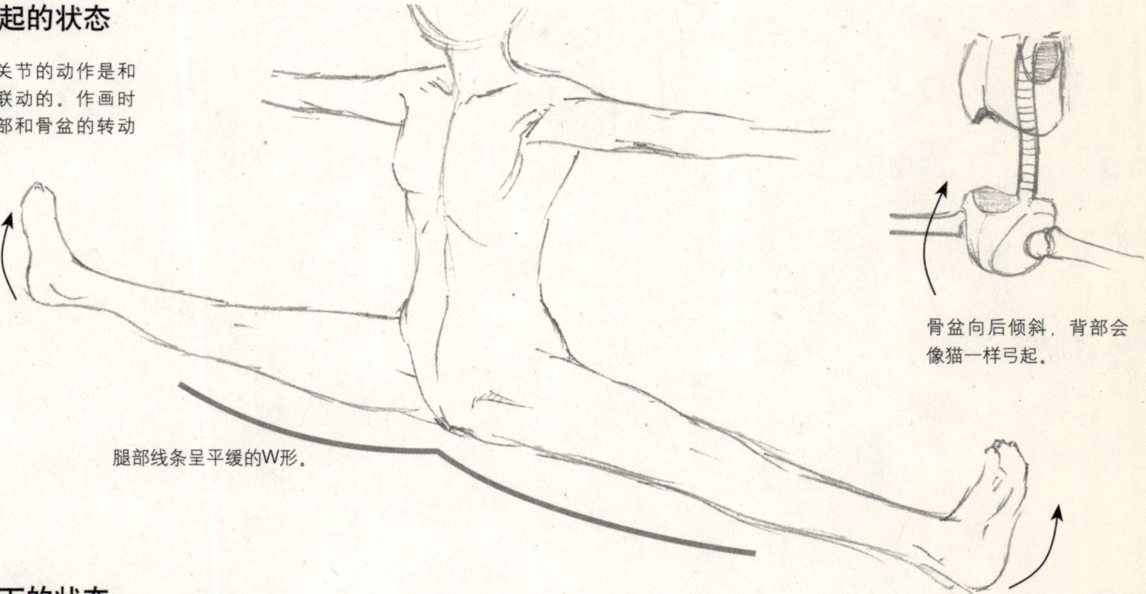

腿部线条呈平缓的W形。

骨盆向后倾斜，背部会像猫一样弓起。

脚尖向下的状态

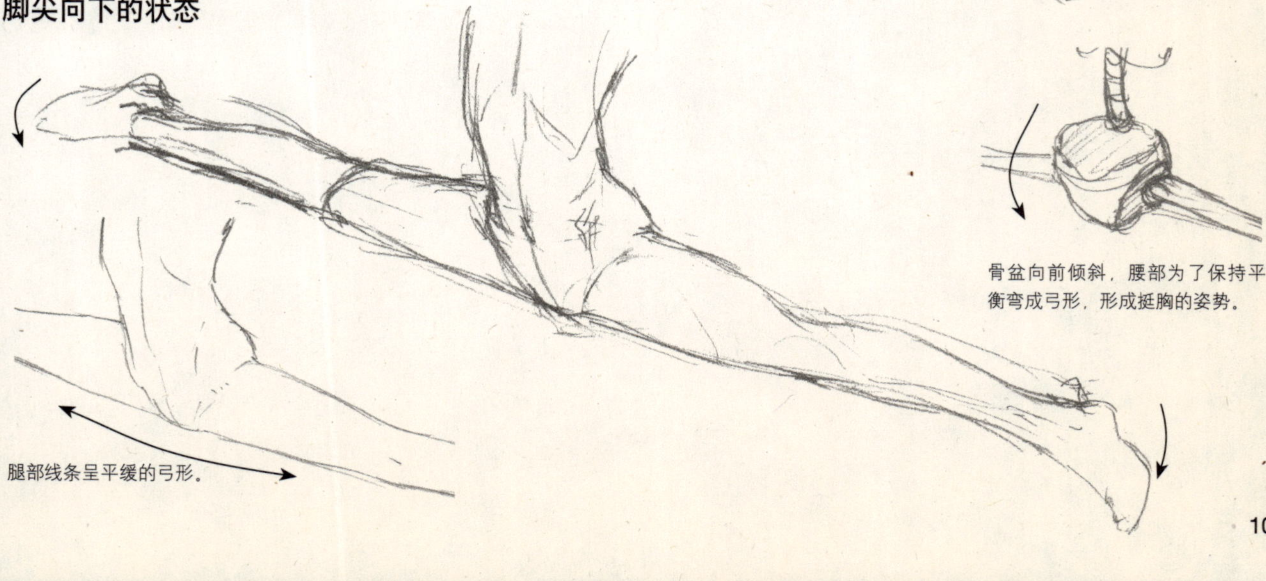

腿部线条呈平缓的弓形。

骨盆向前倾斜，腰部为了保持平衡弯成弓形，形成挺胸的姿势。

前后（上下）的动作

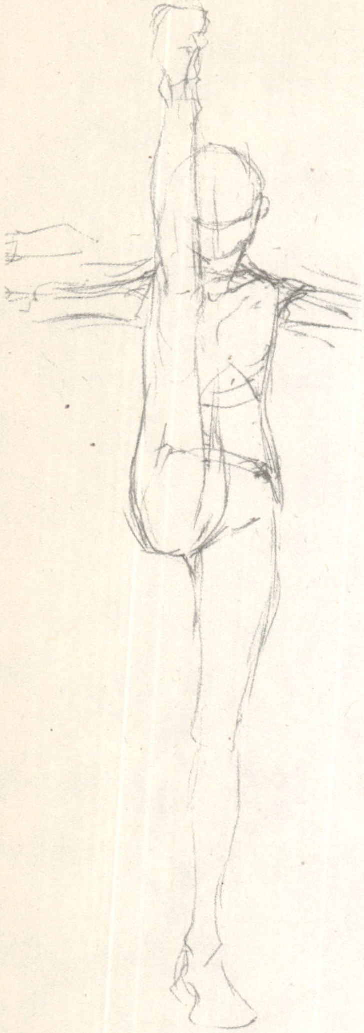

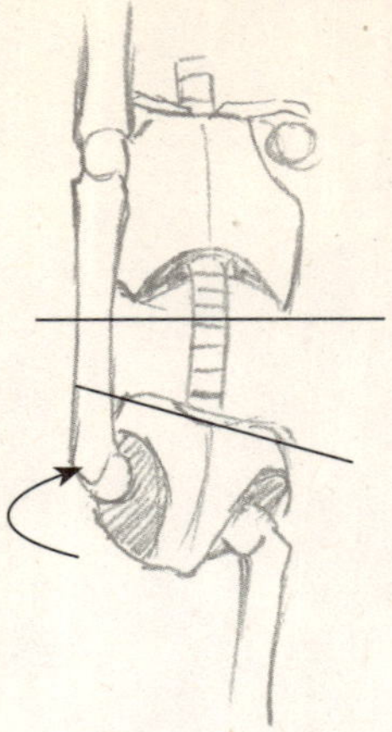

腿上下分开时伴随着拧腰的动作。

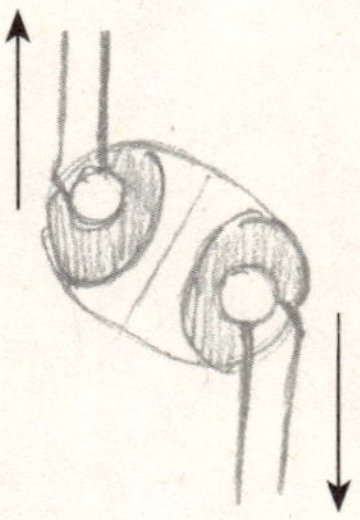

正面角度的正下方构造图。为了保持踢起腿和站立腿挺直，腰部必须旋转。

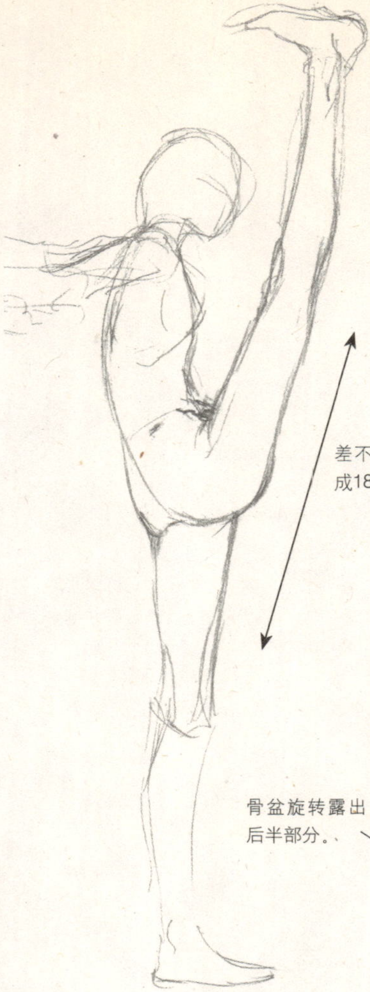

差不多分开成180°。

胸部基本为正侧面状态。

骨盆旋转露出后半部分。

坐着的时候和站着的时候一样，腰部旋转使双腿分开。

向后高高抬起的状态

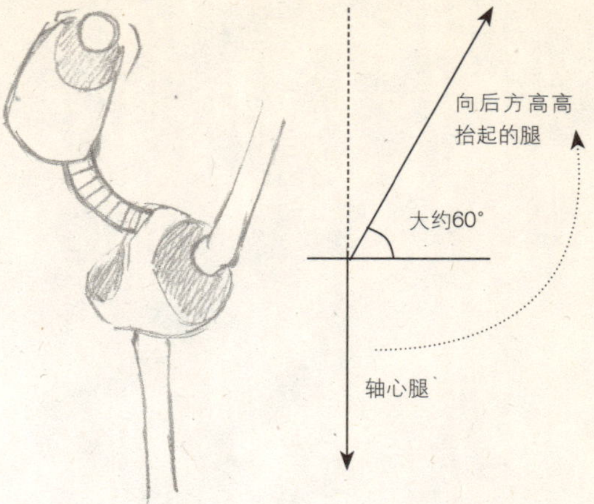

腰部的旋转可以帮助腿向后抬起，但无法像前踢动作那样达到180°。

大开步的状态

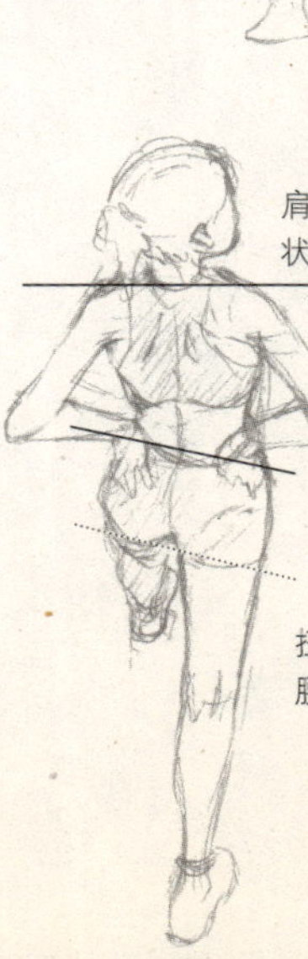

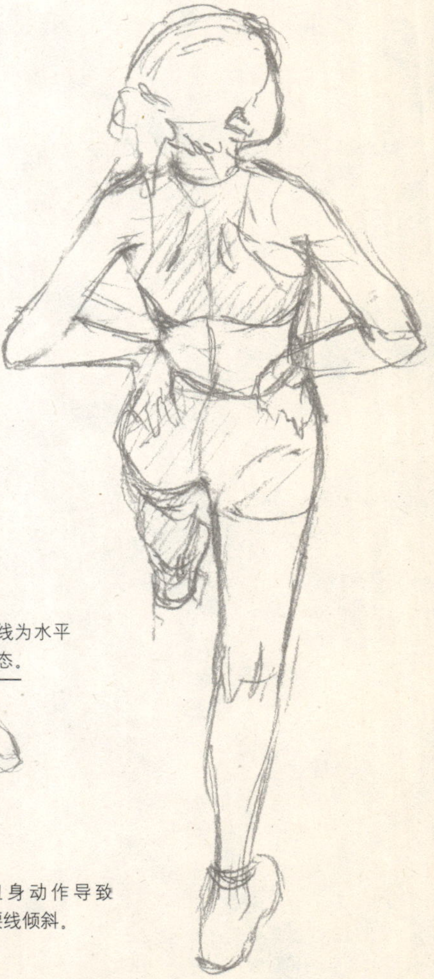

5. 手、手指的构造和动作的基本知识

画手部轮廓时，要注意画出体积感。手掌可以分为4个可动的区块。

基本构造

手心

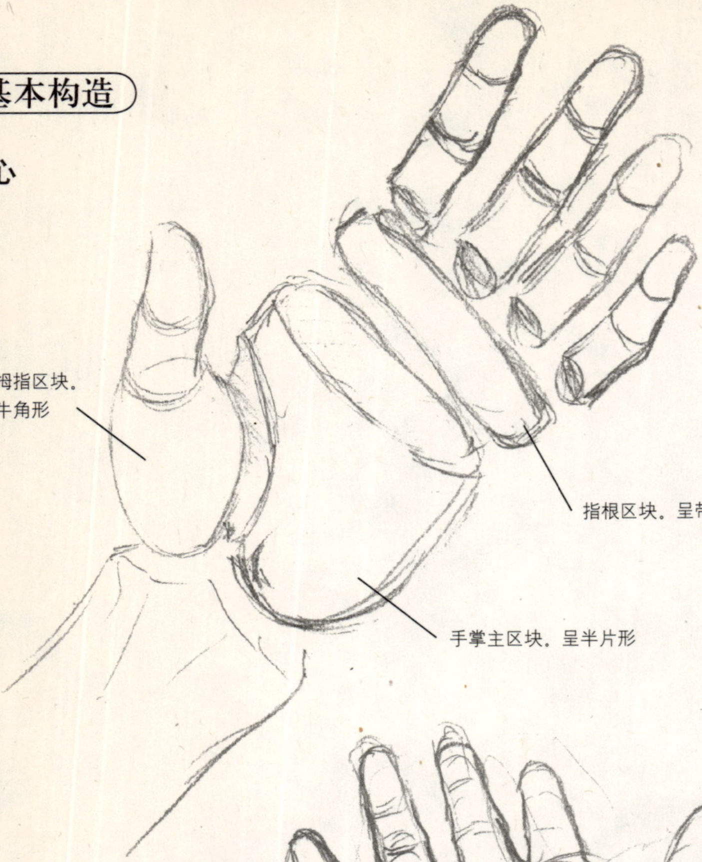

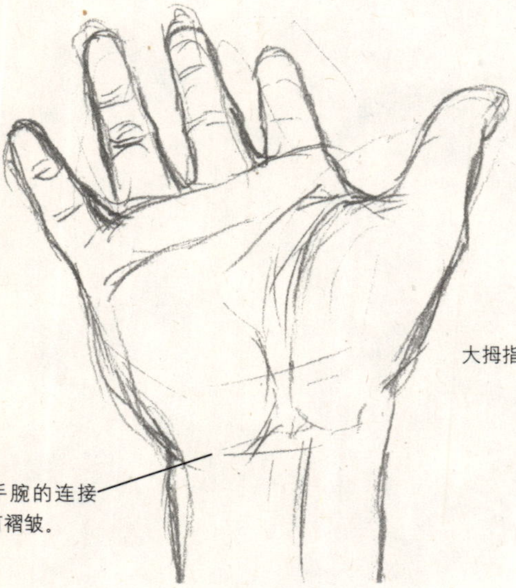

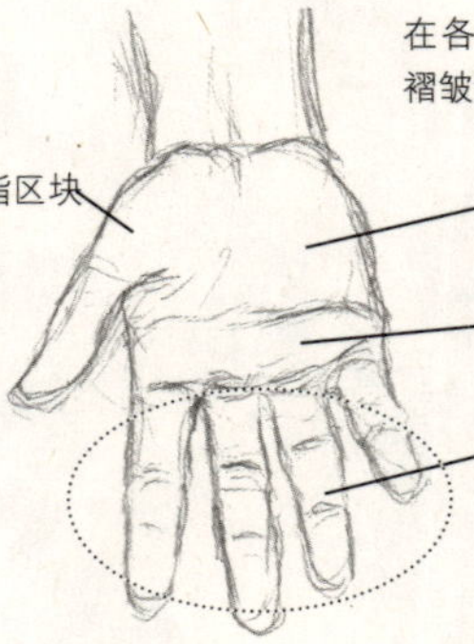

【作画顺序】

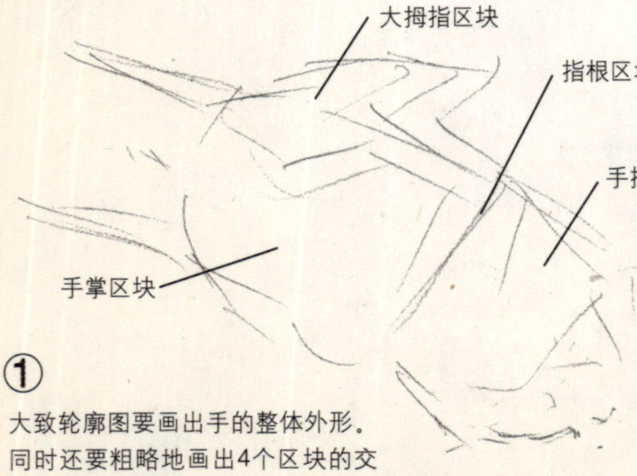

①

大致轮廓图要画出手的整体外形。同时还要粗略地画出4个区块的交界线。

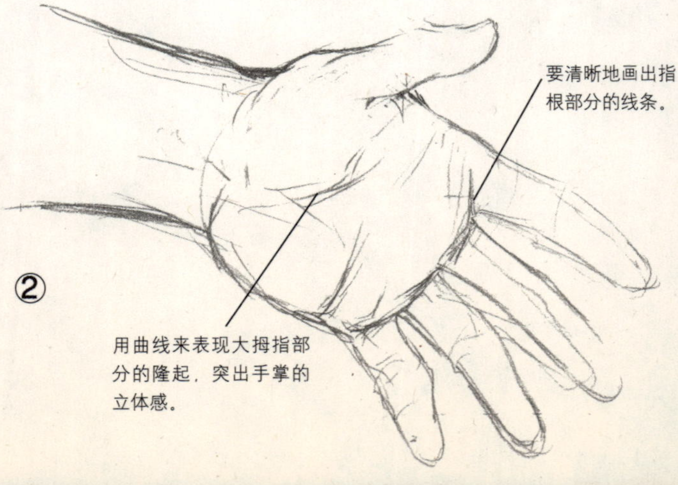

②

手背

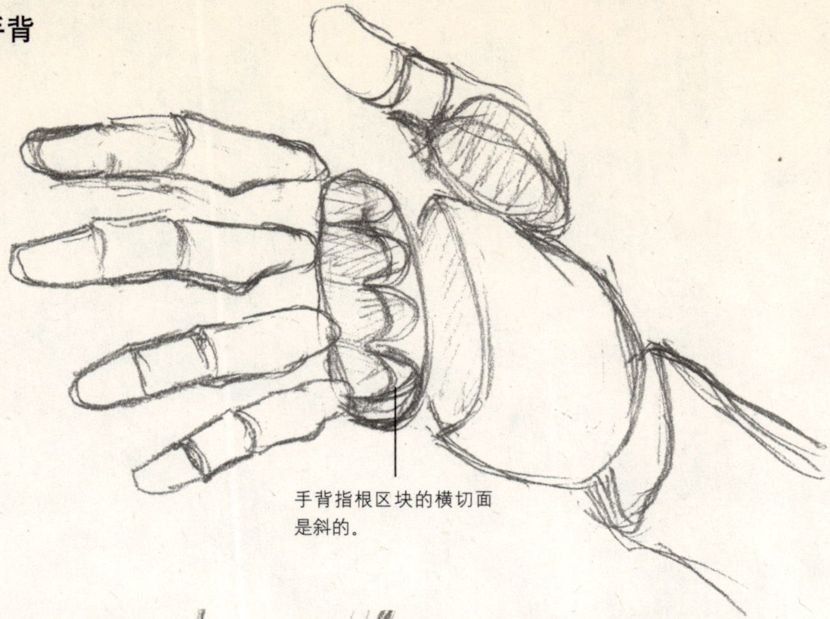

手背指根区块的横切面
是斜的。

平时的状态

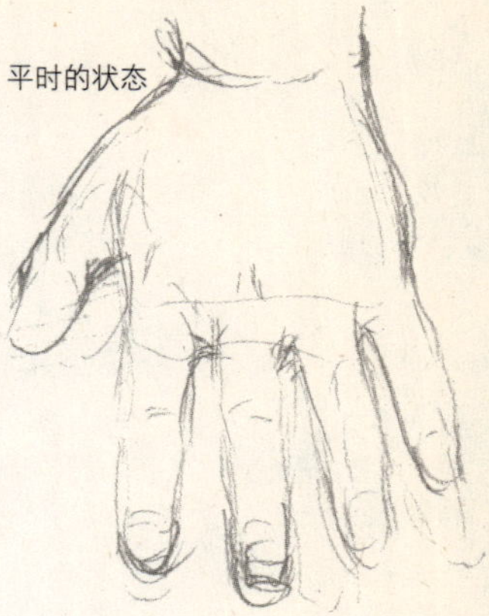

隆起状态

手背部分的轮廓发生了变化。

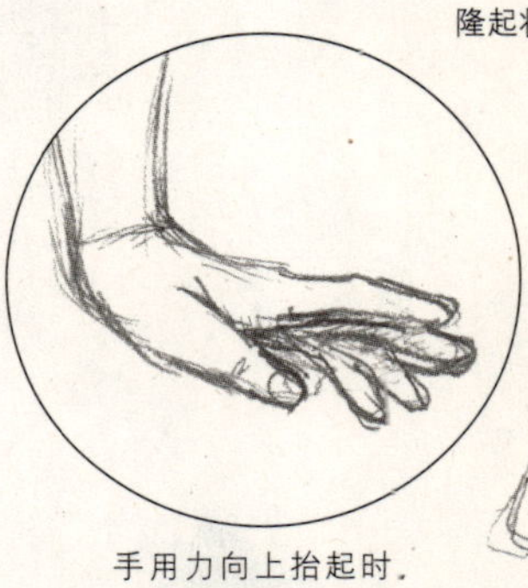

手用力向上抬起时，
手背上的肌肉纹理会
浮现出来。

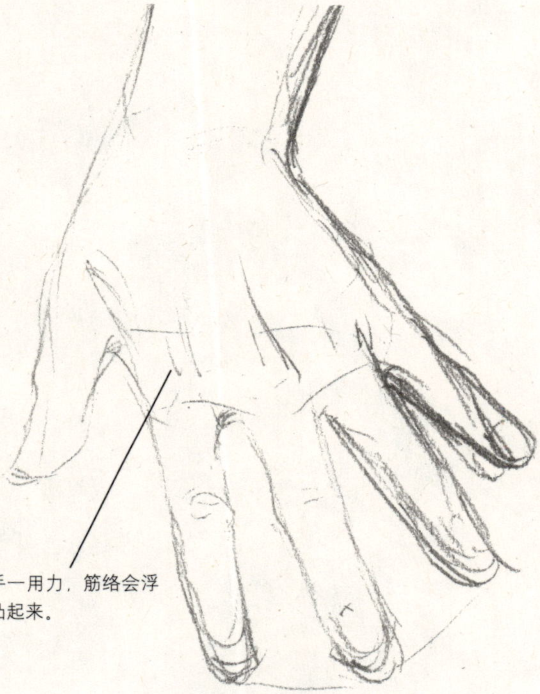

手一用力，筋络会浮
凸起来。

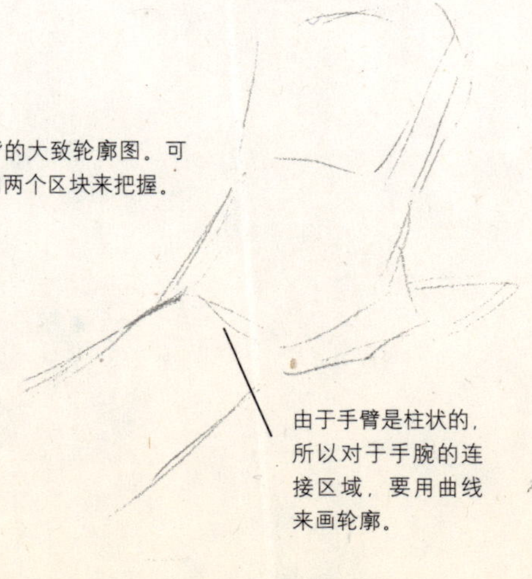

手背的大致轮廓图。可
以用两个区块来把握。

由于手臂是柱状的，
所以对于手腕的连
接区域，要用曲线
来画轮廓。

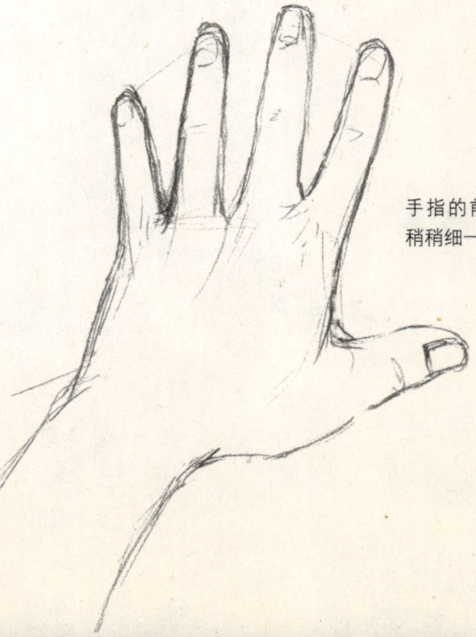

手指的前端要画得
稍稍细一些。

握拳的动作

基本区块的接续处是手弯曲的要点部位，这些地方很容易形成褶皱。

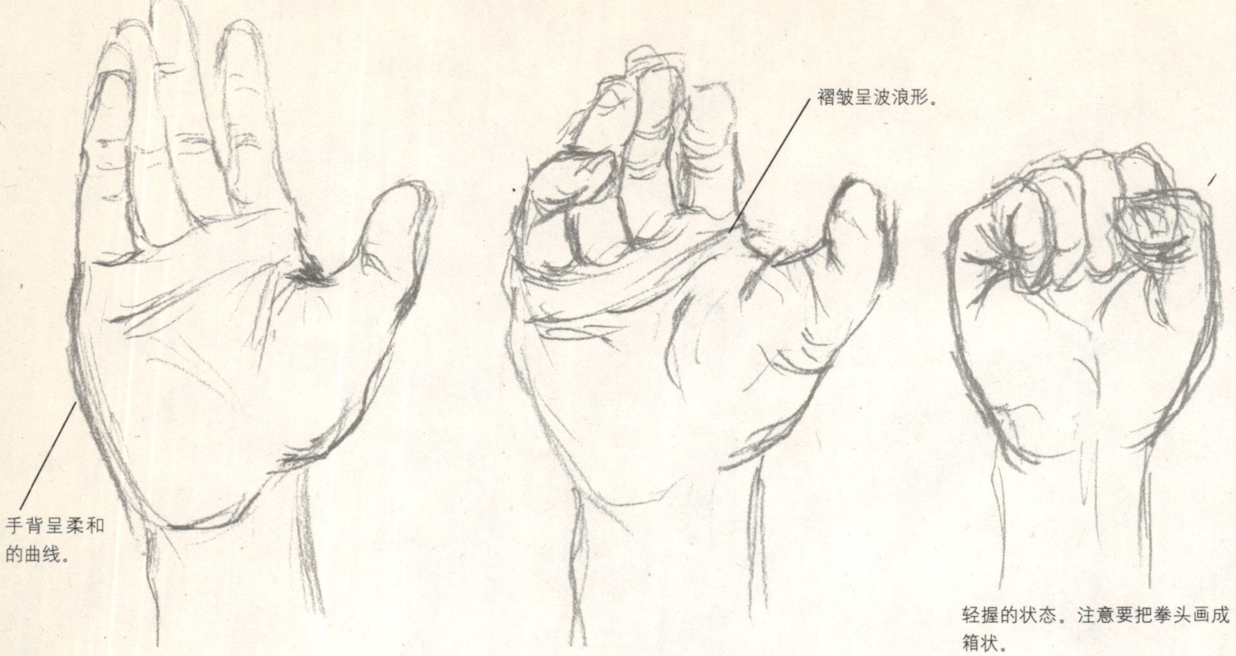

手指有4处会产生褶皱

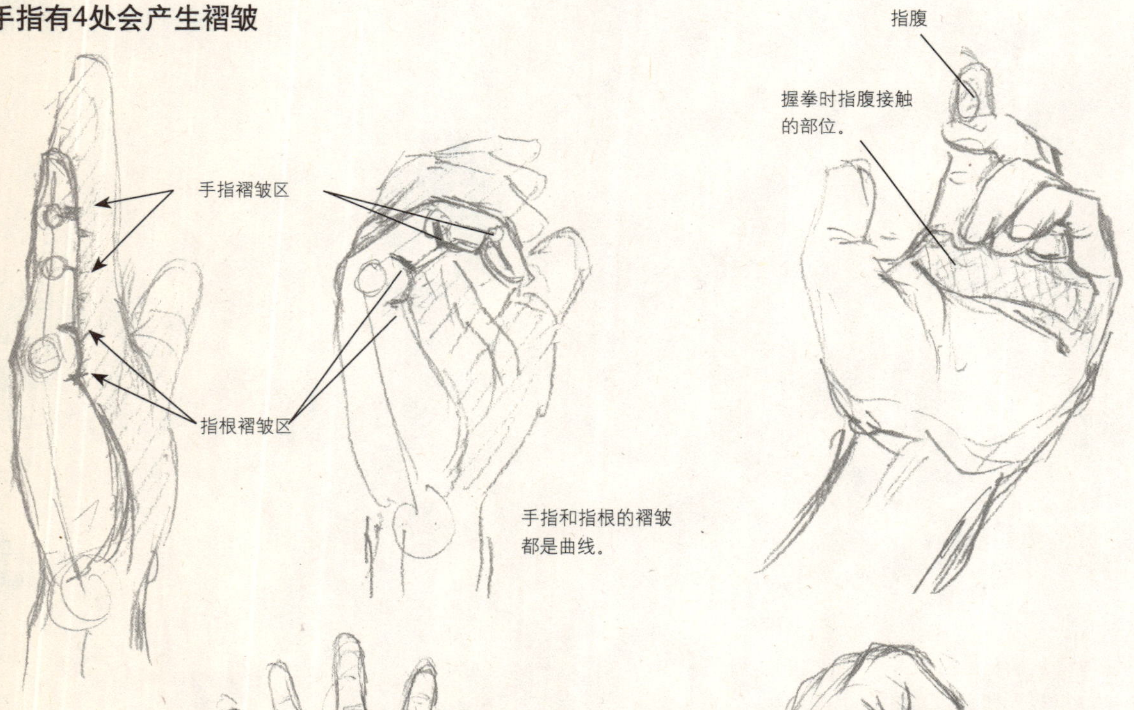

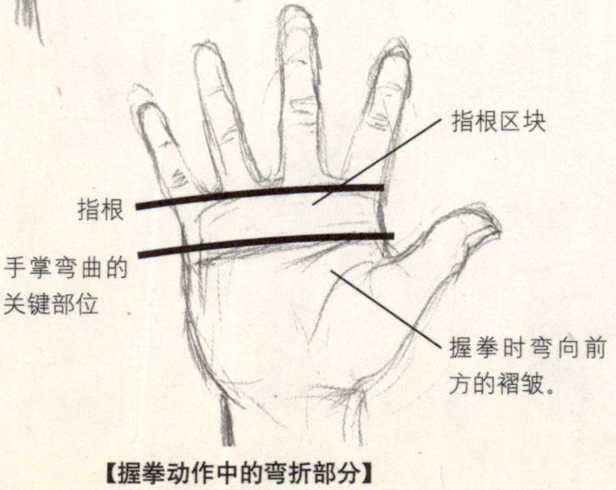

【握拳动作中的弯折部分】

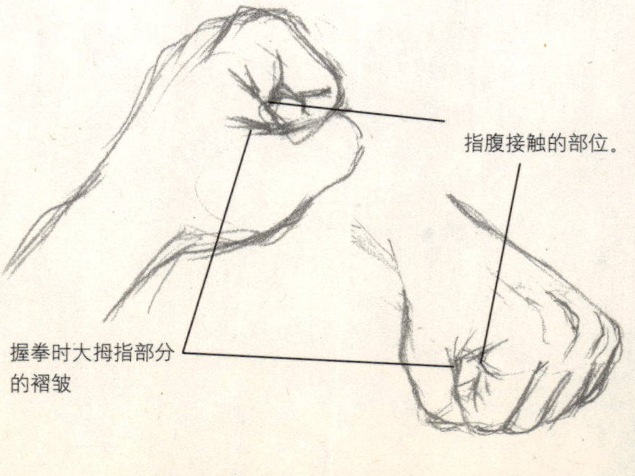

张开和收拢的动作

手掌

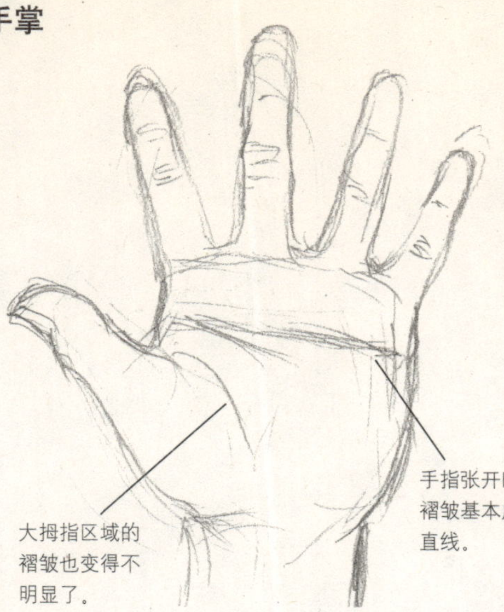

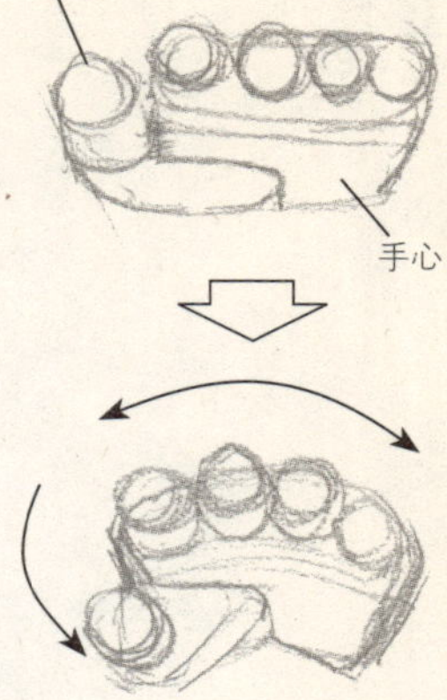

手背

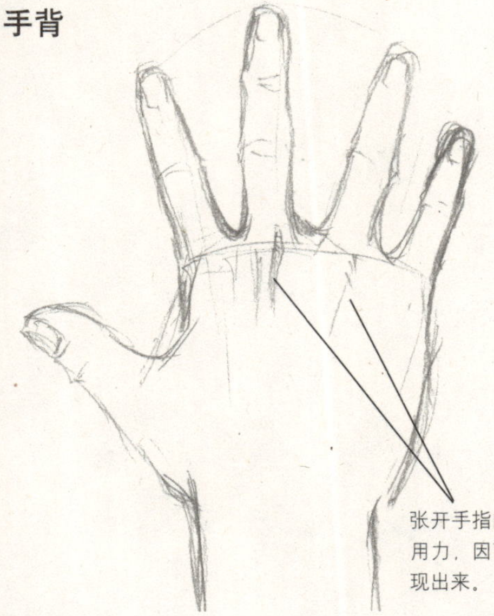

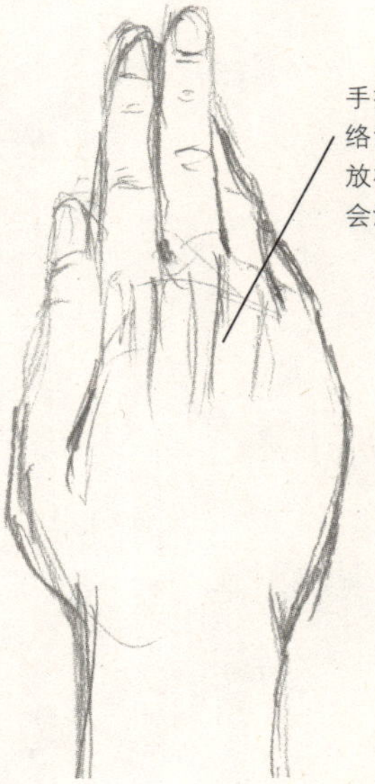

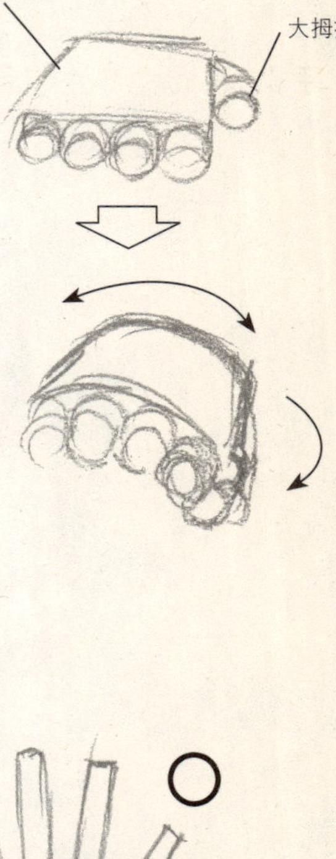

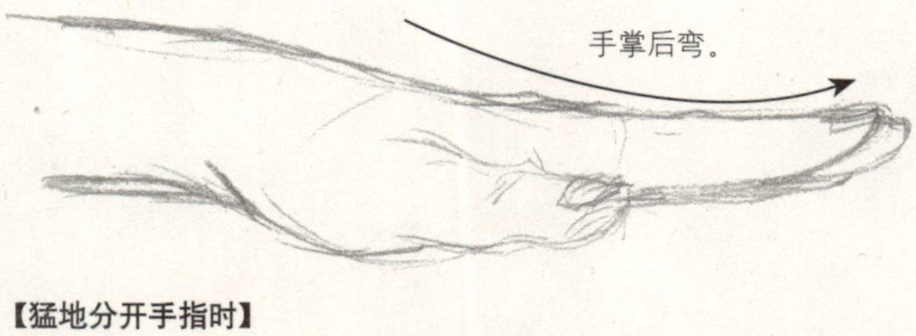

【猛地分开手指时】

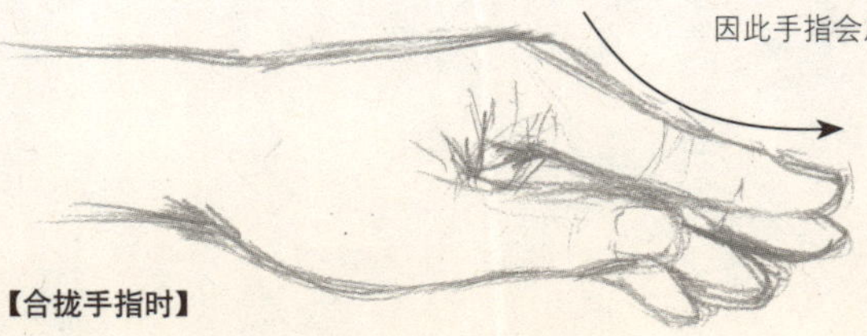

【合拢手指时】

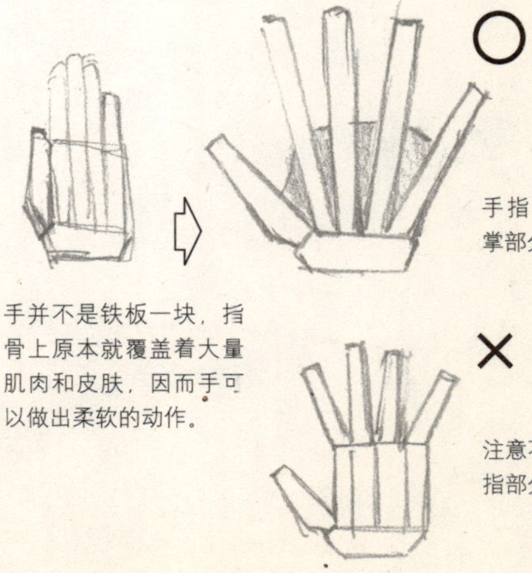

手并不是铁板一块，指骨上原本就覆盖着大量肌肉和皮肤，因而手可以做出柔软的动作。

6. 脚的构造和动作的基本知识

和手的构造一样，要把握好趾根区块。

基本构造

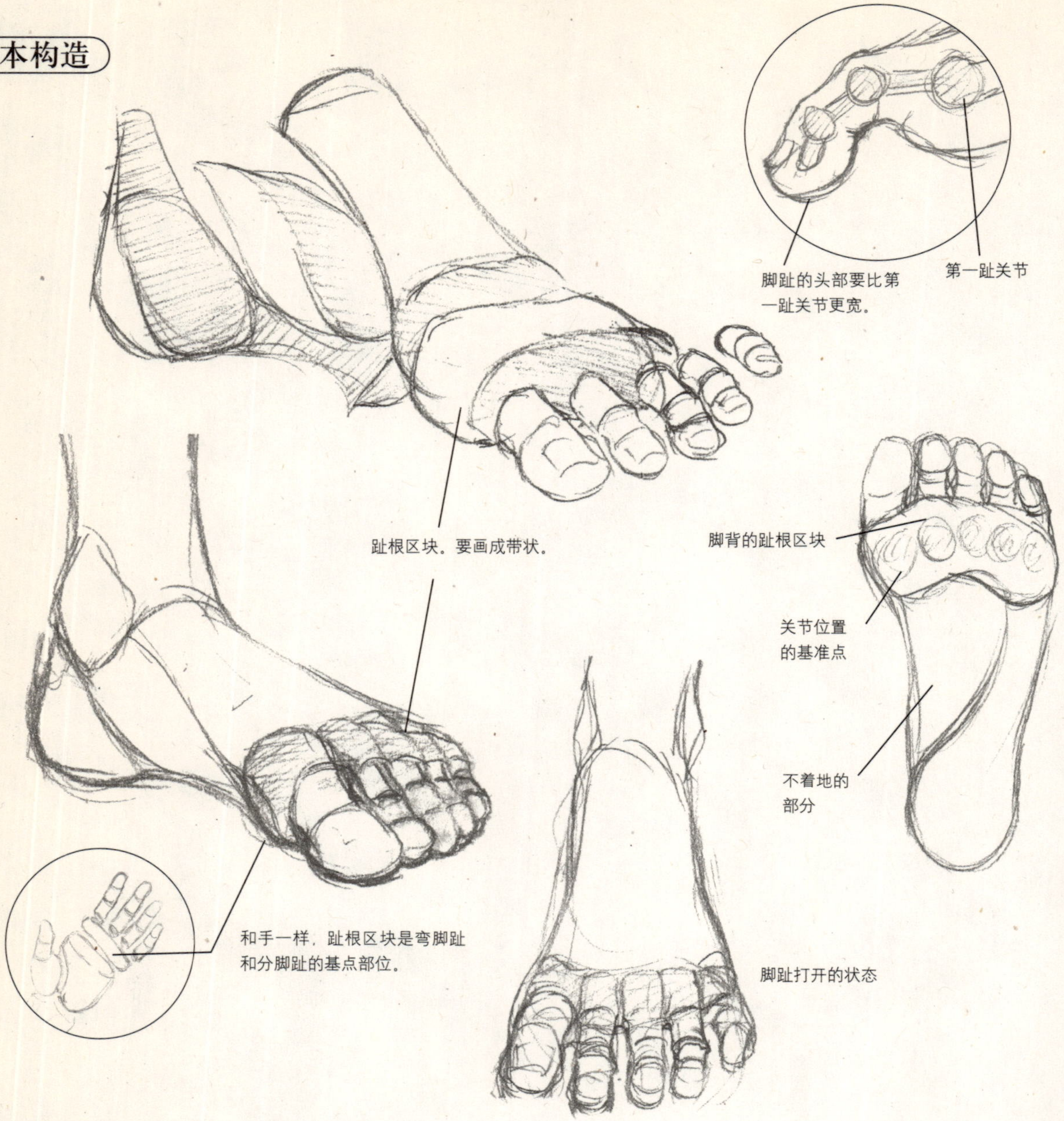

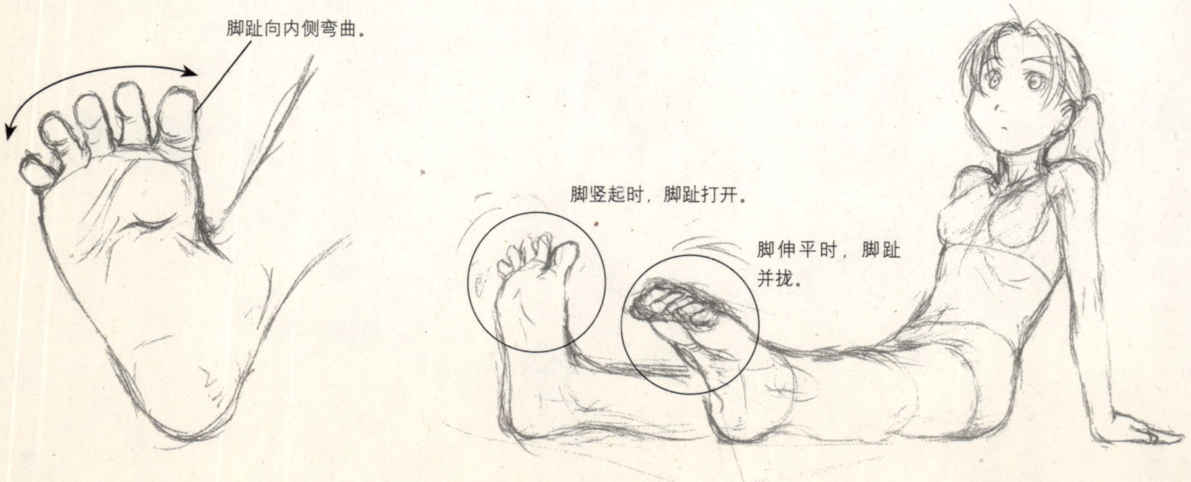

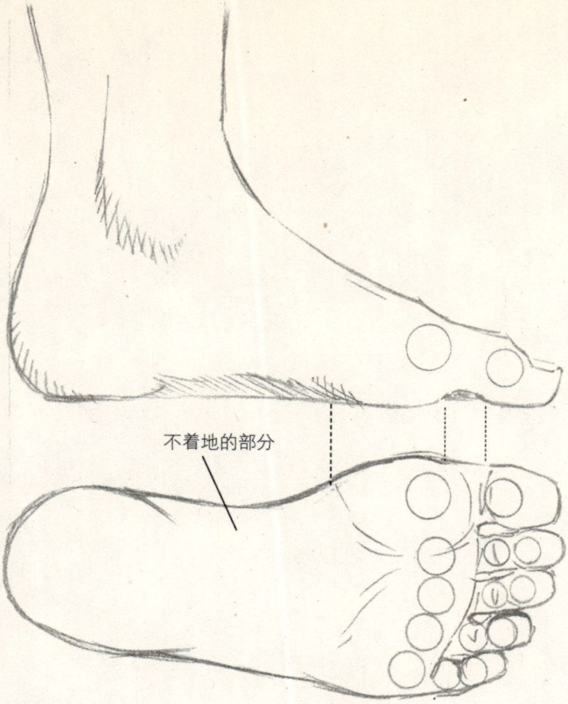

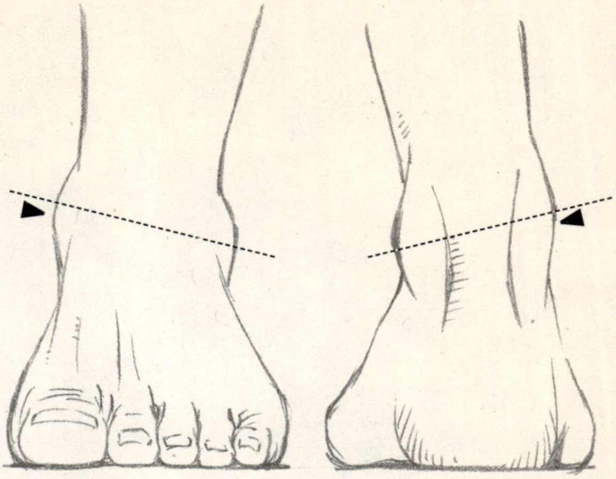

脚踝两侧的突起在大脚趾这边的位置更高一些。在画大致轮廓时，要画出连接两个凸点的斜线，以此作为脚踝部分的作画基准。

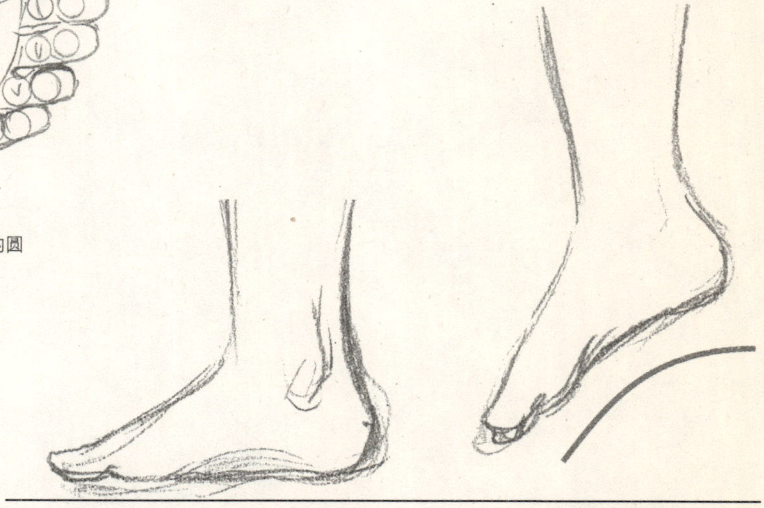

脚着地时，要让脚底贴着地面基本画成直线。

脚抬起时，要把脚底画成弧线。

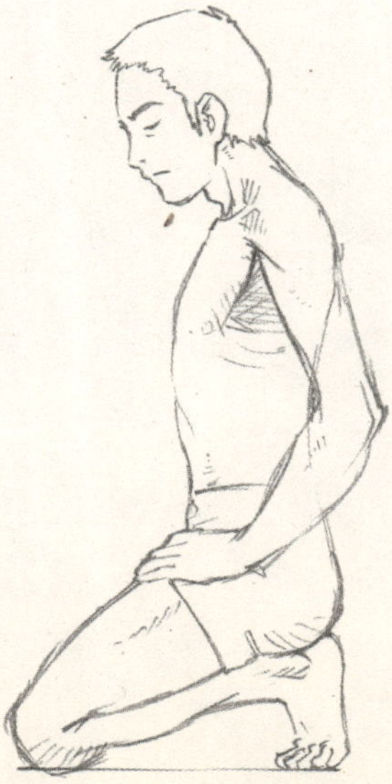

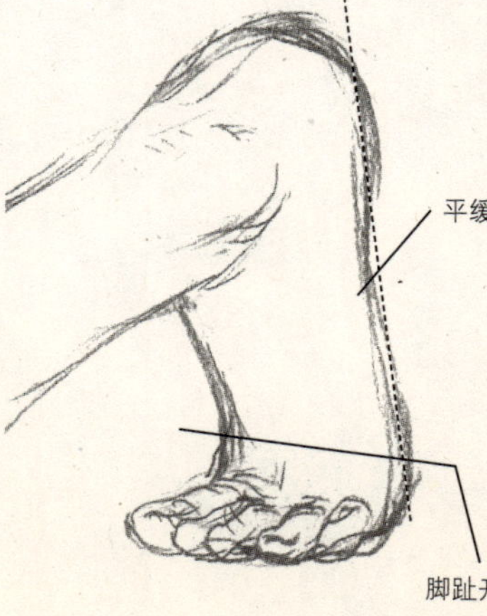

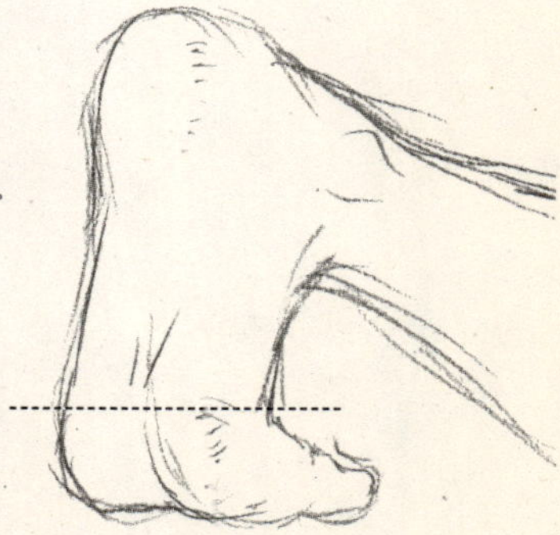

轮廓随着朝向而变化

脚背和脚尖

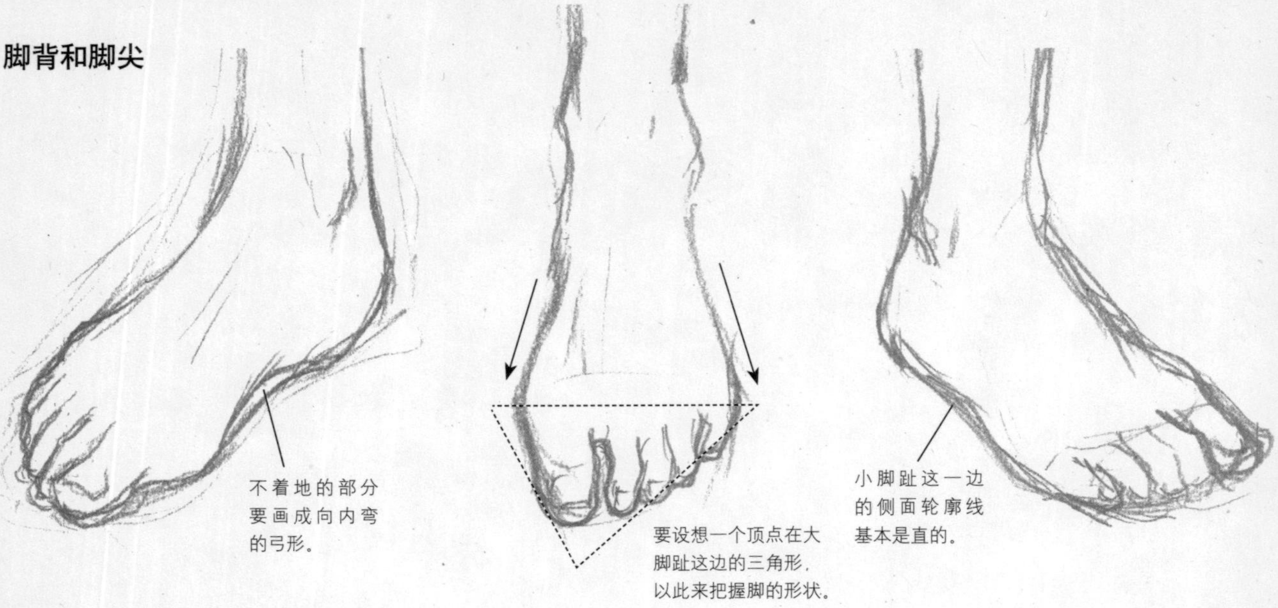

脚后跟

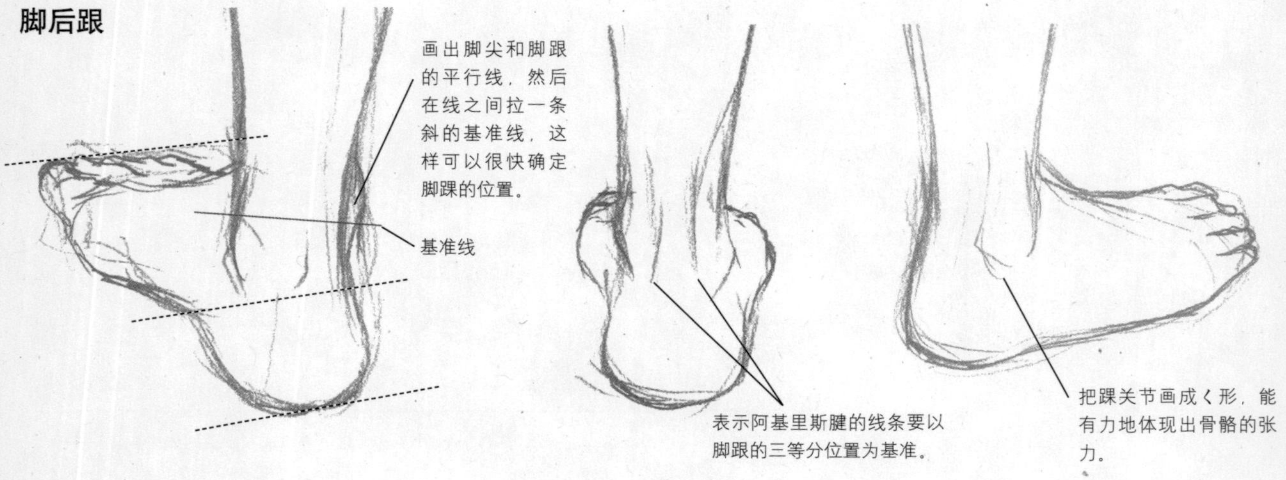

【把握形状的方法】

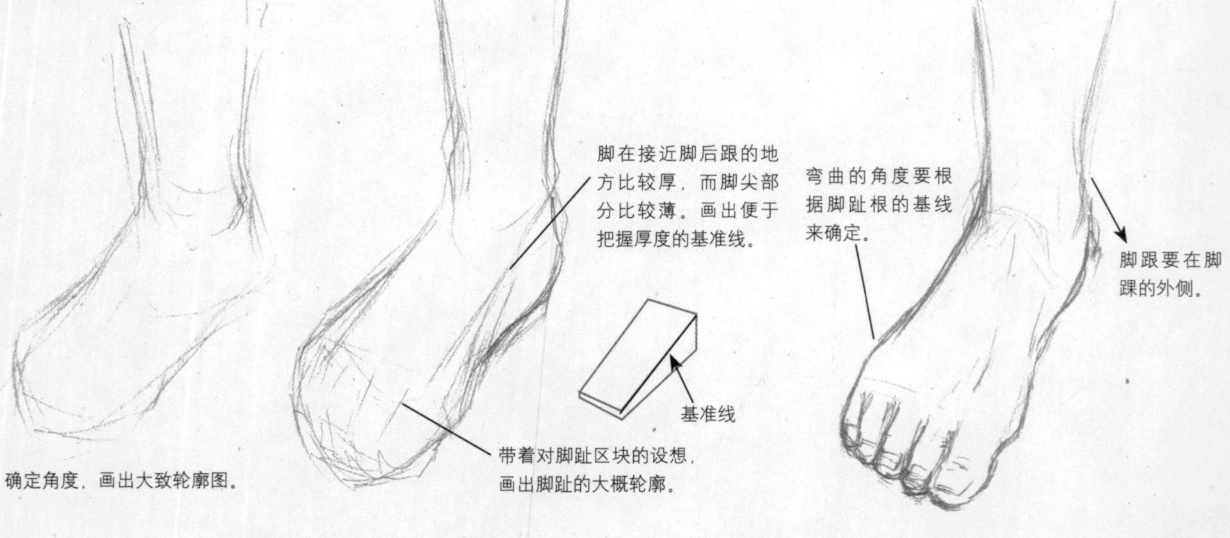

脚踝的运动范围

上下的动作

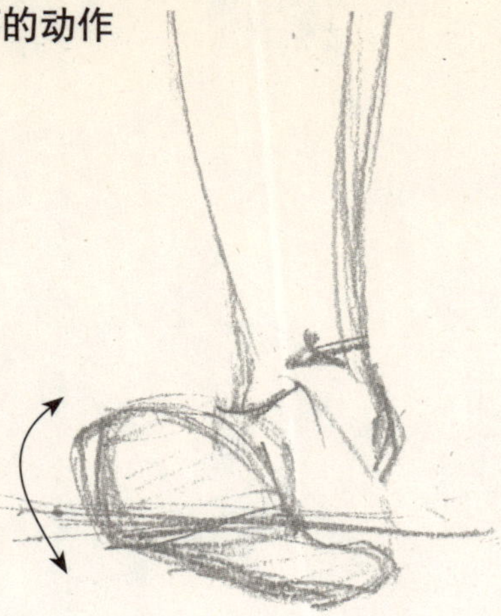

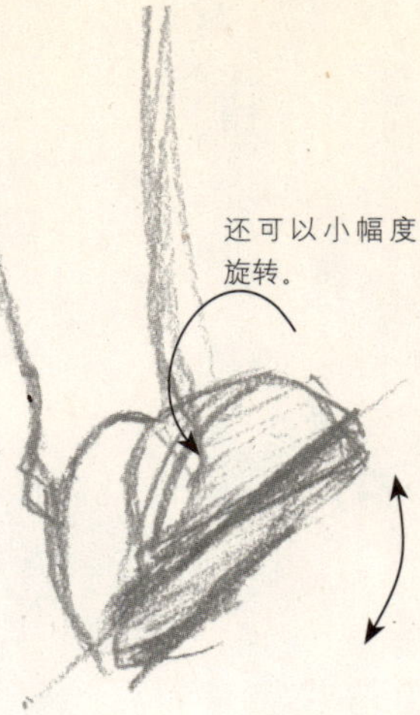

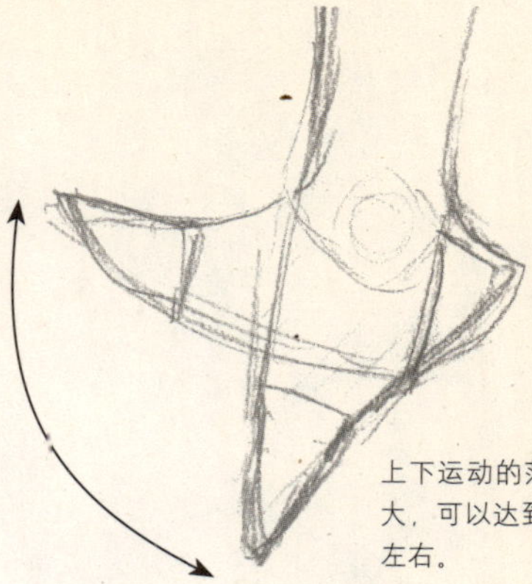

上下运动的范围很大，可以达到90°左右。

左右（内外）的动作

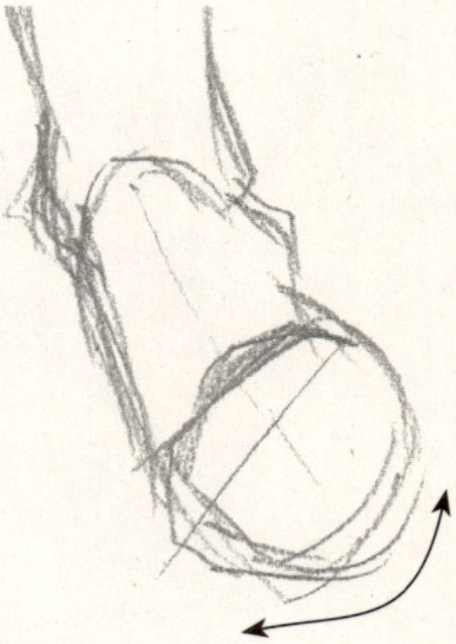

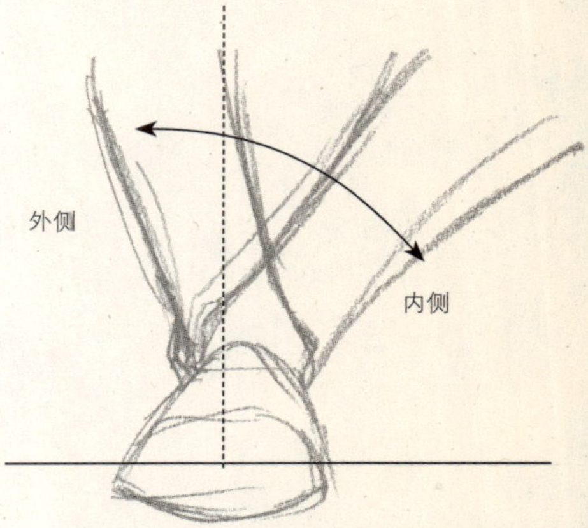

向内大约可以倾斜45°，而向外只能稍稍倾斜。

为了顶出脚跟而向内旋转脚踝时，力量集中于侧面。

臀部和大腿根部的立体感

让我们来把握躯干下端周遭的立体感。

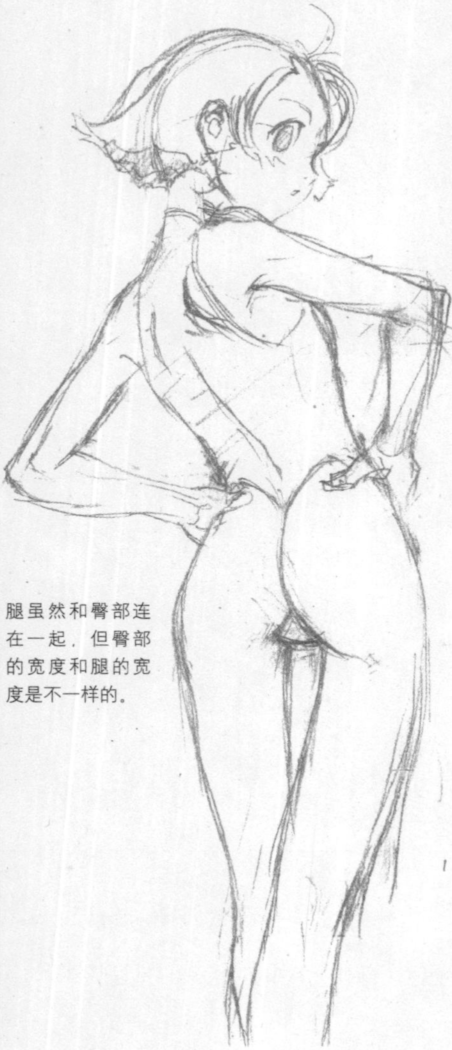

腿虽然和臀部连在一起，但臀部的宽度和腿的宽度是不一样的。

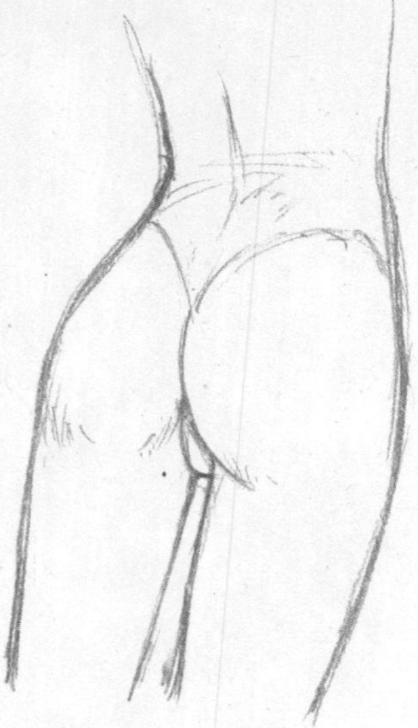

臀部掩盖了躯干的厚度。

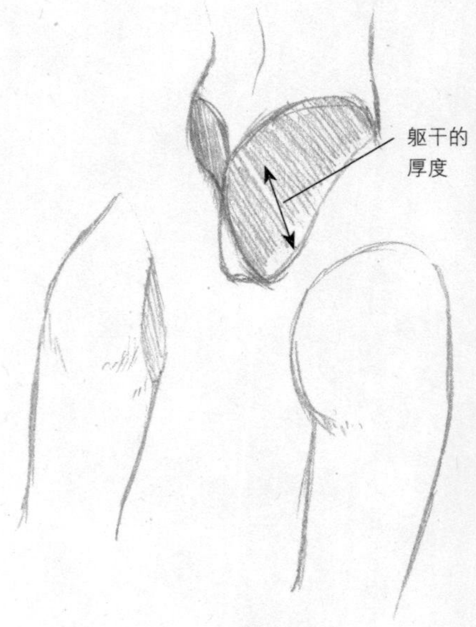

大腿根的厚度要比臀部的厚度小。

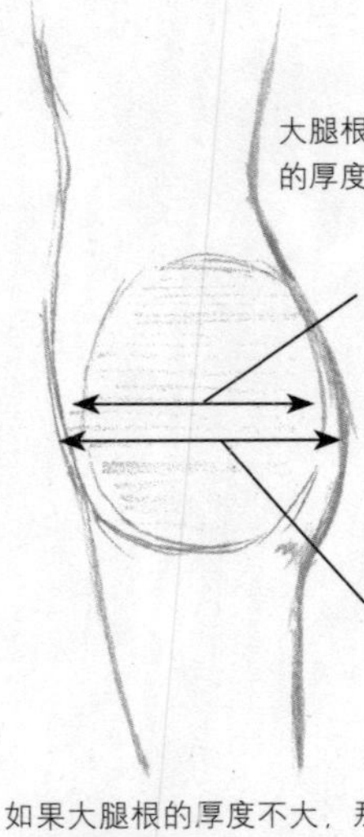

如果大腿根的厚度不大，那么即使臀部丰满，也能画出大腿纤细的苗条腿形。

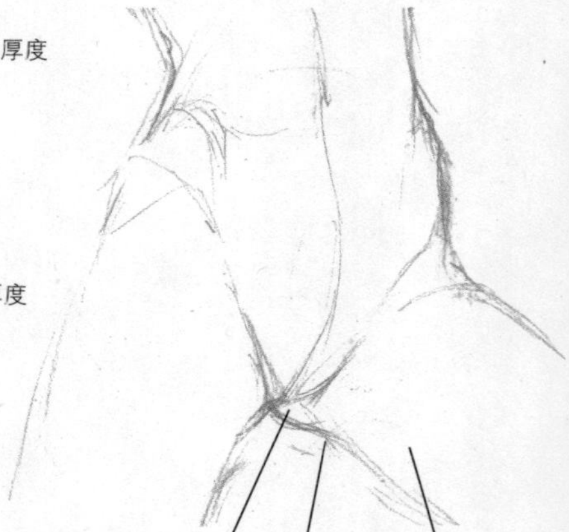

臀部和腿的分界区域。如果这里的凹度大，那么腿也就变得细。

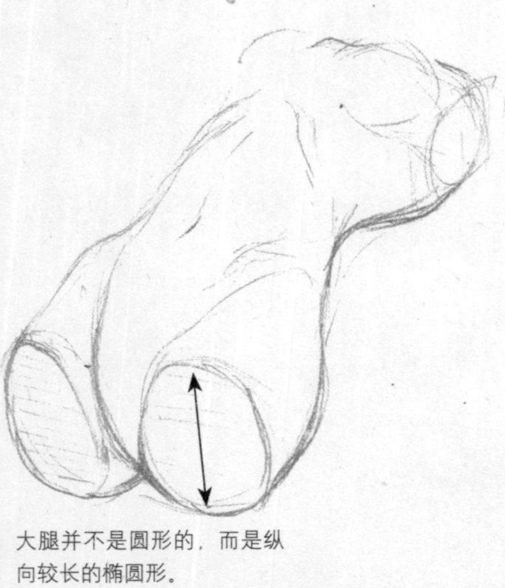

大腿并不是圆形的，而是纵向较长的椭圆形。

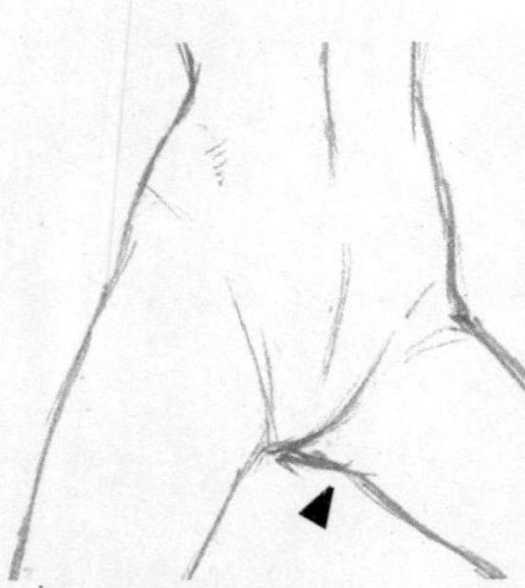

参考：腿更细的情况。

第4章

从漫画素描到人物设计

动漫世界中的众多人物有着富有魅力的容颜和姿态，他们是用现实世界中不存在的比例设计而成的。
要创造出各种充满魅力的人物，并使之自由活动，创作者必须掌握丰富的人物表现方法。

怎样才能画出富有存在感、能令读者留下深刻印象的人物呢？人物的脸、各种人物姿态和发型、个性化的服装、具有立体感的构图等等，这些都是基本元素，其中有不少要点很难通过自学掌握。不过，用不着害怕。有了漫画素描的基础就可以攻破这些难关。

在本章中，我们要以漫画素描为基础来学习人物架构、变形等实用表现技巧，掌握画出充满原创性的魅力人物的技能。

变形的基础知识

试着把画成通常尺寸的人物画小。在作画时推敲如何使他们看上去像同一个人物，这样就会获得进步。

尝试将同一个人物画成不同的尺寸

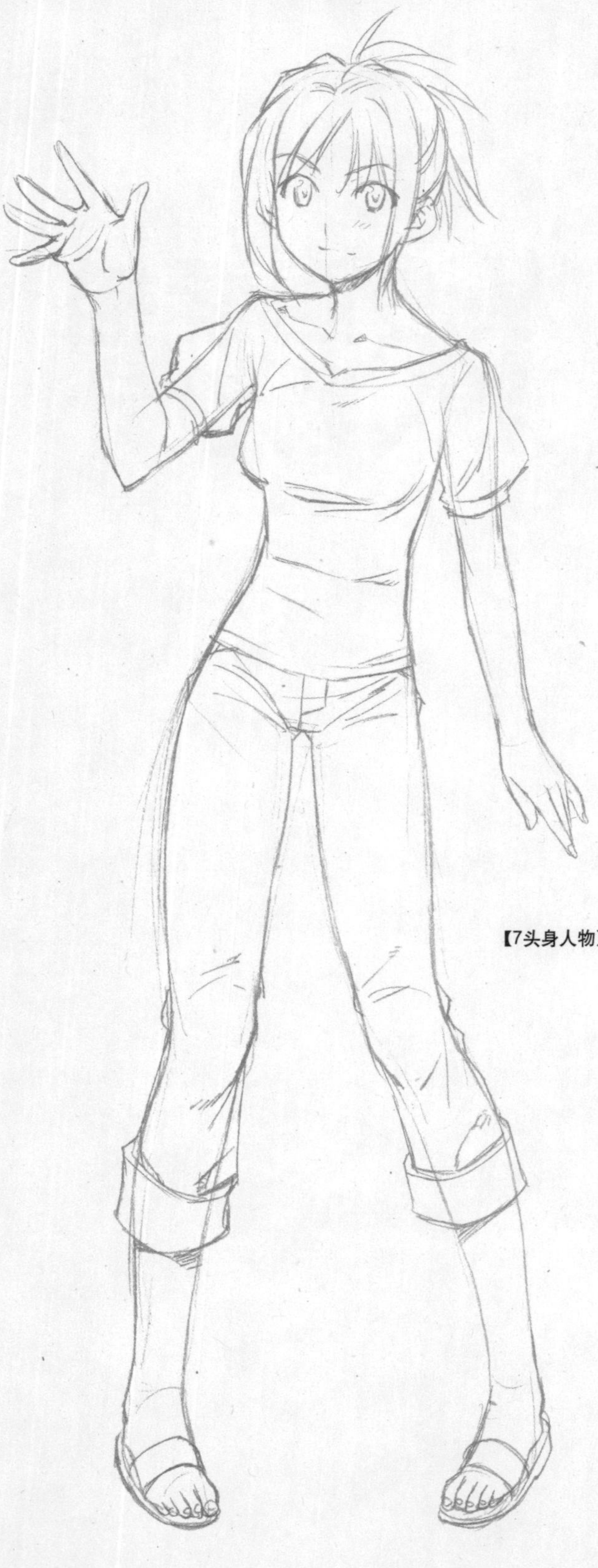

【7头身人物】

【约一半大小】
（4头身人物）
头身比改变后，眼睛的大小和手脚的画法也要改变。

【四分之一大小】
（2头身人物）

【远观的轮廓】
表现人物特征的关键在于发型。这样即使变得很小也能看出是同一个人物。

变形3要素

将人物变形就是对之进行简化处理。采取图案化的方式能令人物的气质明确地表现出来。

1. 减少线条。
2. 将复杂的线条简化。
3. 强调。针对人物特征进行强调。

● 脸的变形—简洁化与强调

【写实的人物表现】

1. 减少线条＋2. 简化复杂的线条。对于脸部，要将脸形（下巴部分）和头发简洁化。另外，还往往可以省略鼻侧的线条和鼻梁等部分。

3. 强调（扩大化）。对发簇和耳朵进行加大强调。同时，把嘴巴放大、突出人物表情特征的做法，也能带来良好的效果。

● 手的变形—简洁化

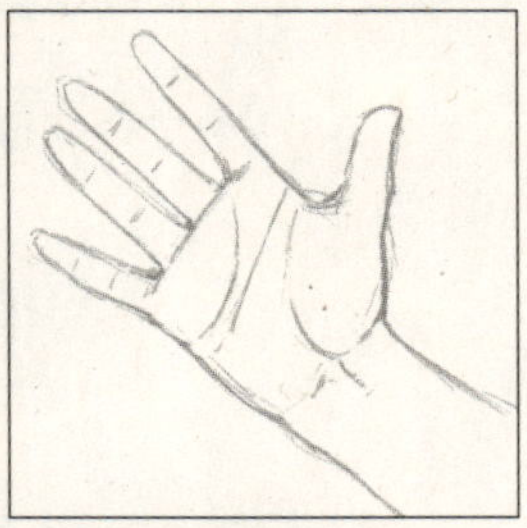

【写实的表现】

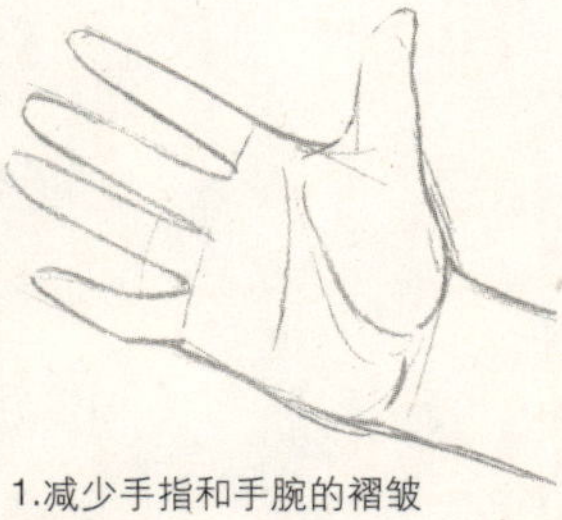

1.减少手指和手腕的褶皱等线条。

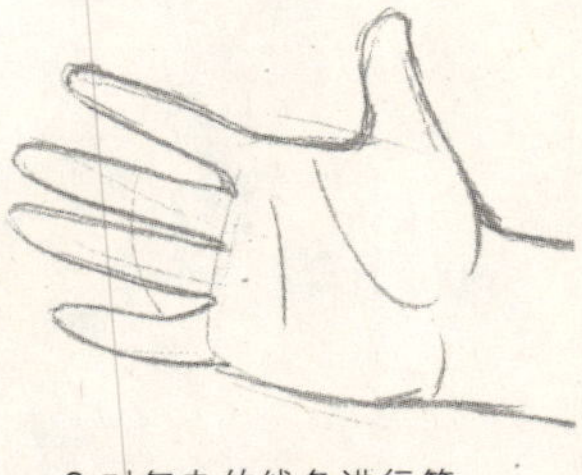

2.对复杂的线条进行简化。

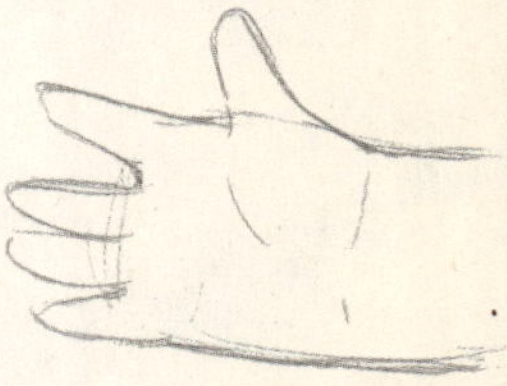

3.强调。画大手掌，画粗手指。

● 头身比和姿态的变形—强调（变形、放大、简化）

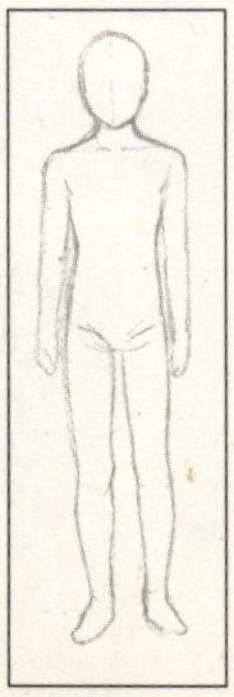

【写实的姿态】
（5头身～6头身）

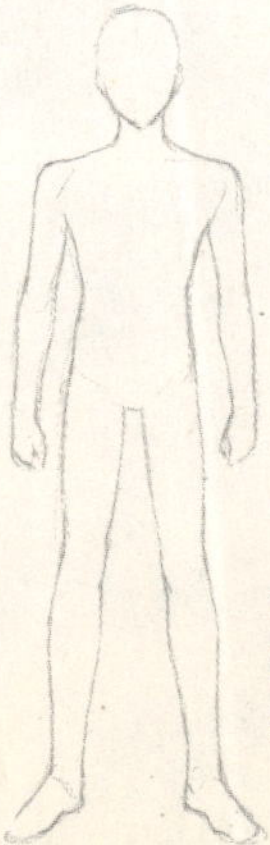

【理想型】
7～8头身
强调肌肉和骨骼，并调整人体比例。

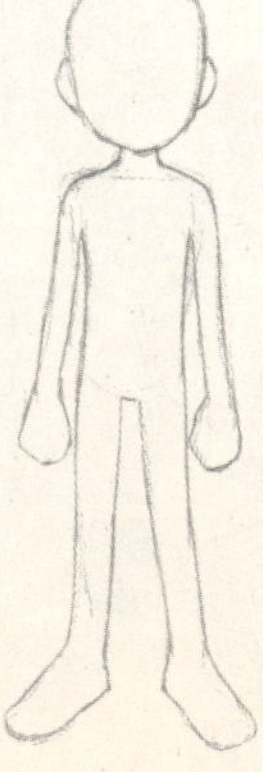

【漫画型】
4～5头身
把手臂和腿画成简单的棍状，放大手脚和头部。

【Q版型】
2～3头身
缩短头身比，将手臂和腿进一步简化。

基于变形表现的
人物设计技巧

为了设计出能给人留下印象的人物，不仅是脸部，发型、体态、服装等各方面都要进行变形。

脸、发型
突出造型方面的特征
（大眼睛、大嘴、长发等。）

体态
呈现体格方面的特征
（身材优美、苗条、骨感等。）

服装
配上能让人联想到相应性格和行动的服装以及标志性小道具。

试着做一次人物设计实践

一边考虑设计目标，一边逐步画上想到的东西。
表情、服装设计等方面都可以进行反复组构。

不带特定设想画出的人物

把头发拉长，发稍微微向外翘，形成具有特色的轮廓。翘起的头发能带来充满活力的感觉。

把头发变短，眼睛处理成微微吊梢的样子，进一步突出活泼感。因为觉得还有所不足，所以又加上了类似防风镜的东西。

完成大致设计

【该阶段的注意点】

1.是不是容易画（在针对动漫这种需要重复作画的工作时请考虑到这一点，如果只要画单张图则另当别论）。

2.是不是自己认可的造型（是否设计出了自己喜欢的人物）。

集结了3个设计的要素、对3种设计的风貌进行了平均的作品。

为了能对画出来的作品做出客观地选择，要过一段时间再去重新审视，这一点很重要。

脸部变形的设计

为了能让人物具有一见可辨的头部轮廓，必须将之设计得富有特征。要设计出有特征的头部，可以采取“定形作画”和“补足作画”两种方式。

1.“定形作画” ~先确定头形脸形的作画方式~

这种方式要以四边形等图形来替换圆和叉中的圆。而对于基本的鹅蛋脸类型则不用替换。

确定好外形和风格，第一步就是画出四边形的大致轮廓。

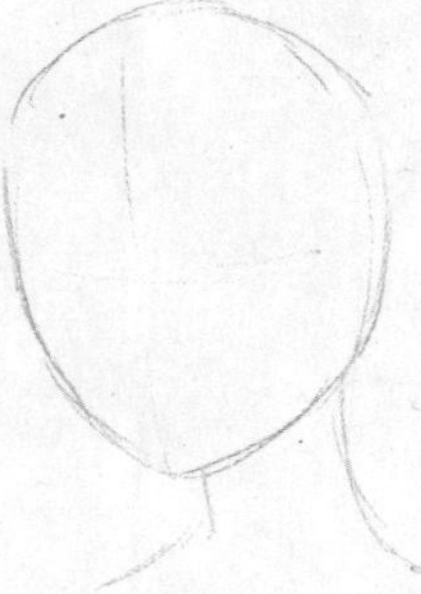

对于尖下巴的人物，画的时候要消去圆弧的一部分，并保证脸部比例的平衡。要慎重地把握好从脸颊到下巴的角度。

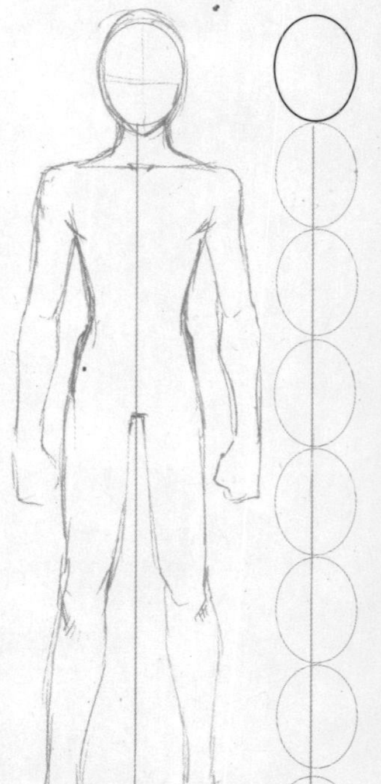

如果把头形的大致轮廓直接作为头部大小的基准，那么在画全身图时，就可以快捷地把握好全身的比例（头身比）。

通常的“鹅蛋形”

对于鹅蛋脸的人物可以直接采用大致轮廓的形状。

2. “补足作画” ~添加下巴套件的作画方式~

这是先用圆和叉把握头盖骨的一部分，然后再补上下巴套件的作画方式。

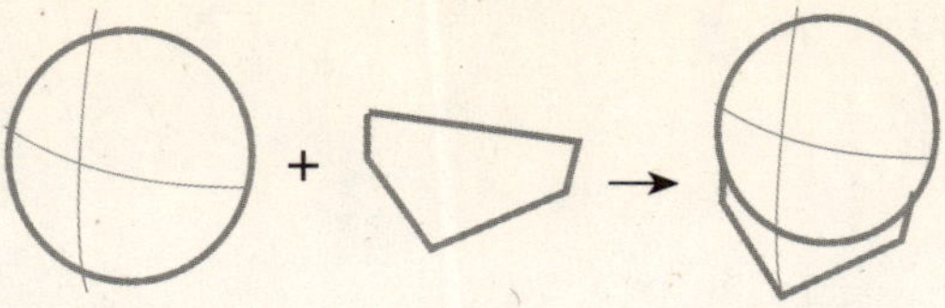

头部。圆和叉（头盖骨）

下巴套件

脸形构成完毕

把已经简化的下巴形状作为设计起点，更容易创造出富有个性的脸形。

将头部和下巴简洁地描绘出来，这样做的优点在于，即使在微微俯视这类稍有难度的角度中也能比较简单地把握住比例平衡。

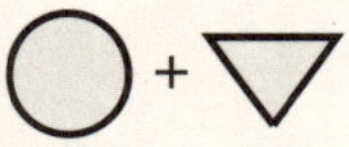

头盖骨　下巴

【尖下巴的人物】

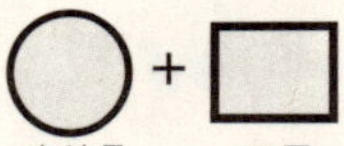

头盖骨　下巴

【四方下巴的人物】

下巴套件是下颚部分的变形。

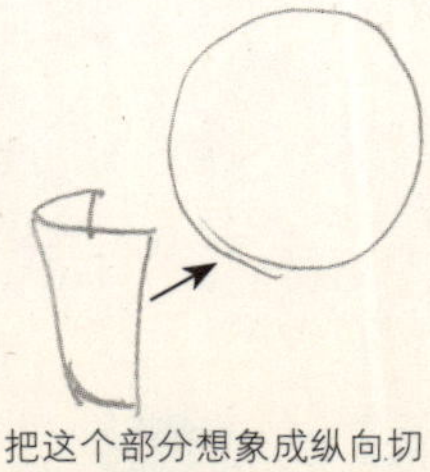

把这个部分想象成纵向切开的半个纸杯粘在头部上的情形。

如果为上面那个人物加上四方的下巴。

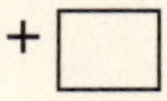

在画轮廓草图时，试着画出各种各样的下巴。或许会创造出自己根本没想到过的人物。

添加下巴套件作画的诀窍

【注意作画顺序】

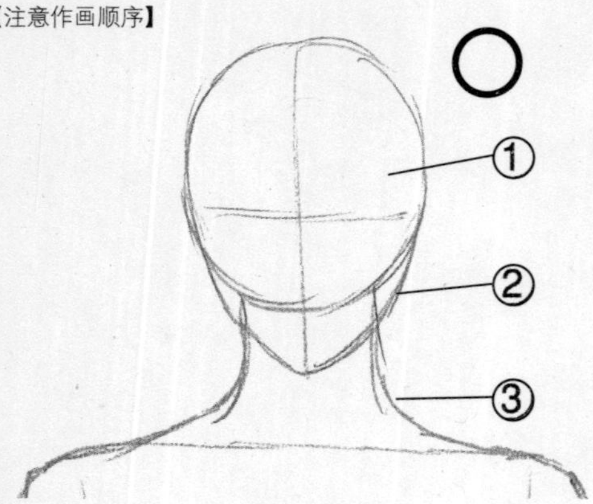

1.画出圆和叉。
2.画出下巴套件。
3.画出颈部。

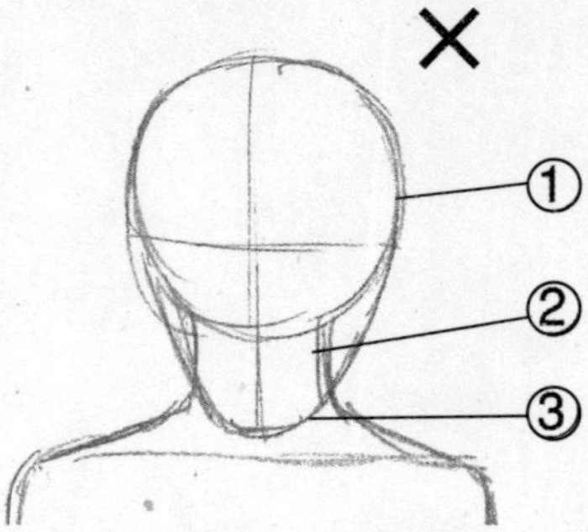

如果在画下巴之前就画脖子，那么画好下巴之后，头部就会显得偏大。

【注意下巴套件的附着点】

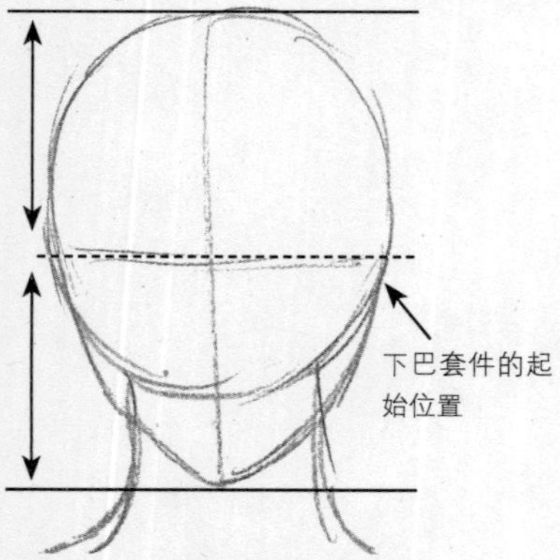

正面角度，从脸的中部开始下笔。

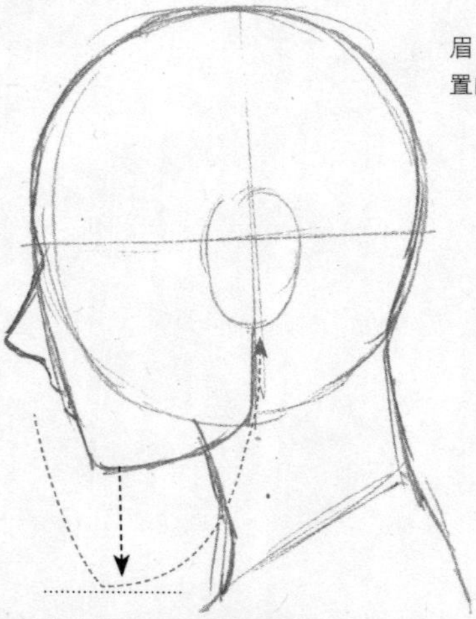

下巴套件等于下颚骨。虽然长度和形状可以自由设定，但画的时候一定要注意附着点的位置在耳下。

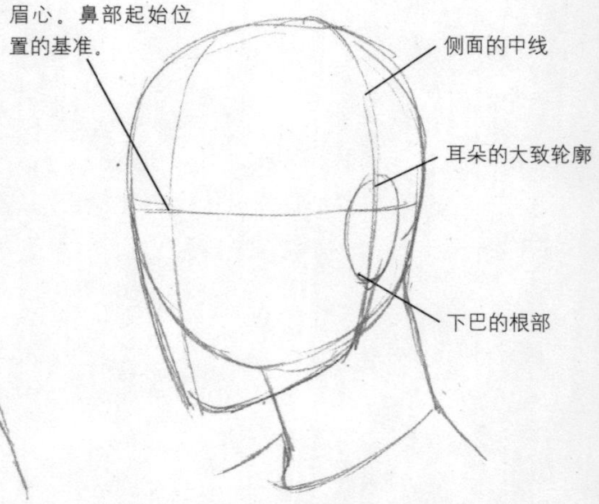

耳朵、鼻子的形状大小可以自由设定，但位置一定要符合人的构成比例。

【在不同的侧面添加下巴套件时要注意它的长度】

在圆和叉草图上画出下巴的轮廓线。这就设计出了人物的脸形。

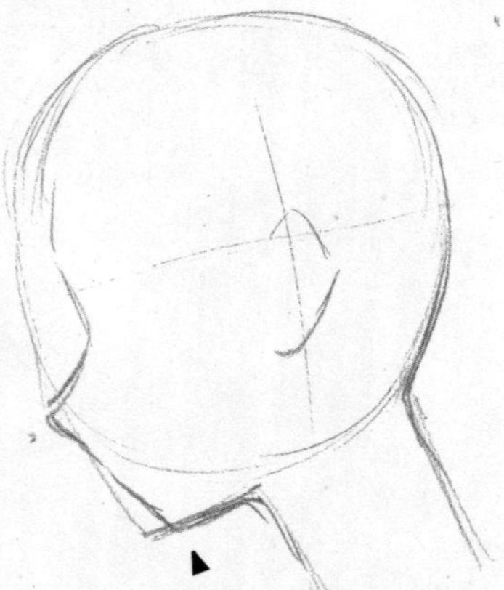

把下巴的侧面形状也画出来。在设计人物时，自己一定要明确地把握好自己设计的人物的脸部比例平衡。

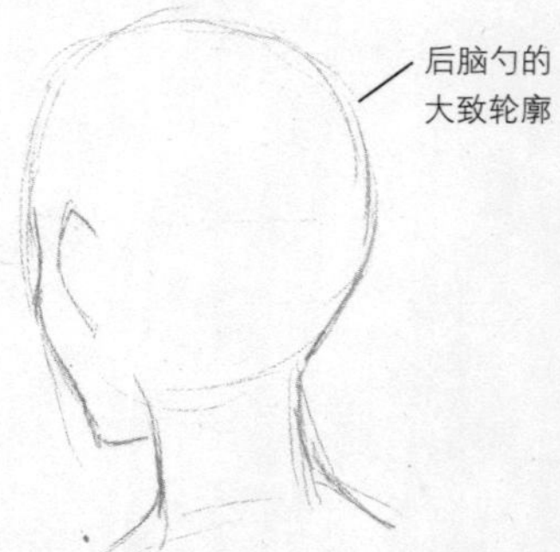

在打轮廓草样时，添加下巴套件作画这种技巧，有利于根据各种不同角度画出相应的头部形状。

有助于画出个性人物的代表性下巴套件

【本垒形】
粗壮的下巴

适合于可靠的大叔等粗壮、结实的男性角色。

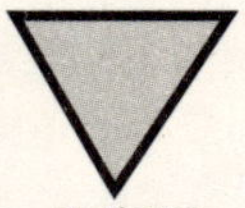

【三角形】
尖下巴

男女皆可用。用于女性时，适合于温柔的姐姐等秀丽的女性角色。

【杯子形】
长下巴

适合于反派、科学家等特征鲜明的角色。

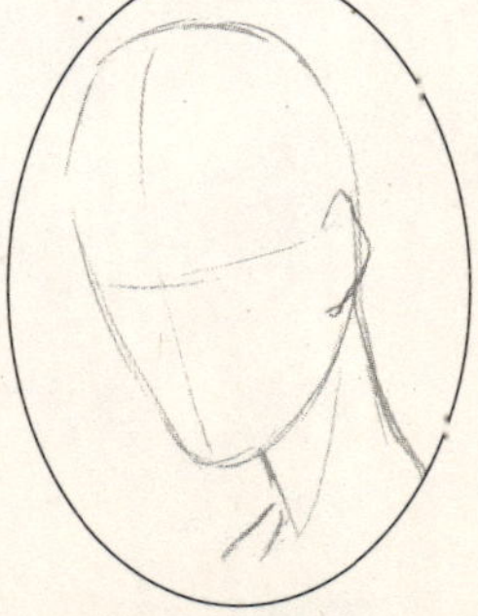

画多了掌握诀窍后，就可以一下子画出轮廓。

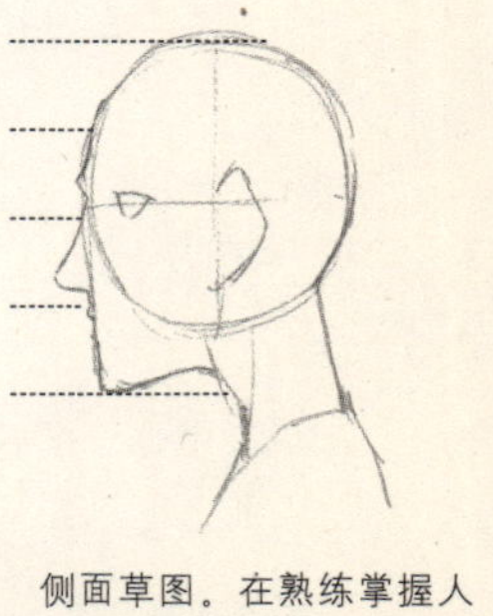

侧面草图。在熟练掌握人物脸部比例之前，要画出确定眼睛、鼻子、嘴巴位置的等分线。

※如果特征鲜明的马脸角色只能通过鹅蛋形轮廓来画，那么就不太会想到去画这样的人物。

全身变形的设计

帅气、可爱、有个性……形容语多种多样难以尽表，让我们利用头身比来设计出丰富度不亚于形容语的个性体态。

对头身比进行设计

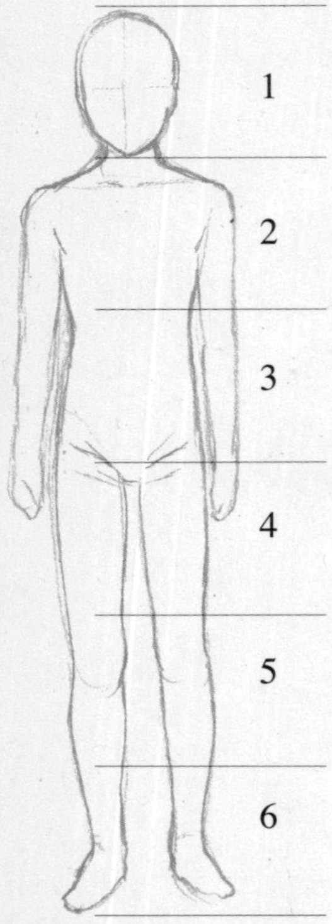

写实型的人体比例。大概是5.5头身至6头身，与全身相比头显得较大是其特征。

标准型—7头身和4头身

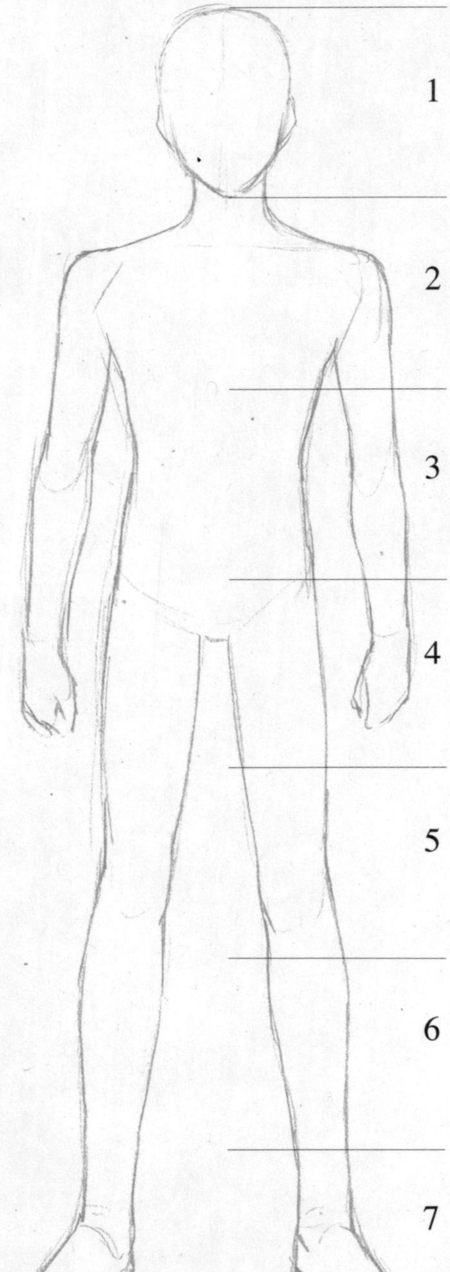

经过变形达到好看比例的人物。大约7头身到8头身。由于实际上的确有人长成这样的比例，所以也可以称其为“写实风格”。

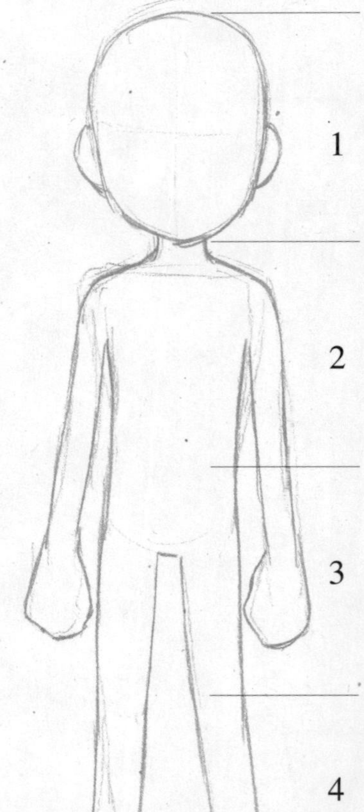

变形后达到可爱和讨人喜欢比例的人物。大约3头身到5头身。头身比方面是10岁左右儿童的样子，但由于手臂和腿经过变形拉长，因而显得帅气。

漫画人物的人体比例大多不同于真人，这是因为气质成熟的角色如果头小就会显得帅气，这样一来就能像利落的动作明星和电视剧主角那样特别好看。

缩小化的人物

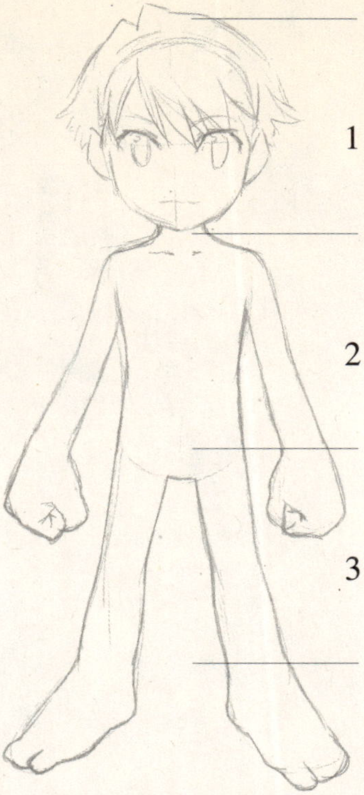

手脚经过大幅变形处理的类型。将8头身人物卡通化时，经常会使用这种比例。

手脚都变小了的Q版人物。

Q版人物很容易摆出有趣的姿态，形成可爱的感觉，这也是表现人物的基础练习项目之一。

在头身比不同的情况下保持同一人物外观的诀窍

发型和眼睛的形状要统一。

写实风格

头要画得小，关节要画得明显。

少年漫画风格

放大头和手，省略肌肉的线条。

写实风格

少年漫画风格

头部放大，身体缩短，同时四肢成了棍子状。整体都要用浑圆的轮廓来画。

Q版风格

让男性显得帅气的8头身

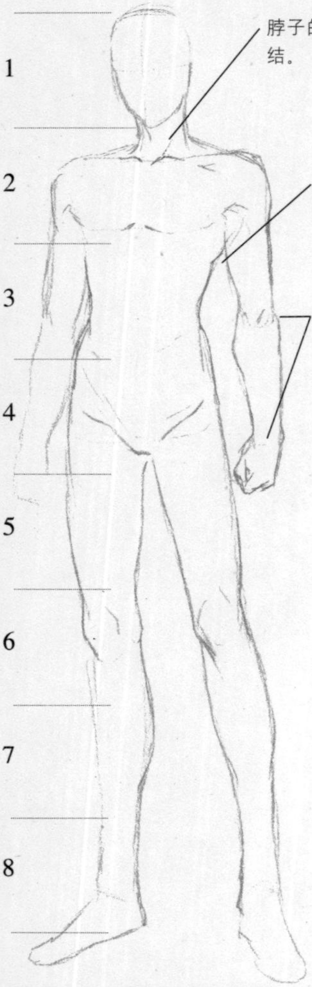

脖子的长度要能显出喉结。

画上从腋下引出的背部肌肉，这样可以体现人物的强壮和姿态的美感。

关节部分收紧，体现出手臂肌肉的起伏。

没有达到肌肉男程度的肌肉表现

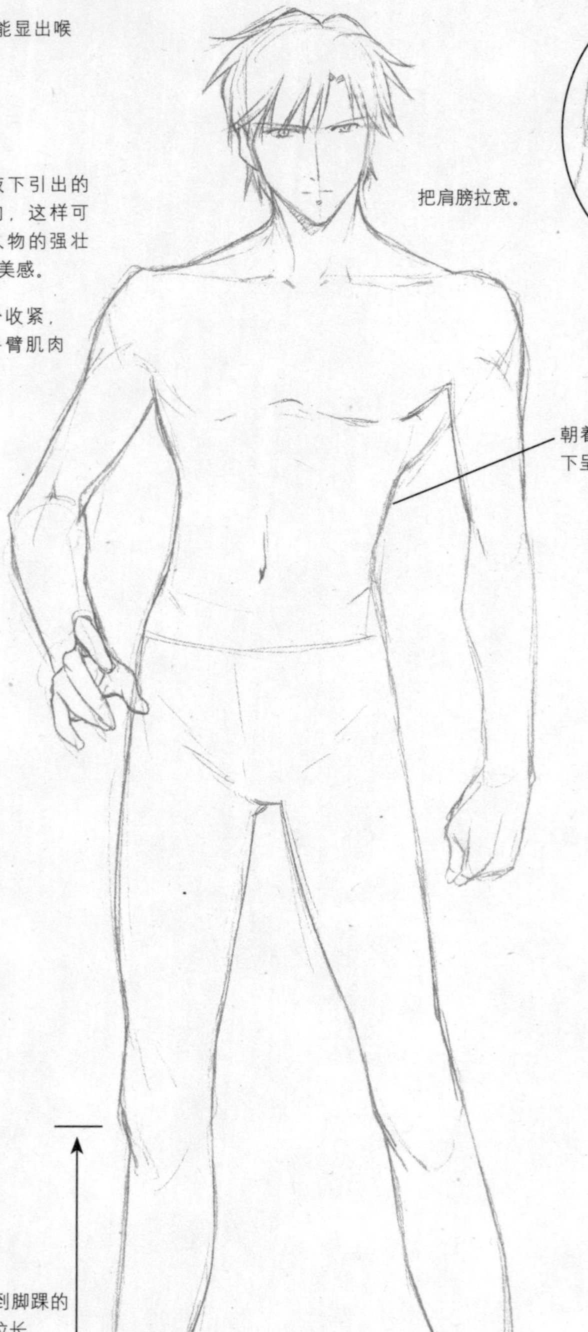

把肩膀拉宽。

朝着腰部收紧。腰部以下呈直线型并稍稍突出。

膝盖到脚踝的距离拉长。

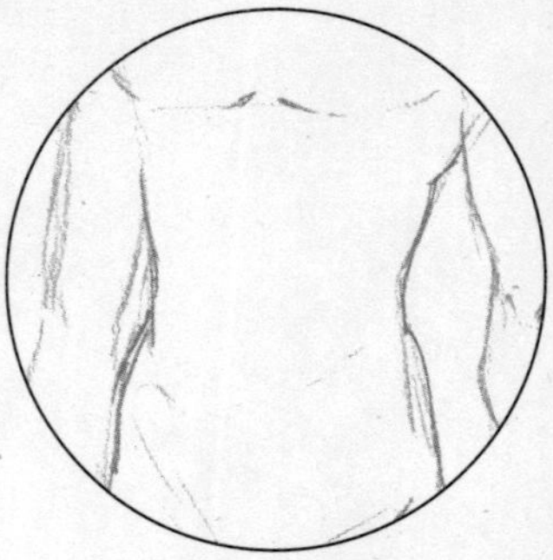

髋骨突出。由于脂肪较少，所以和女性相比腰部周围显得硬朗。

【普通的体态】

脖子和腿较短，手臂呈棍子状没有起伏。手和脚较小，显出瘦弱之态。

让女性显得漂亮的7.5头身

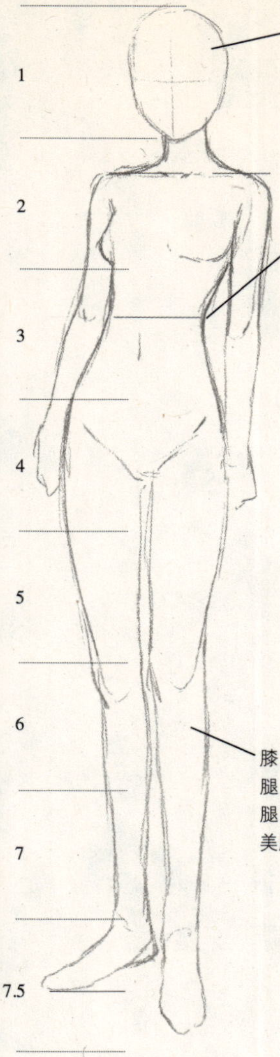

头部要画得小。

把腰的宽度画成肩宽的一半左右，这样能使身体的线条显得凹凸有致。

膝盖以下笔直的小腿。微微向外的X形腿是具有代表性的美腿。

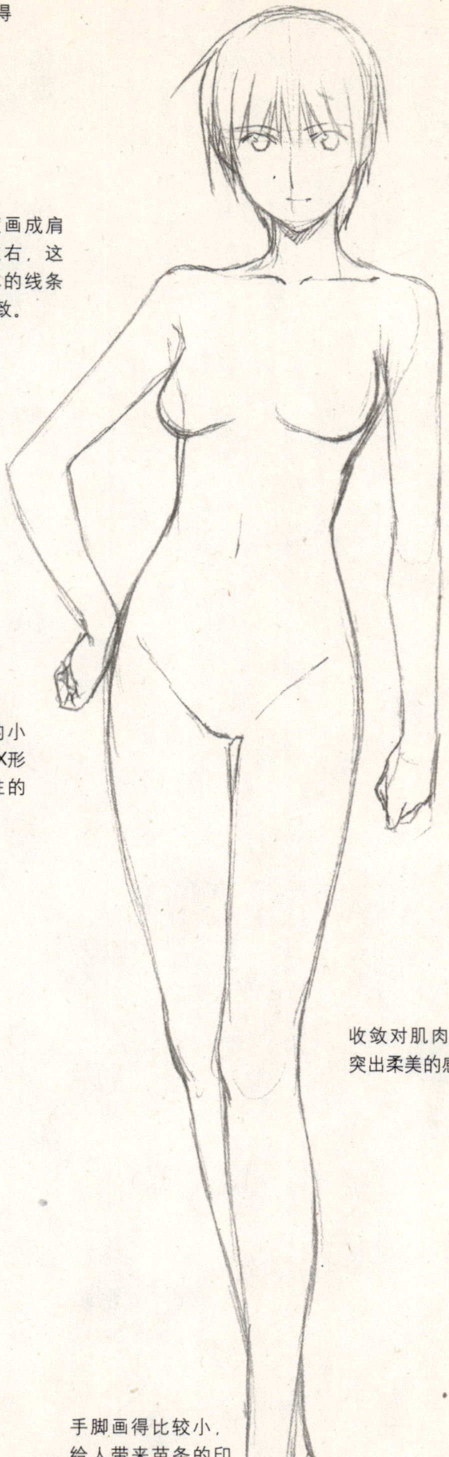

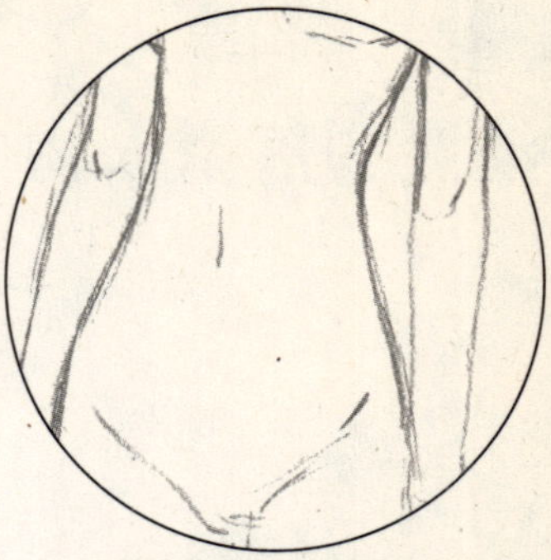

优美的腰部轮廓线表现出肌肉和覆盖骨盆的柔软脂肪。

收敛对肌肉的表现，突出柔美的感觉。

【普通的体态】

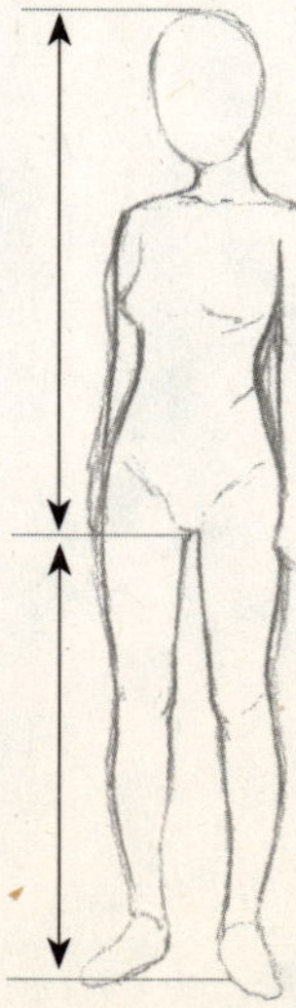

腿较短、手臂成棍子状。腰较粗，小腿朝内弯（O形腿）。

手脚画得比较小，给人带来苗条的印象。

创作个性人物的技巧

对身体各部分的长度和厚度进行变形。

消瘦利落型人物

结实而又消瘦的体态可以采用7头身左右的比例。

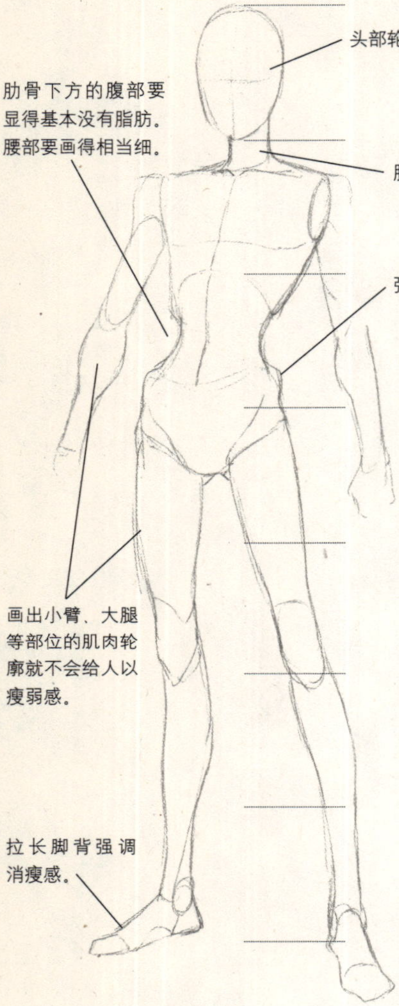

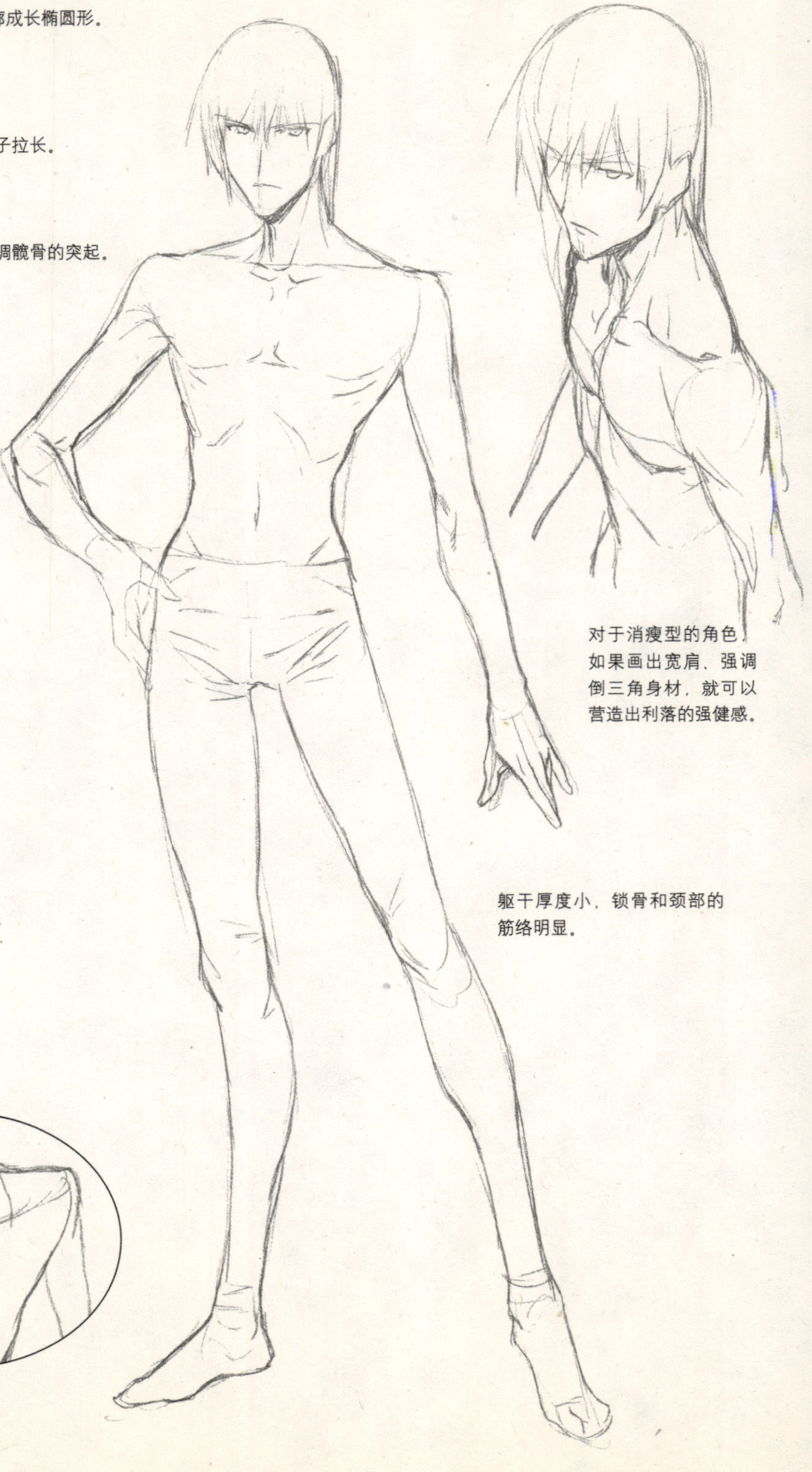

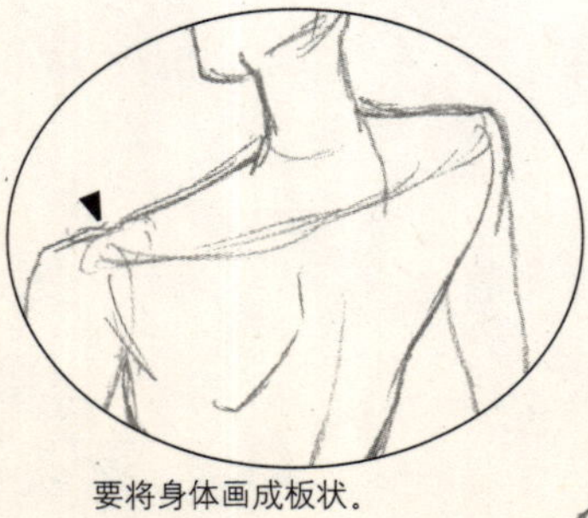

要将身体画成板状。

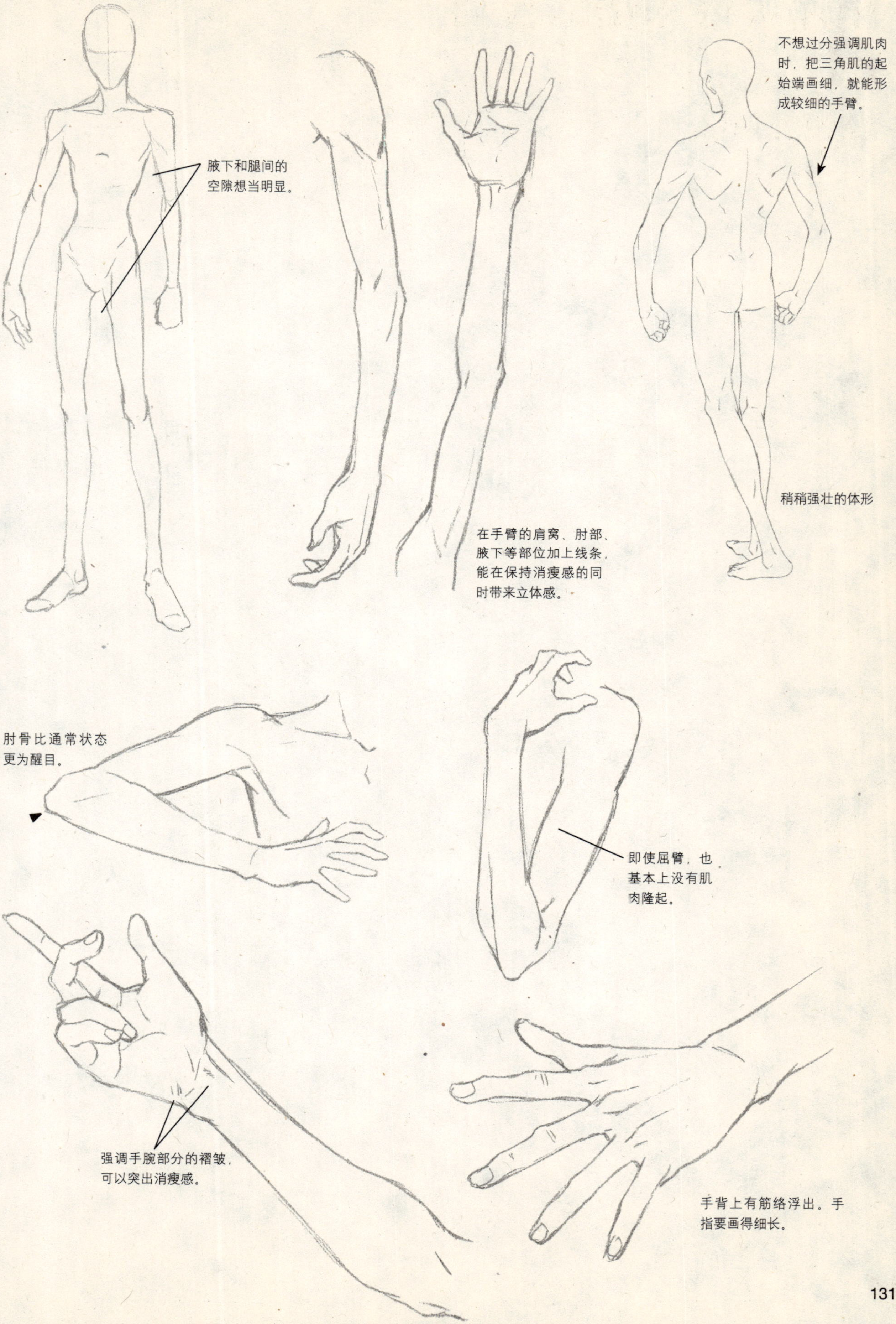
腋下和腿间的
空隙想当明显。
不想过分强调肌肉
时，把三角肌的起
始端画细，就能形
成较细的手臂。
稍稍强壮的体形
在手臂的肩窝、肘部、
腋下等部位加上线条，
能在保持消瘦感的同
时带来立体感。
肘骨比通常状态
更为醒目。
即使屈臂，也
基本上没有肌
肉隆起。
强调手腕部分的褶皱，
可以突出消瘦感。
手背上有筋络浮出。手
指要画得细长。

强健的肌肉型人物

和消瘦型人物一样，采取大约7头身的比例。

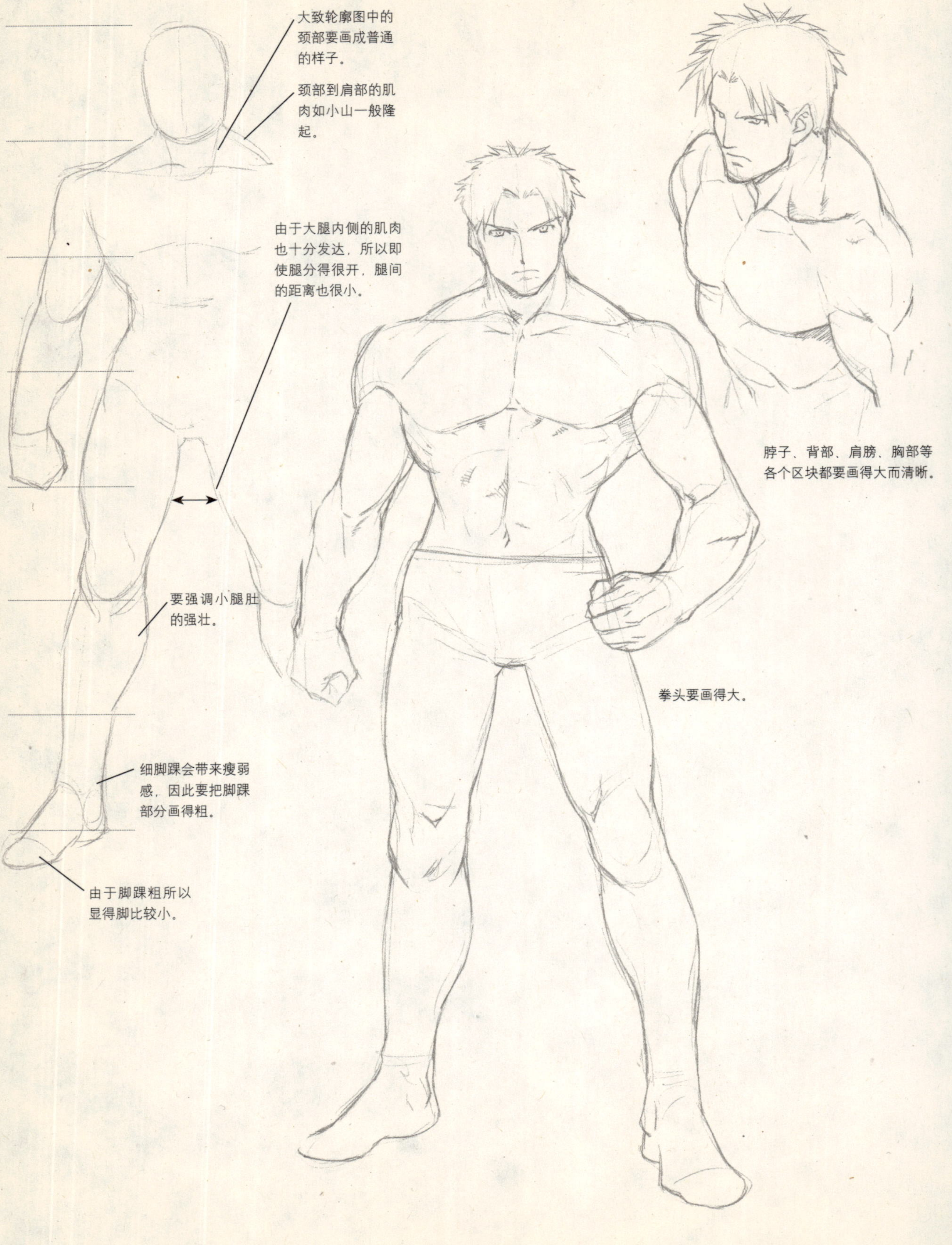

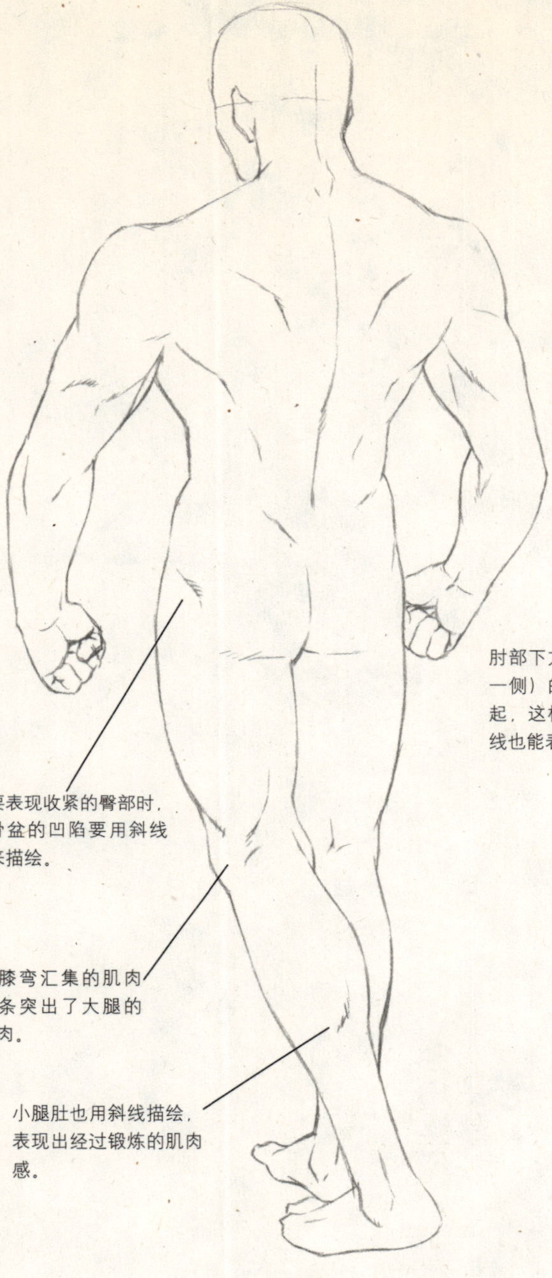

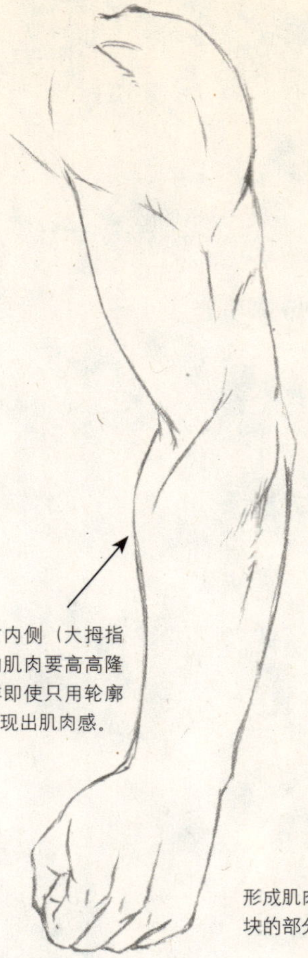

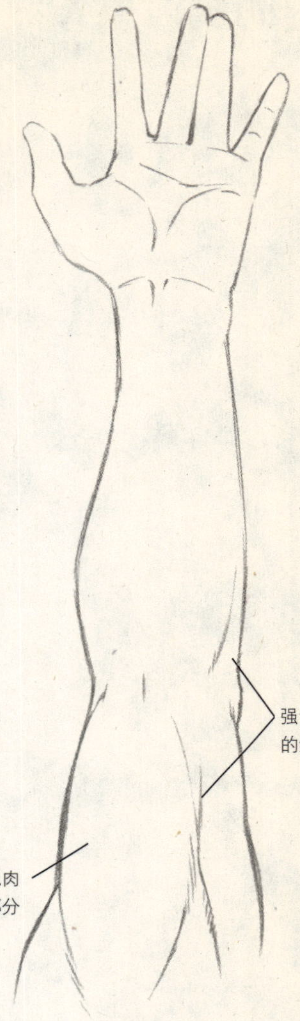

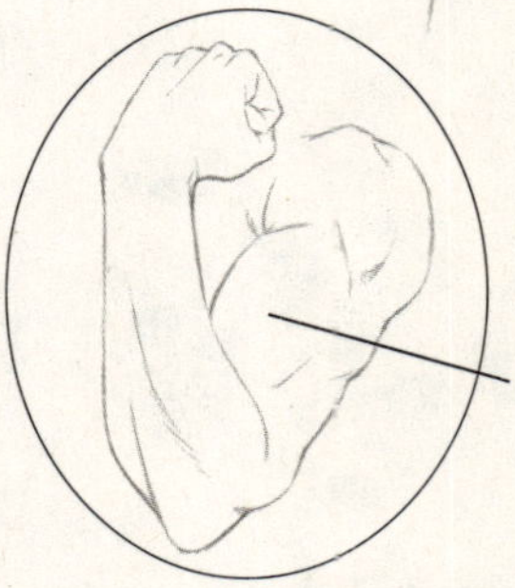

与消瘦肌肉型的比较

【肌肉型】

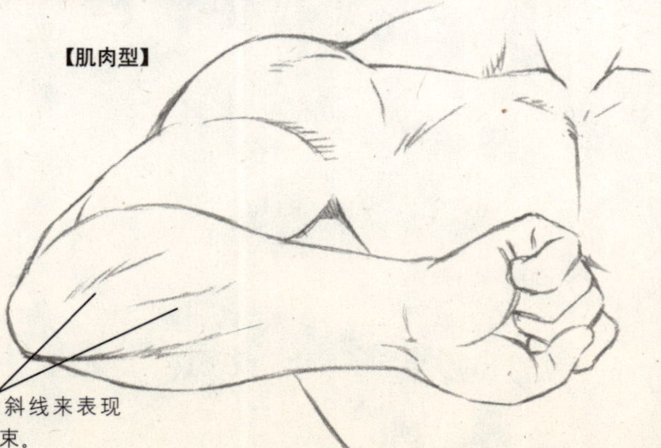

【消瘦型】

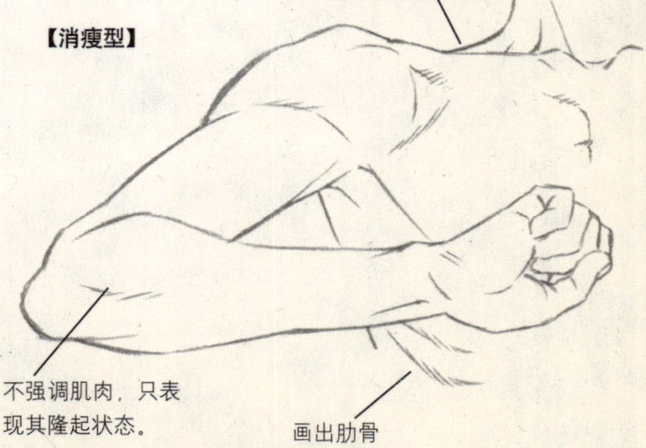

妖异的肌肉型人物

打破全身肌肉的均衡感。制造出怪兽般的人物。

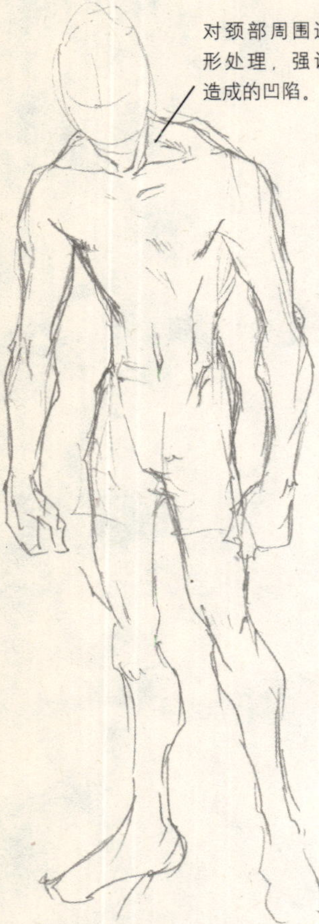

对颈部周围进行变形处理，强调锁骨造成的凹陷。

在倒三角轮廓基础上突出强调关节部分的初期设计稿。

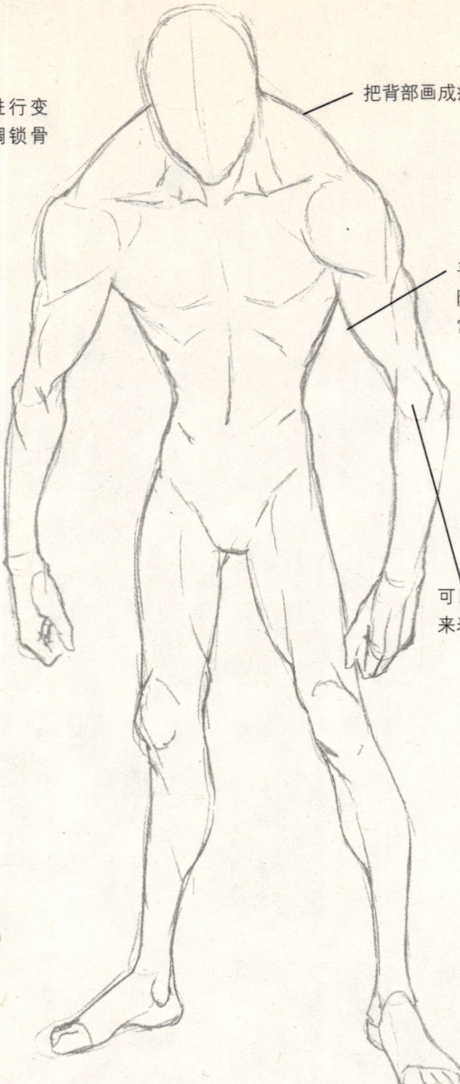

把背部画成瘤状。

手臂内侧的肌肉隆起点部位与正常情况相反。

可以用非正常的线条来表现双重的肘关节。

人物变形的习作。画出大致草图进行体型组构，设计出人物的轮廓。

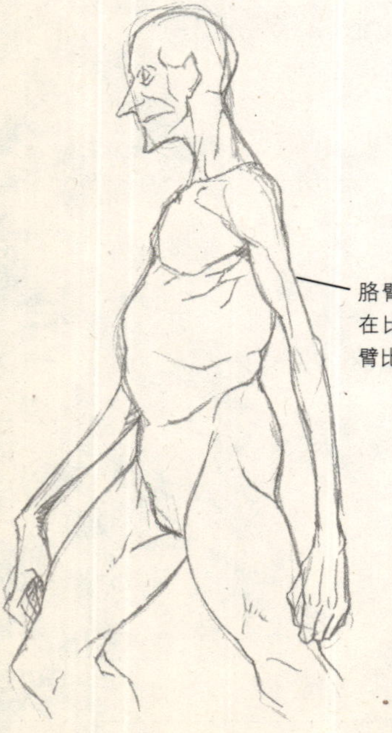

胳臂和骨头一样细。在比例方面也是小臂比上臂长。

初期设计稿。脖子缩起、背部弓起的样子。

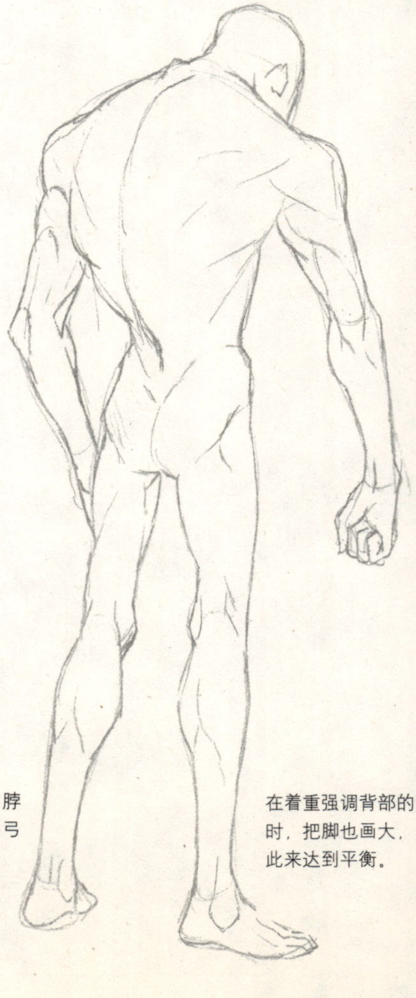

在着重强调背部的同时，把脚也画大，由此来达到平衡。

表现手臂的各种形式

用写实风格去描绘同一个部分也能形成戏剧性的差异。表现的范围直接与设计的范围相关。让我们来训练能根据需要把握各种特征的观察力。

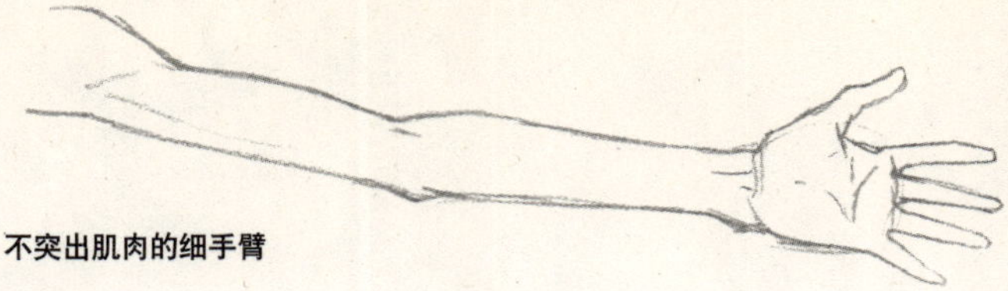

不突出肌肉的细手臂

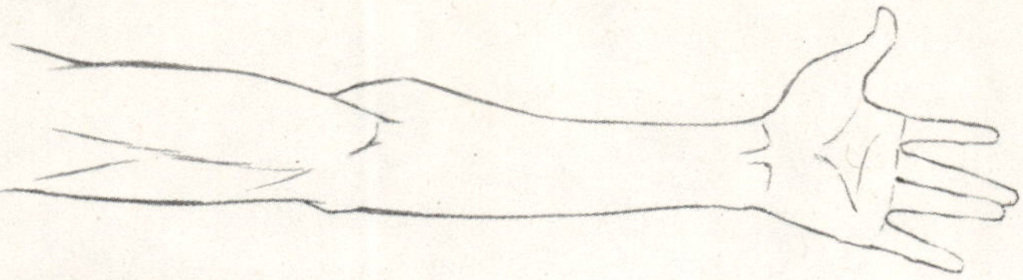

肌肉型的细手臂

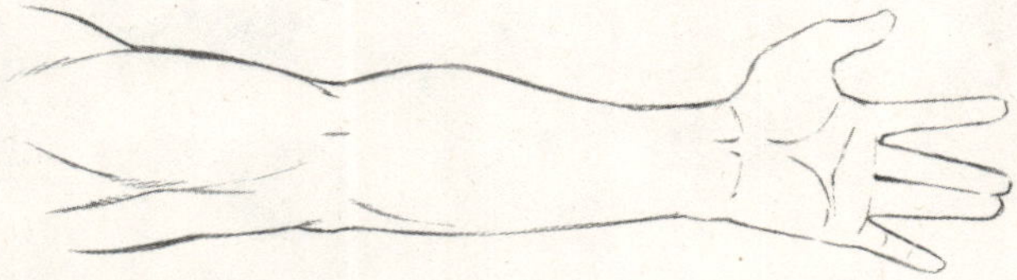

肌肉型的粗手臂

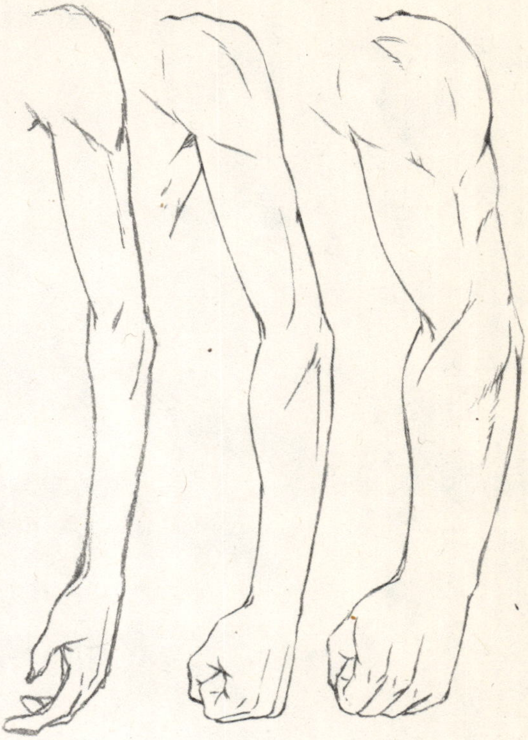

同样的手臂粗细差别可以达到两倍。手和手指的尺寸也要随着手臂变化。

即使是不突出肌肉的细手臂，从肘部延伸出来的肌肉线也会浮现出来。

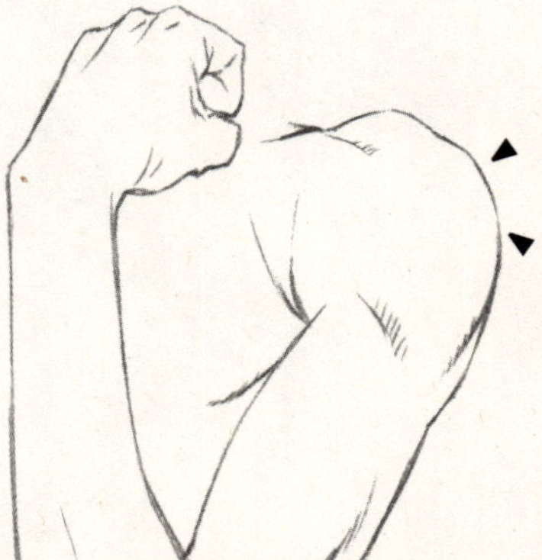

肌肉型细手臂的轮廓线要画得平缓。要点在于必须在肩部、上下臂和肘部周围这三个地方加入肌肉线条。

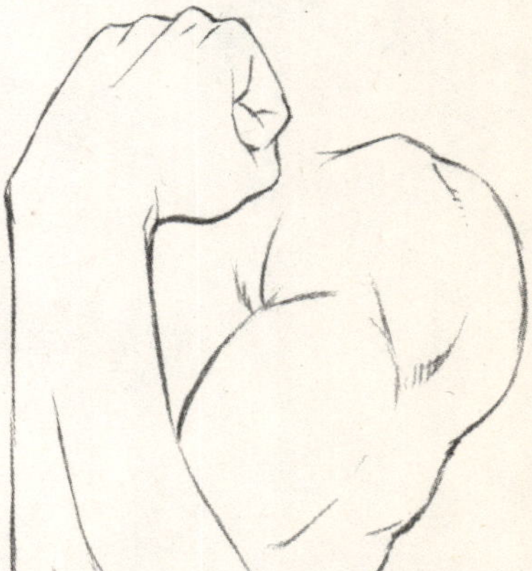

对于肌肉型粗手臂，要考虑到各部分肌肉都很发达的情况，把轮廓线画成凹凸起伏的样子。

运用笔触画出的肌肉线适合用来表现非常发达的肌肉。

苗条的女性角色

各种漂亮的女性角色，可以用苗条的身体比例作为基础，再加入丰富的变化创造出来。

胸腔的轮廓线。可以根据需要改变胸部的大小。

把躯干的厚度画得和头部的宽度差不多，这样就能给人物带来苗条感。

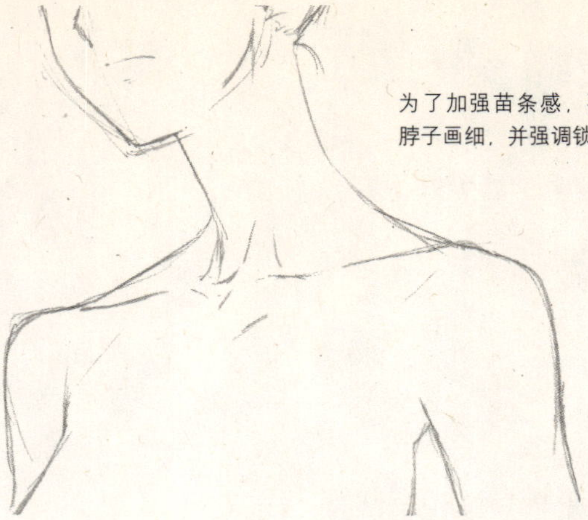

为了加强苗条感，要把脖子画细，并强调锁骨。

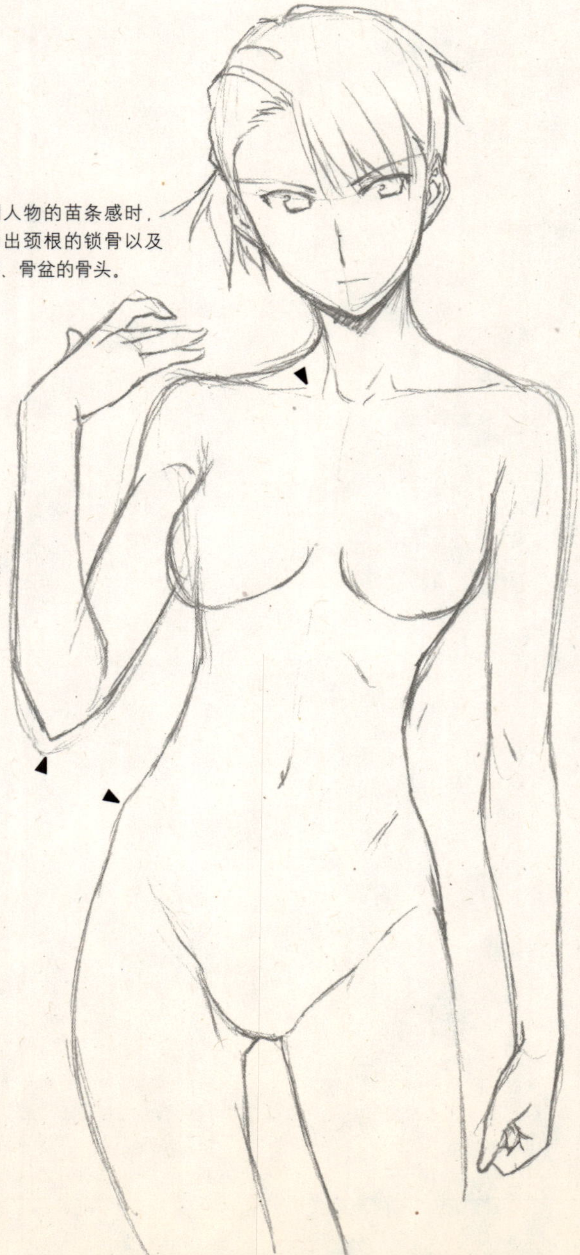

强调人物的苗条感时，要画出颈根的锁骨以及肘部、骨盆的骨头。

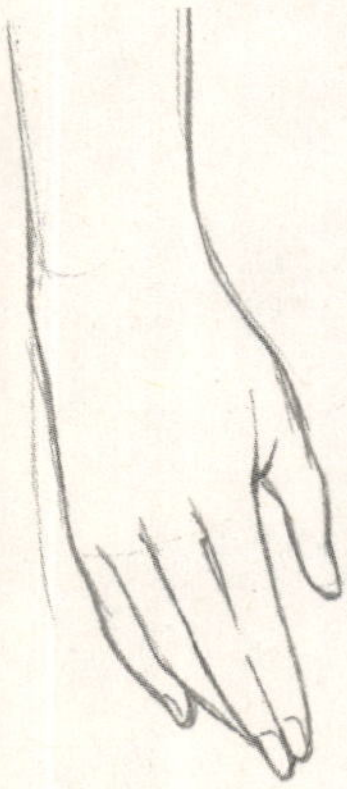

手、手指与体态没有关系，画得柔软就可以了。把指甲画成椭圆形可以突出女人味。

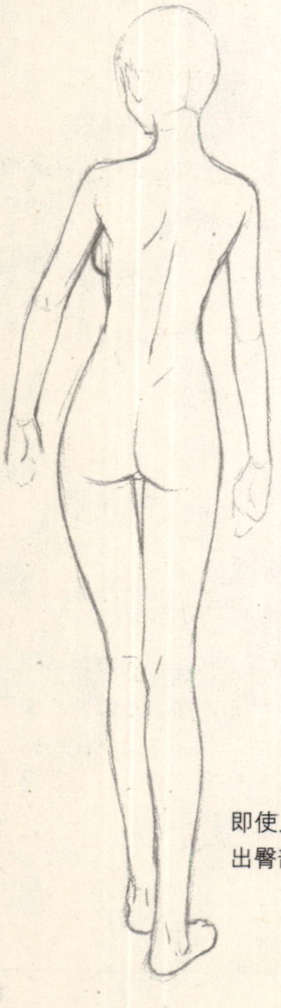

即使人物很苗条，也要画出臀部的浑圆感来。

人物俯视的动作可以用于强调胸部魅力的场合。

不想强调胸部时，可以通过腰部线条和隆起的臀部来表现女人味。

这是强调丰满胸部的类型。人物虽然苗条，但并非干瘪无肉，因此不要画出骨盆的骨头，而腰部则要用浑圆的轮廓线来表示，这样就可以形成良好的人体平衡感。

俯视图能有效地突出胸部优美的线条。

惹人喜爱的缩小化人物

大头小身体是漫画中最惹人喜爱的人体比例。这个门类中的变化非常丰富，范围可以从2头身到5头身左右。

8头身的模特

3.5头身型

2头身型

手脚关节要画成圆的

写实风格的手臂

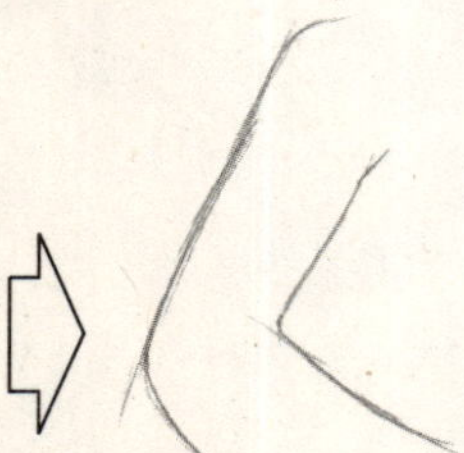

缩小化人物的手臂。从肩部开始到手腕都呈棍子状。

写实风格的腿

缩小化人物的腿。从膝盖到脚踝的粗细基本一致。

用全身的动作来表现喜怒哀乐。

即使是同样头身比的缩小化人物，也可以根据手脚大小的不同画法来改变其可爱之处。

缩小化人物的表现

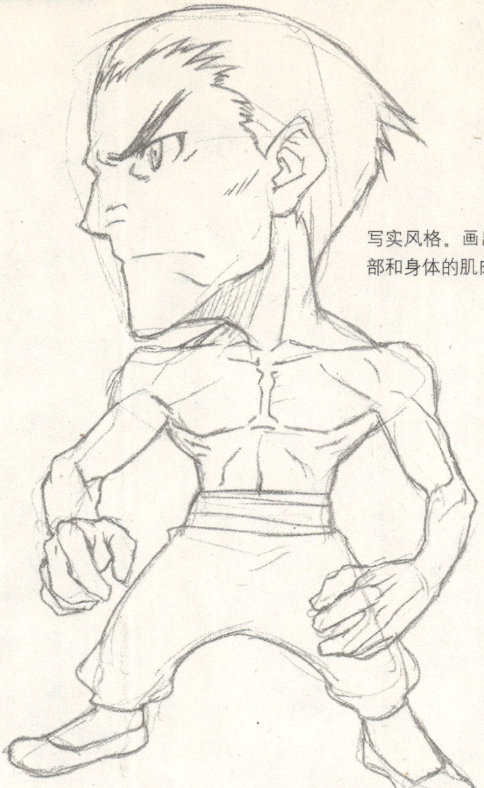

写实风格。画出了脸部和身体的肌肉线条。

虽然属于写实风格，但只要把手脚画小就可以突出人物的可爱。

可怕的怪兽型角色。不画出细节部分，单单用轮廓线来描绘，使其显得可爱。

即使是针对儿童的可爱型图画，也要认真地画出宝剑等小道具。这样才能形成具有说服力的“画”。

和人物一样，把马的头部画大后就成了Q版马。

即使是设定好要画小的手，也可以根据具体动作而将之画大。

描绘招牌动作的实际过程

让我们来看看要用怎样的顺序来画变形人物富有动感的姿态。

漫画风格，变形人物伸手指的动作。

①

最初的大致轮廓草图。向前抬起的手也要画出大概形状。

②

粗略地画出眼睛和鼻子。

③

嘴巴超出了脸部轮廓。在进行大胆的变形处理时，要在轮廓图阶段就画出变形效果。

④

大致轮廓图完工的状态。接下来对线条进行加工，进一步完成草稿。

对所有的线条进行修整

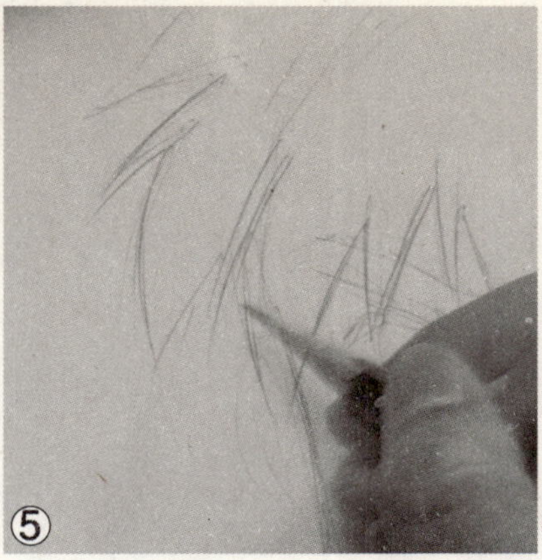

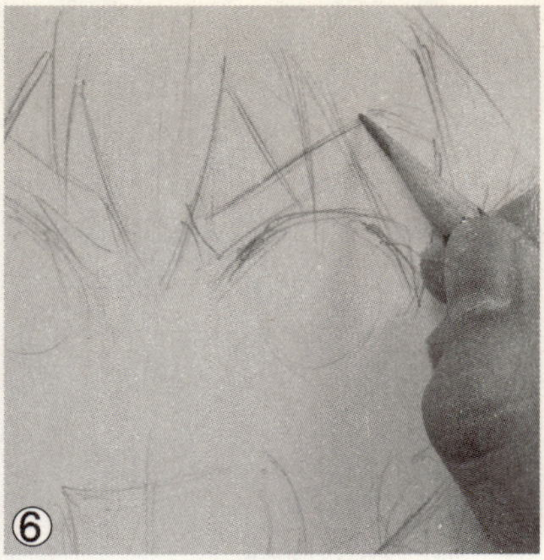

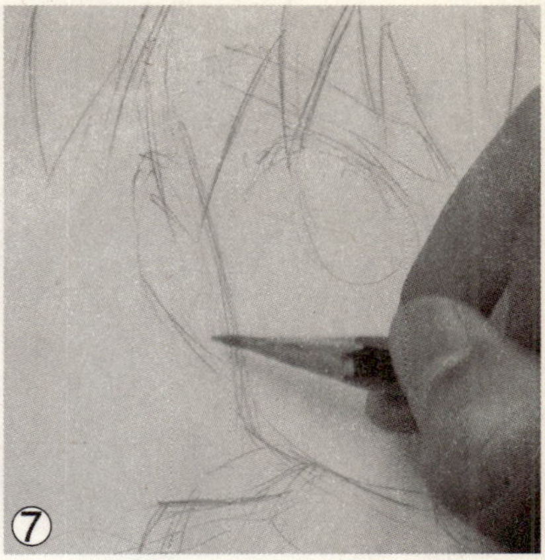

头发、眉毛、脸的轮廓……各部分都要沿着大致轮廓线进行涂描，使形态鲜明起来。

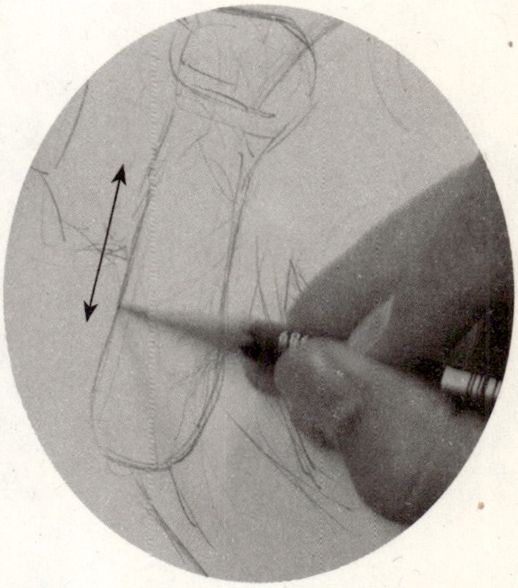

这是伸出的手指。想要拉出尖锐有力的直线时，可以旋转稿纸便于作画。

眼睛的轮廓。反复拉出线条，一点点画出顺滑的圆弧。

手臂和身体的线条也要逐一进行修整。

完成脸部

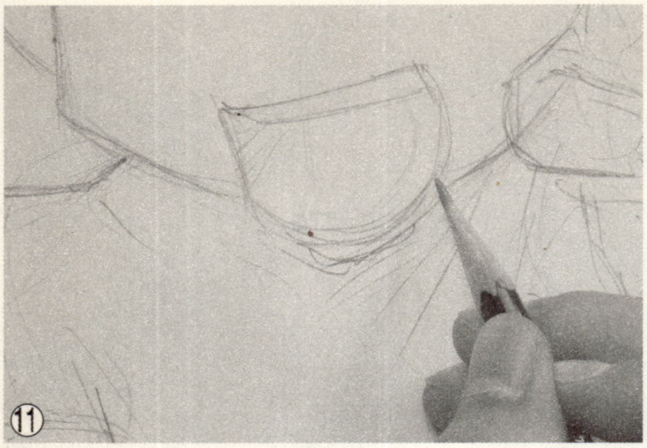

⑪
超出脸部的嘴巴的线条也要小心加工。

⑫
对惯用手为右手的人来说，线条要从左到右、从上到下地画，这样才会自然。画大图时，要不断转动稿纸，配合线条的方向进行作画。

⑬
画出眼球及其光点。

完成身体

⑭
对于袖子内侧等阴影部分，只要简单地画上斜线就可以营造出纵深感。

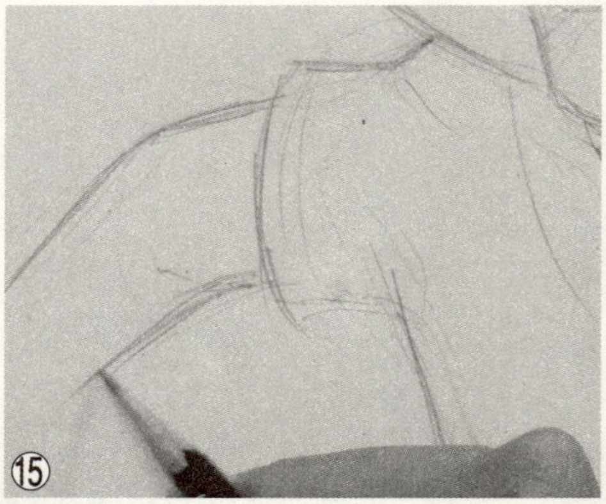

⑮
手臂前端省略时，线条的尾部要尖锐，这样能让人物显得威风凛凛。

⑯
完成

伸手指的动作完成了

箱体意识作画法

试着把人物放到一个立体的箱子中去作画。一旦能画出立体感，就会大大提高人物的存在感。

具有立体感的人物

画出躯体的侧面和上方，可以强调人物的立体感。

稍稍呈俯视角度的人物图，虽然脸等细节还没有画好，但已经具备了存在感。

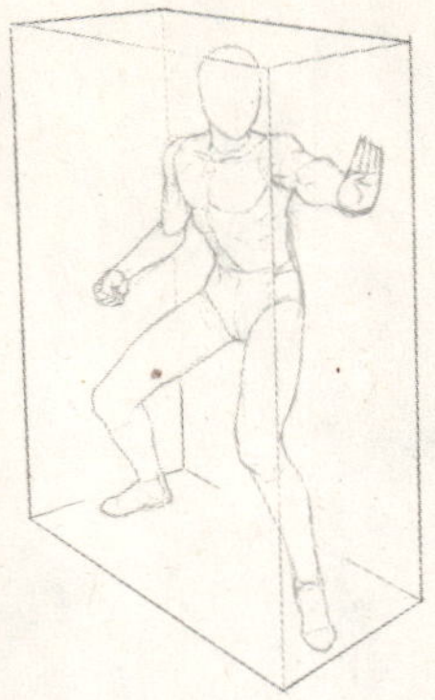

把人物放入箱子中，有利于把握可以看到的部分。

虽然能看到大量上方或侧面的部分，但立体感并不强。

加上脸和细节部分的图。虽然是只有上半身的胸像图，却也散发着存在感。

体现立体感的3要素

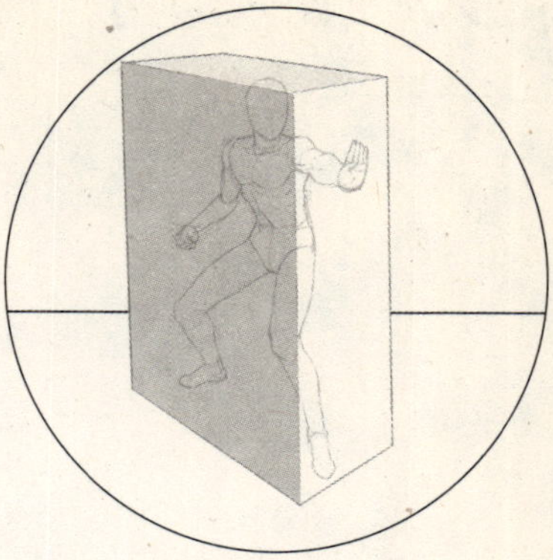

【1.构图】
要用能看见三个立体面（正面、侧面、顶面）的构图来作画。

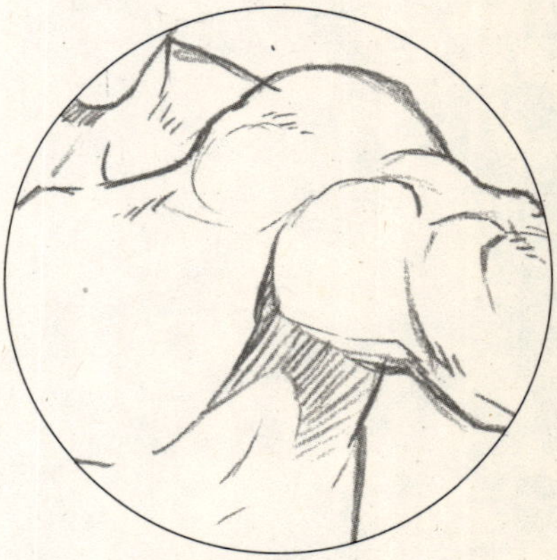

【2.阴影表现】
下巴下方和腋下等部位，要画出阴影，突出身体的立体感。

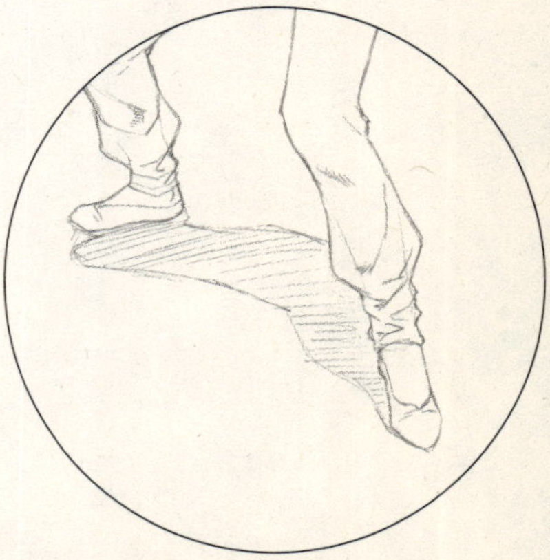

【3.地面表现】
画出落在人物脚边的影子。

把人物放入箱子里

让我们来把握立体的三个要素：高、宽、深（厚度）。

从正前方看是一个平面。

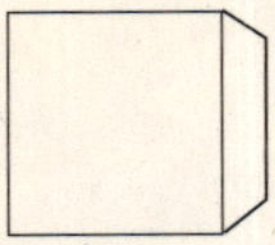

从侧面看，就有了立体感。

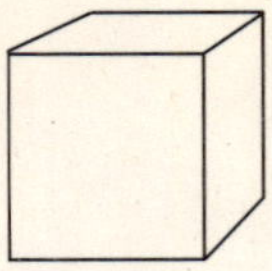

从侧上方看，立体感进一步加强了。

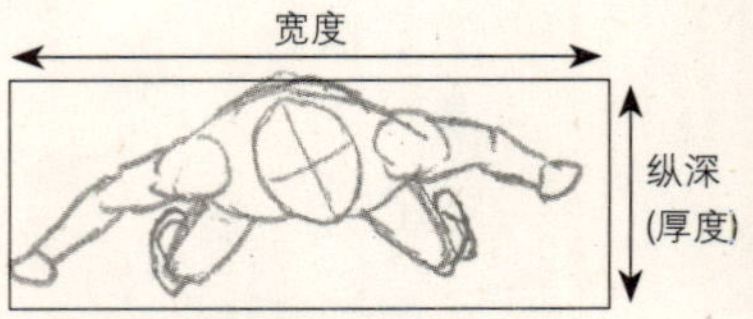

【从正上方看到的效果】
捕捉到了人物的厚度。

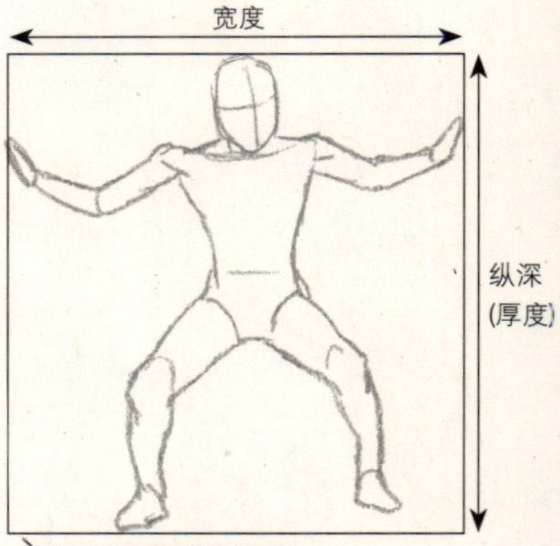

【从正前方看到的效果】
捕捉到了姿态的宽度和高度。

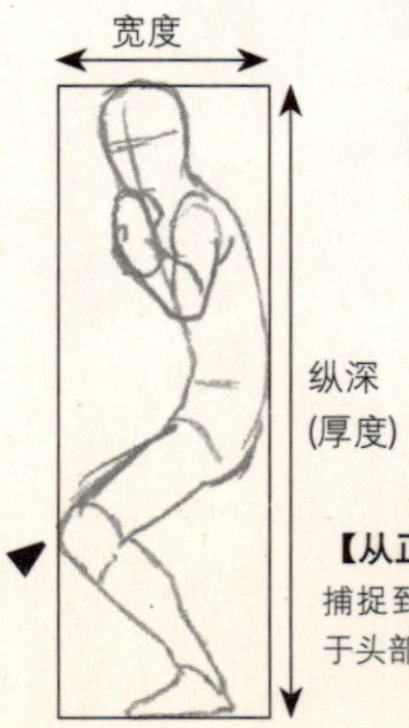

【从正侧面看到的效果】
捕捉到了腿部（膝盖）相对于头部弯曲前伸的幅度。

用箱体轮廓来描绘姿态

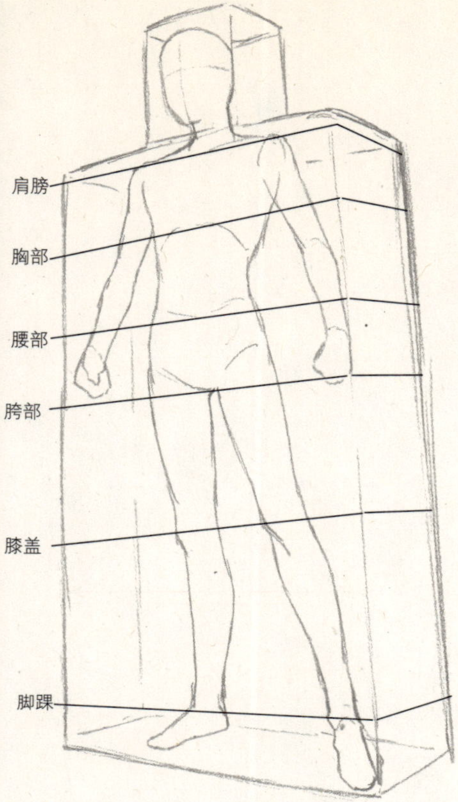

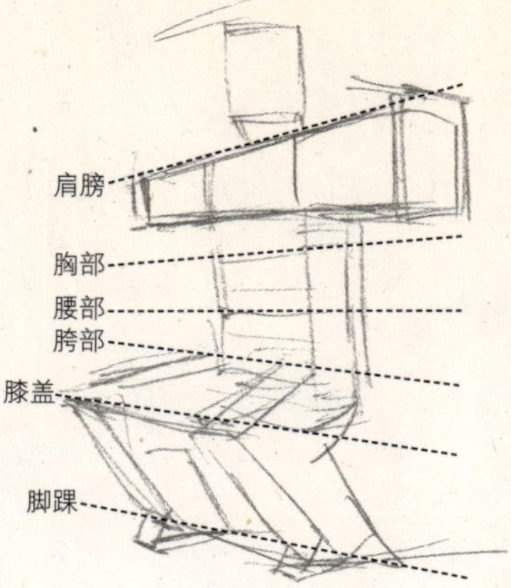

【块状轮廓图】
这是定好肩膀、胸部、腰部、胯部、膝盖等关节位置后，用块状轮廓画出的人物姿态。将之作为大略草图来使用，可以很快画出具有立体冲击力的姿态。

以块状轮廓图为基础画出的人物。

肩膀、胸部、腰部、胯部、膝盖是动作和姿态的关键点，要画出线条来确定这些部位的位置。

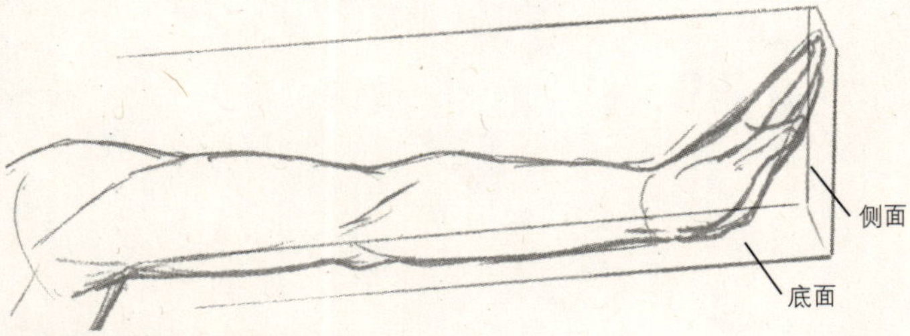

【普通型】（稍稍仰视的角度）
只要稍稍显示出底面和侧面，就能突出手臂的立体感。

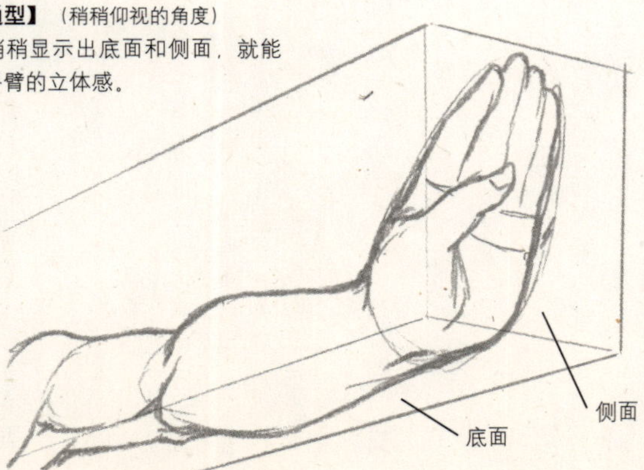

【魄力型】
向手掌这边转的构图。可以清楚地看见侧面和底面，因此大大突出了立体感。

如果采用块状轮廓图，将同一姿态的角度改为稍稍俯视的情况时，也能轻松地把握好形态。

根据箱体描绘人物的顺序

把箱子作为基本轮廓来作画。这样可以在作画过程中客观地把握可见部位和纵深等要素。

①

用俯瞰角度画一个箱子。

②

人物大致轮廓也画成箱形。

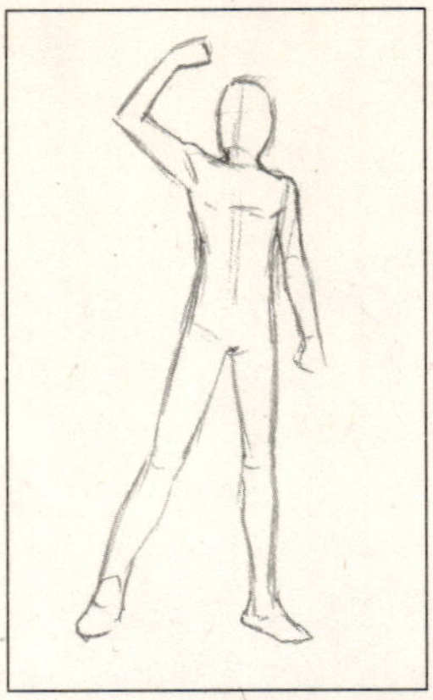

选取容易画的角度，把预想的人物姿态大致画出来。这样，后面的作画就会变得比较轻松。

③

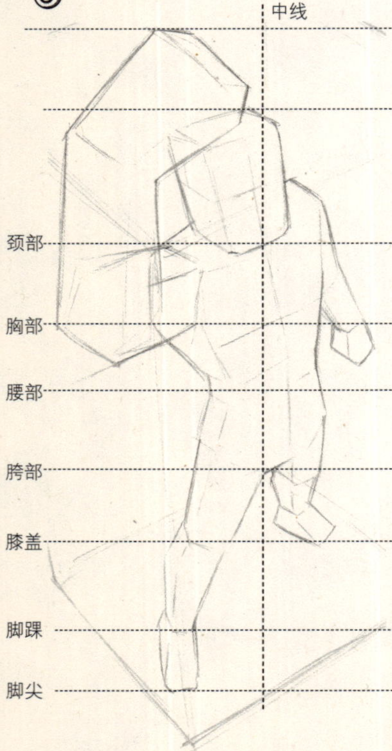

④

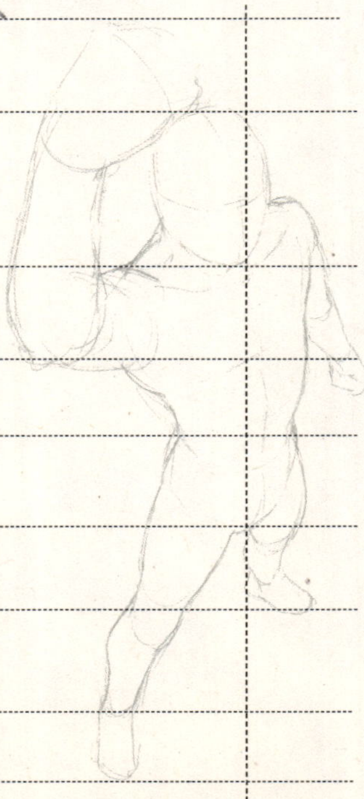

在箱形轮廓图上画出身体比例的基准（头部、胸部、腰部、胯部、膝盖、脚踝的位置等），然后重新修正全身的轮廓。

重新画出全身轮廓并进行加工后的效果。

⑤ 画出细节部分，完成草稿。

表现着装人物的技巧

服装表现的基本知识

无论是怎样的服装，只要画好褶皱，就能让画面具有说服力。让我们来学习描绘服装的基础知识，还有那些画好褶皱的窍门。

基本的褶皱

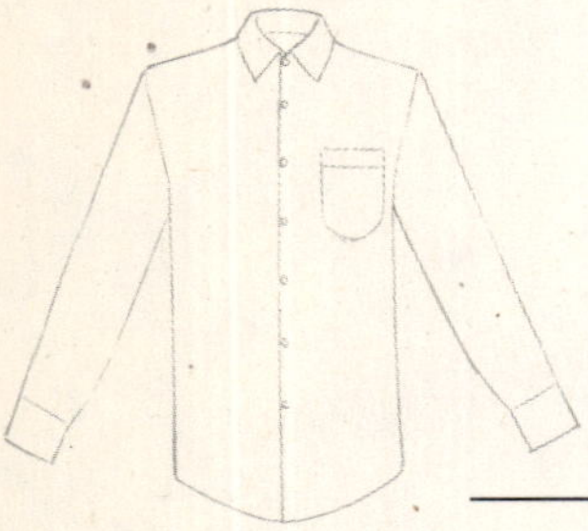

非穿着状态的衬衫（经过熨烫后呈平面状态），一旦上身就会呈现出立体状态。

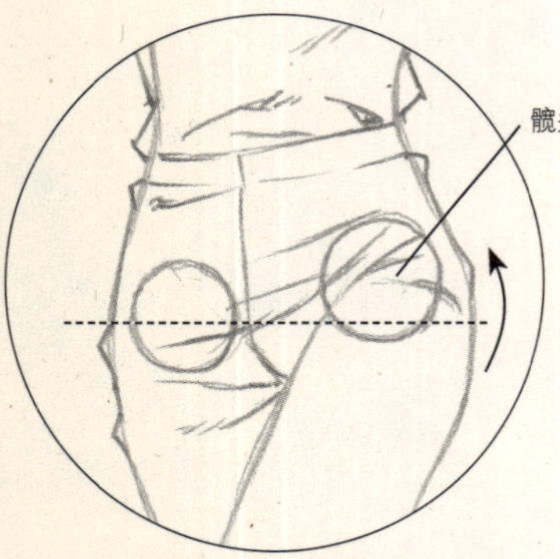

骨盆倾斜。褶皱会朝髋关节抬起的一侧拉伸。

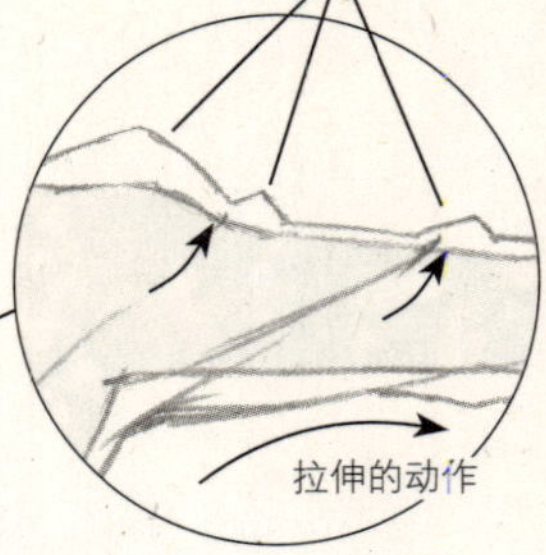

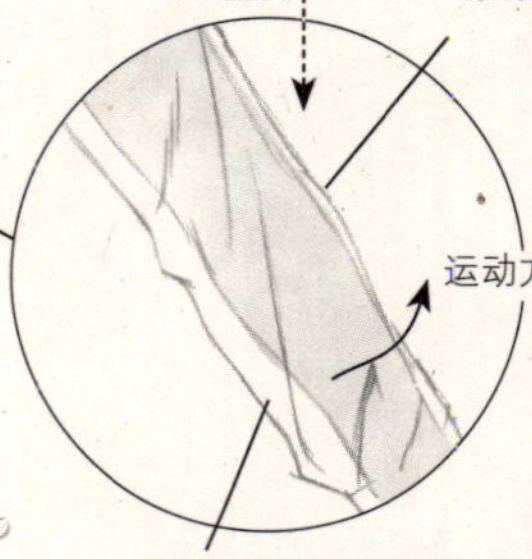

运动方向反侧的部分松弛，衣服和皮肤之间产生空隙。

因为明显的细腰会令角色富有魅力，所以可以将实际垂直的衣服轮廓稍稍收细，加入褶皱。

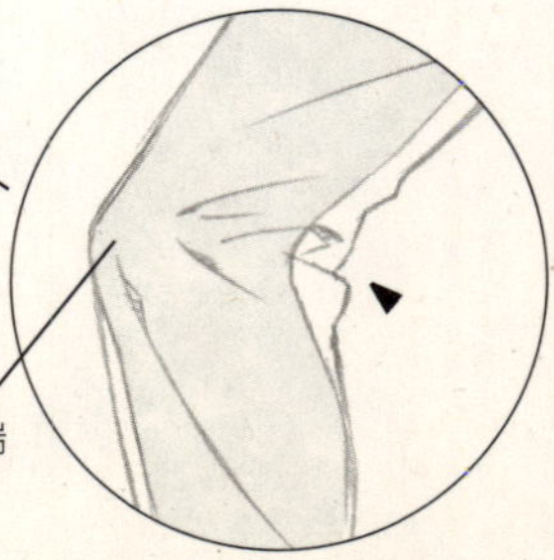

腿弯曲时，裤子会以膝盖顶端为中心形成放射状的褶皱。膝弯部位也会因为布料的集叠而产生褶皱。

●窄小、布量少的衬衫和裤子会形成大量的褶皱。
●肥大宽松的服装会形成大面积的松垂，整体上褶皱量很少。

把握显现出身体线条的部分

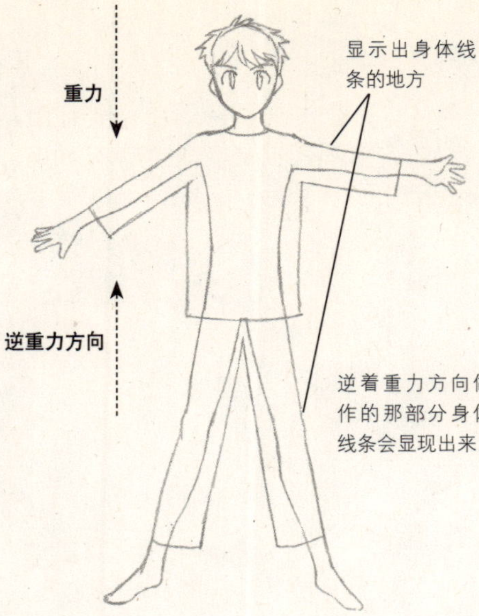

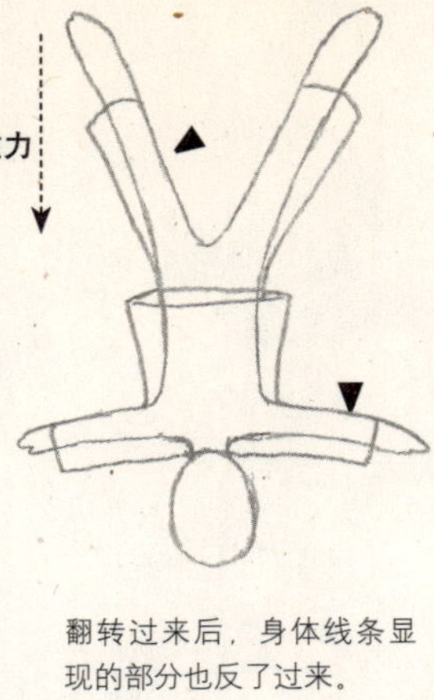

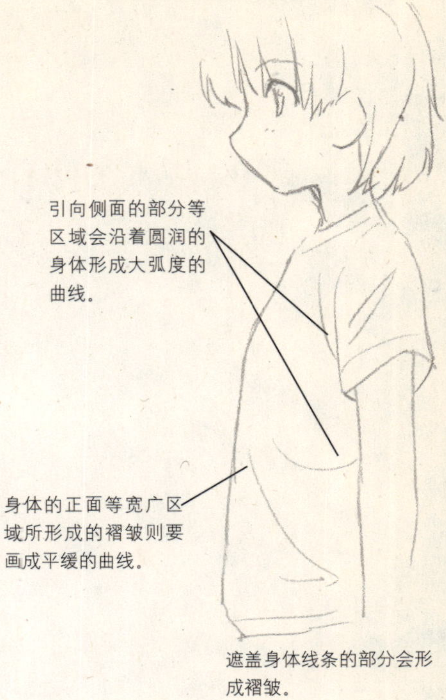

关节部分褶皱的形成方式

衣服无论贴紧还是松大，都会在关节部分产生褶皱。

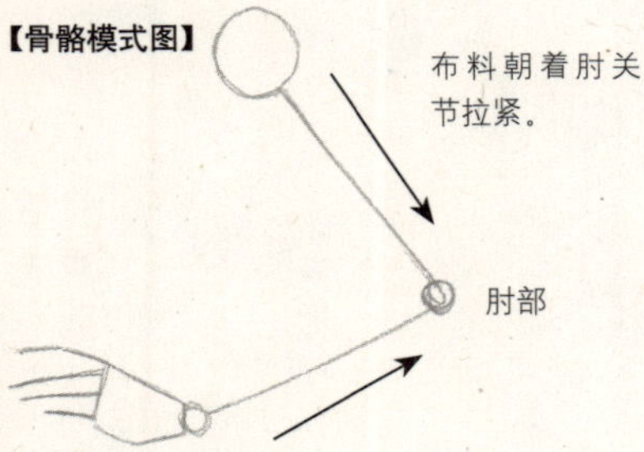

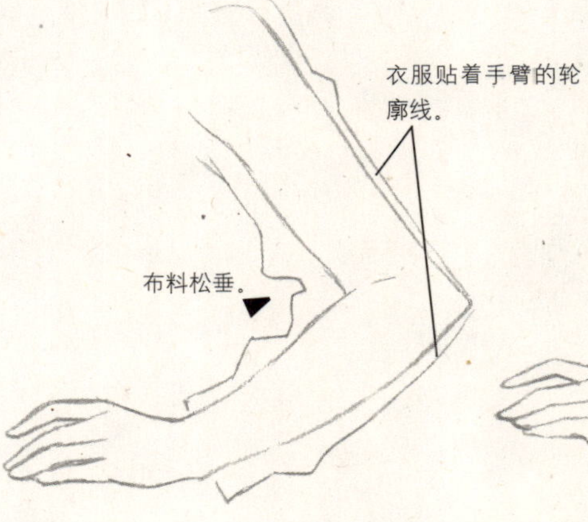

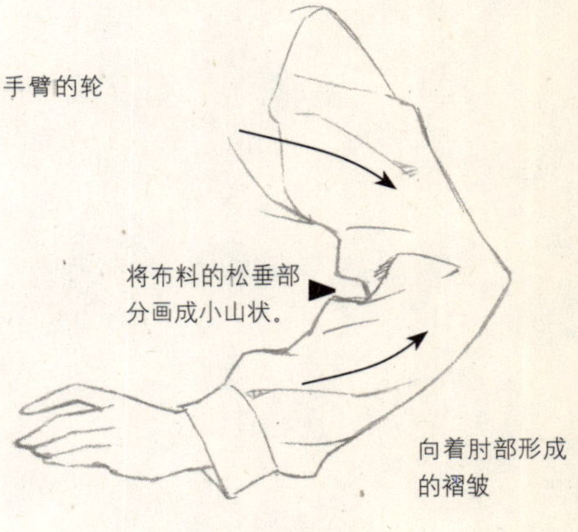

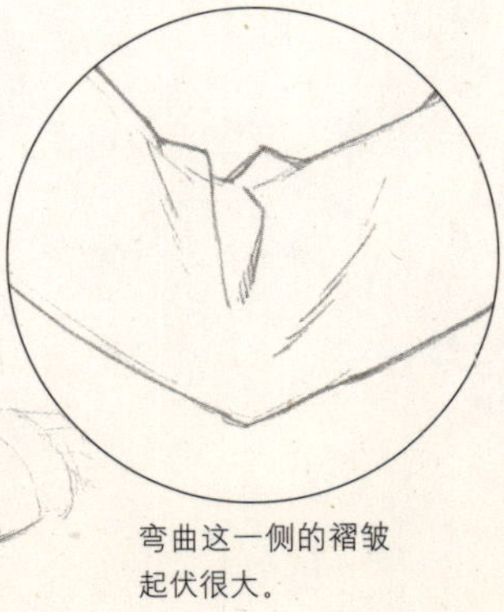

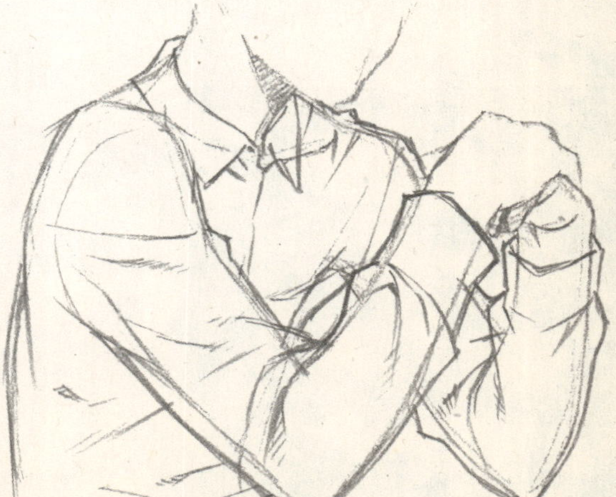

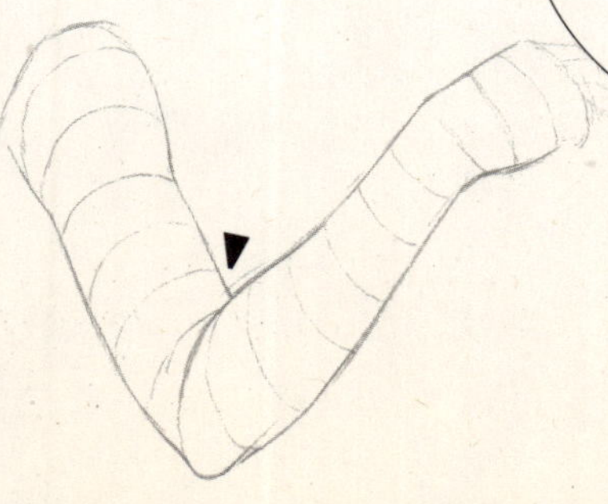

用褶皱来表现立体感

用不同粗细的线条和笔触来表现褶皱是体现立体感（纵深感）的绝招。

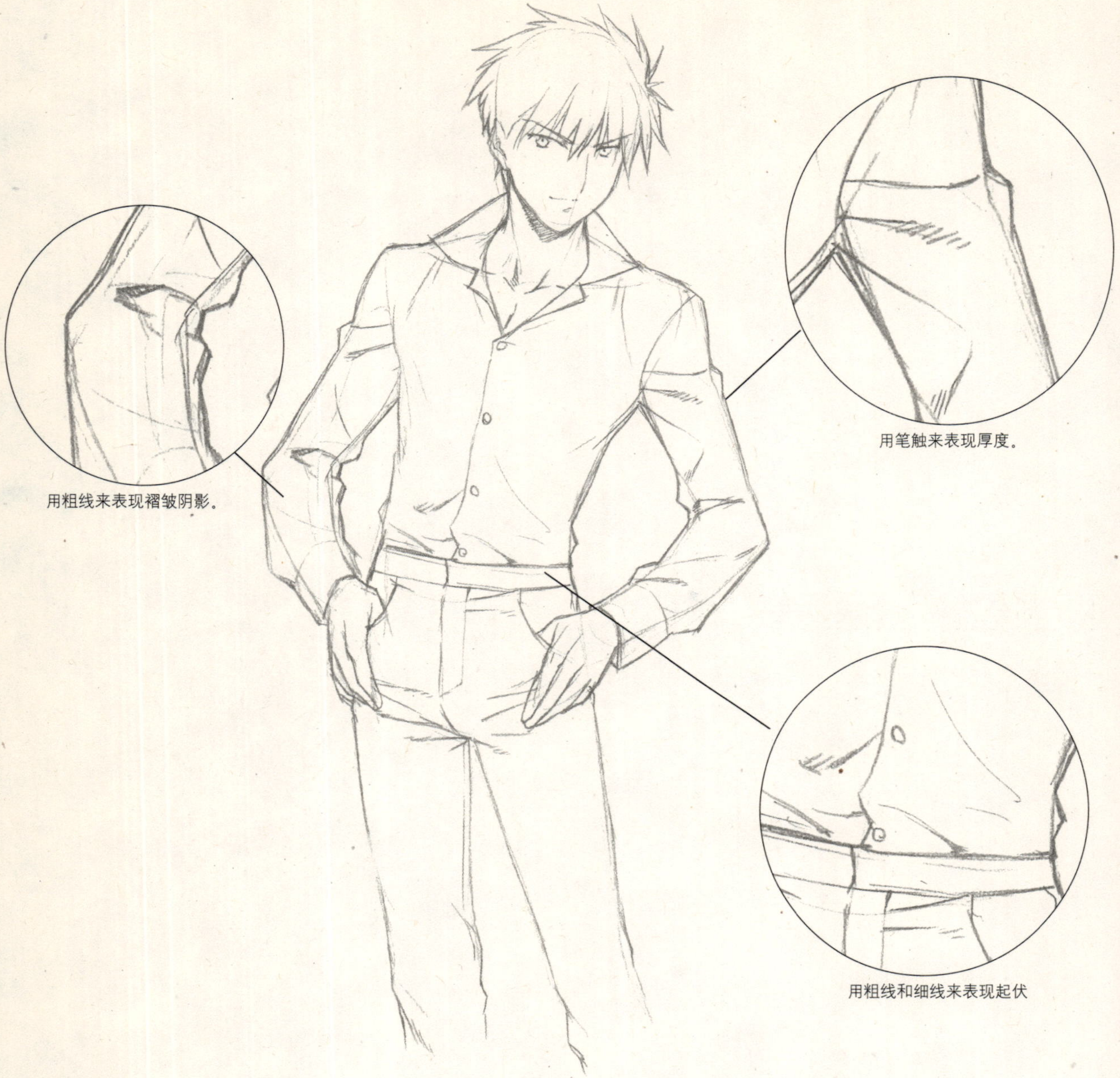

不同服装面料的不同褶皱表现

褶皱的画法能体现出面料的厚薄差异。

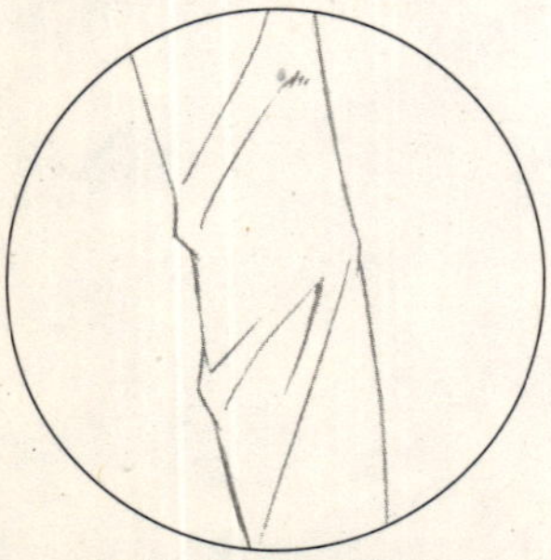

薄面料（衬衣等）的情况
—褶皱线的间隔要画得小。

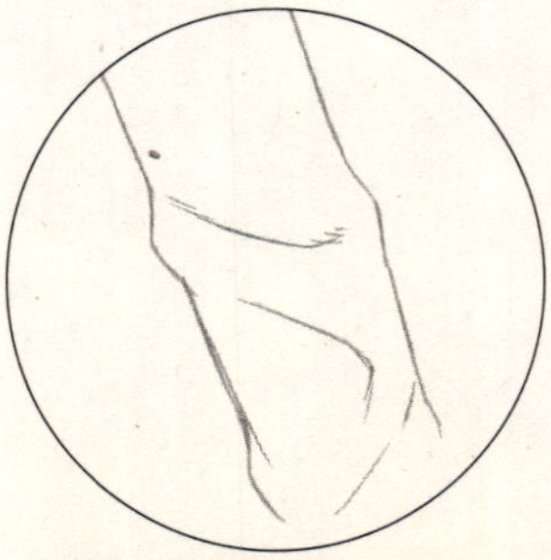

厚面料（短外套等）的情况
—褶皱线的间隔要画得大。

简单的褶皱描绘法

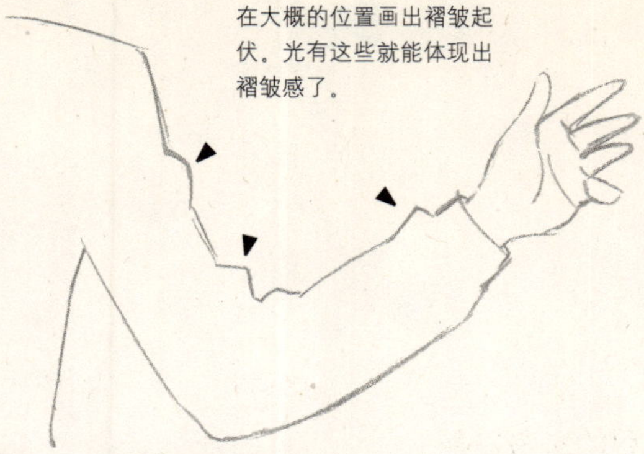

① 在画轮廓线时画出褶皱的大致轮廓。

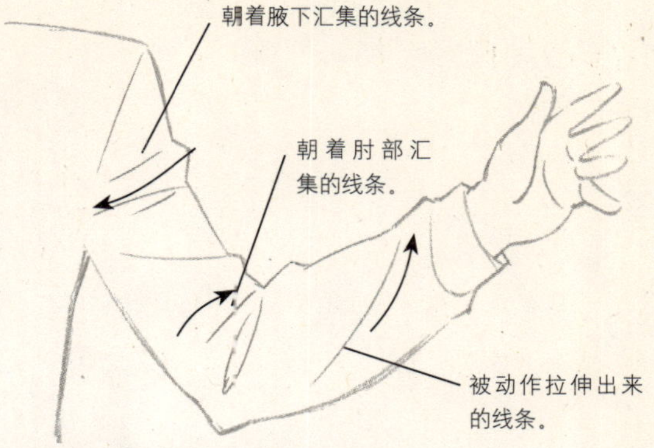

② 配合起伏的山型轮廓加入褶皱线。

这是画出大致褶皱的轮廓图。

画上褶皱和服装细节后的效果。

在确定服装轮廓线时，也要严整地画出身体。

用服装来表现人物的个性

虽然从大体上来说服装是遮掩体型的事物，但无论男女，在服装上都有突出身体线条（显身材）和掩盖身体线条的巨大区别。可以根据这一点来表现人物性格。

遮盖体型的宽松服

身体和服装之间有很大的空隙。在凸显纤细的女性气质和柔弱的角色时会起到出色的效果。

如果布料比较硬，肩膀部分也会形成空间。

多出来的布料向下松垂。

显示体型的贴身衣服

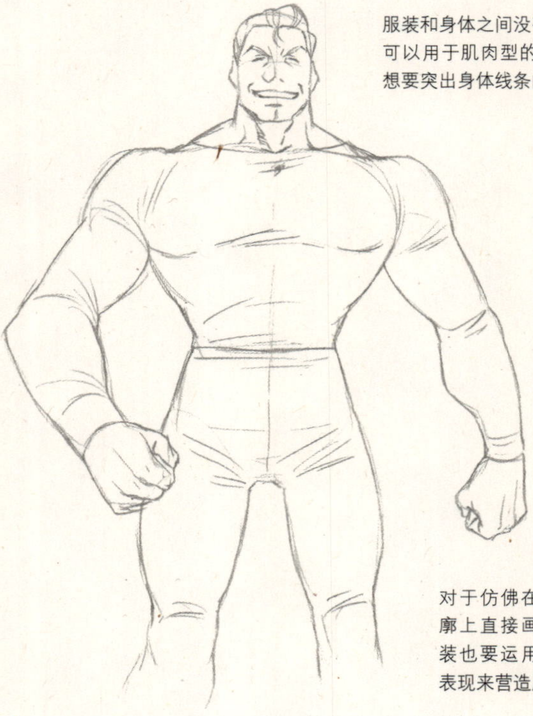

服装和身体之间没有空隙。可以用于肌肉型的角色和想要突出身体线条的角色。

对于仿佛在裸体轮廓上直接画出的服装也要运用褶皱的表现来营造服装感。

T恤和身体线条的表现

【宽松型—遮盖】
褶皱体现出向下松垂的感觉。要用平缓的V形线来画。

【普通型】
褶皱量随着身体的起伏有所增加。要抓住"褶皱密度加大"这一点来作画。

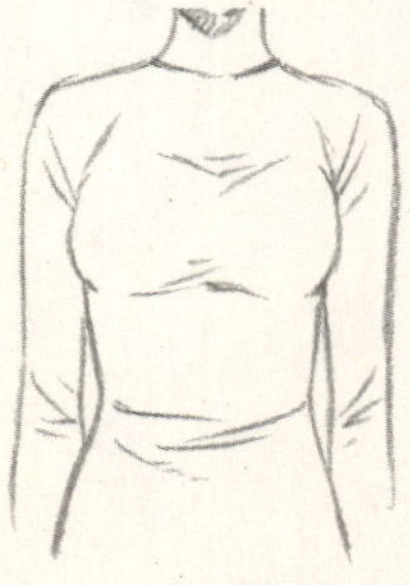

【贴紧型—凸显】
褶皱根据身体的起伏形成。要用锋锐利落的褶皱线来突出身体线条。

描绘着装人物的实际过程

我们会从大致轮廓开始讲解为人物添加服装的顺序。服装会跟着人物的动作而动。让我们来看看用服装强调人物动作的实际作画过程。

①

画出人物姿态的大致轮廓。

②

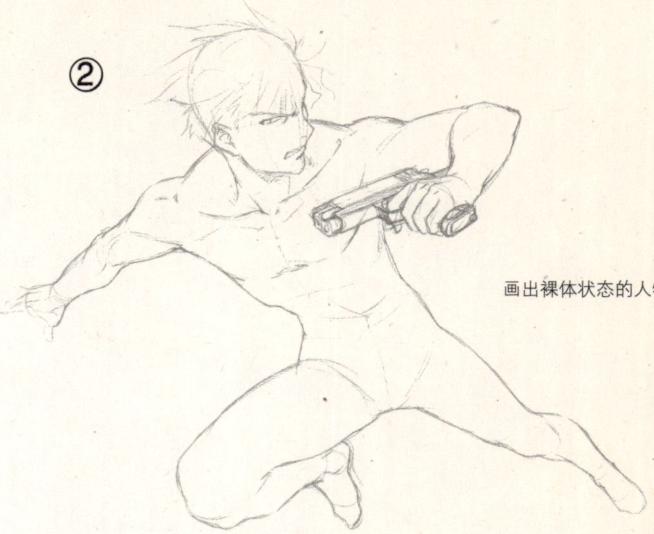

画出裸体状态的人物。

③

在裸露的身体上画出服装。先画裸体人物，再为其加上服装，这种做法可以表现出配合人物动作的服装。

运用服装来表现人物的效果

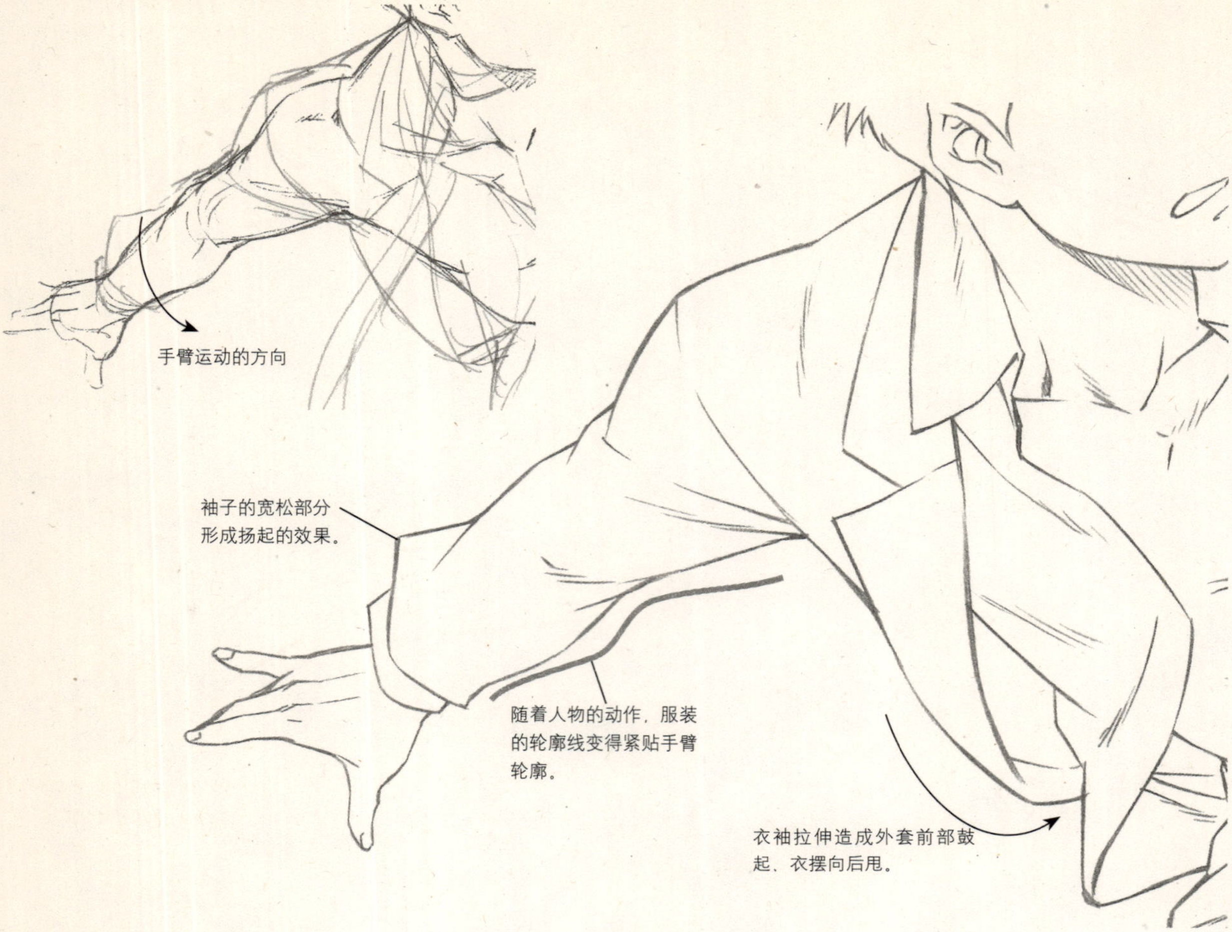

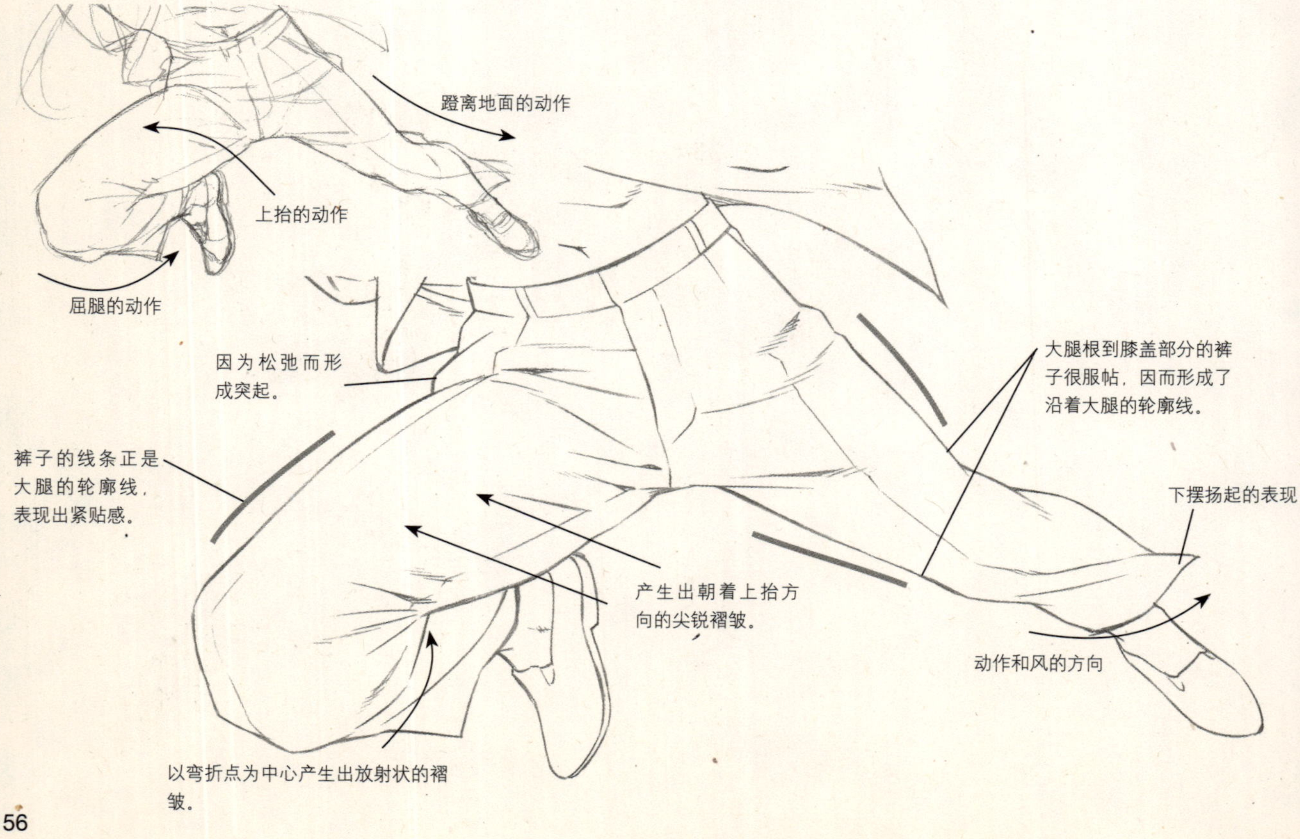

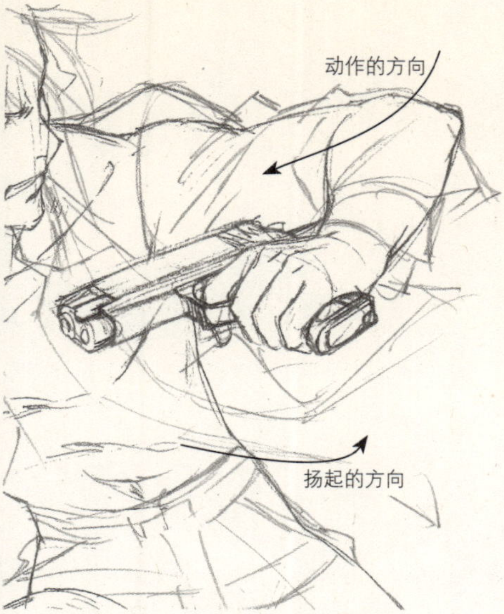

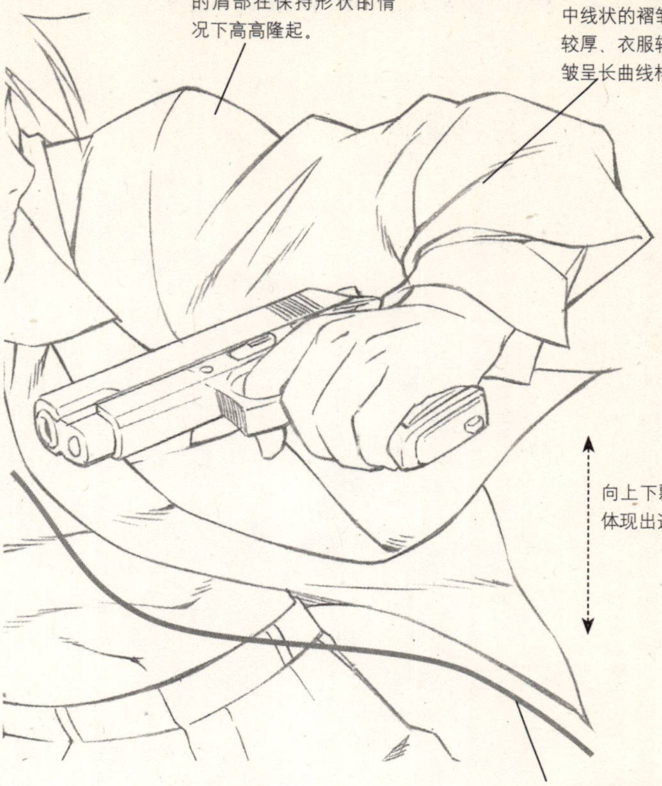

加上涂黑、留白和网点纸处理完成画稿。

描绘具有动感的姿态

仰视图的角度可以带来魄力

有效地表现出具有动感的姿态——

1.运用立体型的构图

2.运用单腿站立保持平衡的表现

3.展现大幅扭转的动作

主要考虑好以上几点内容后，再添上头发和服装的动态。

【草稿】

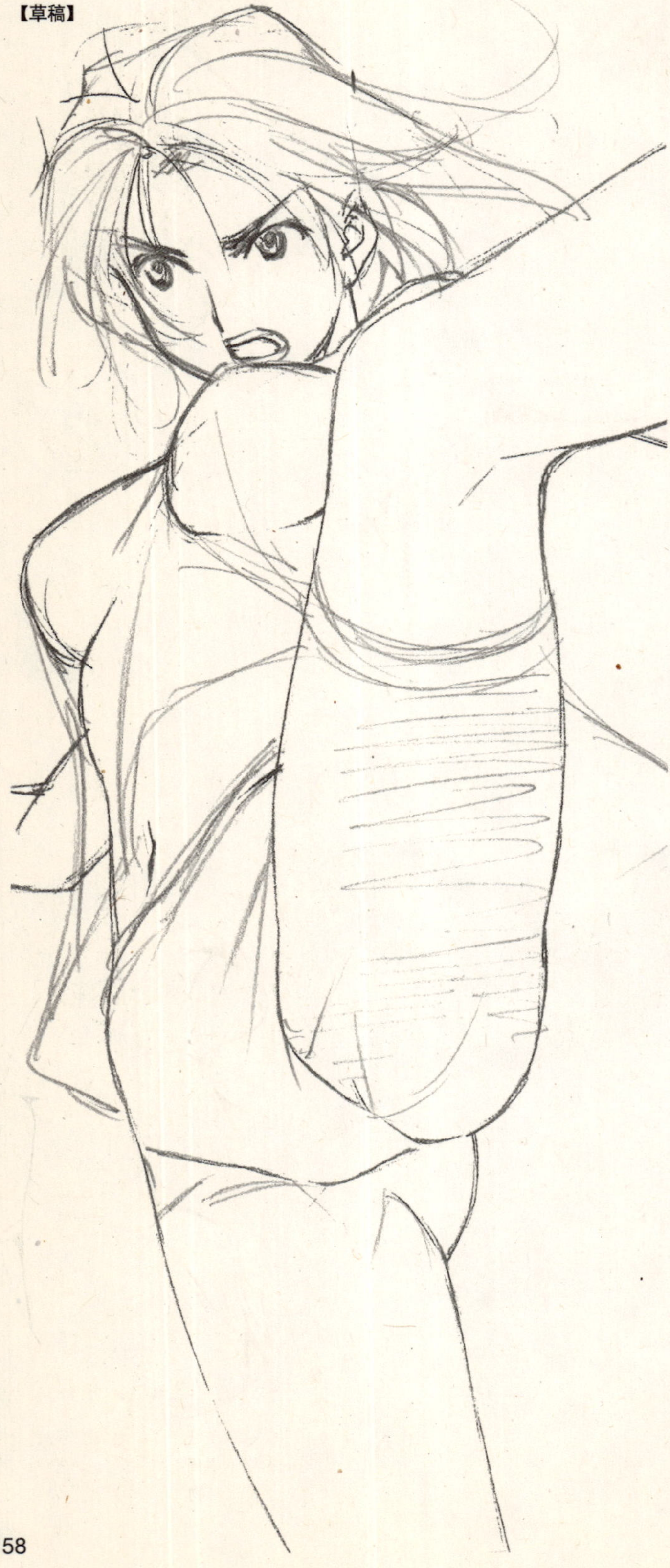

【大致轮廓】

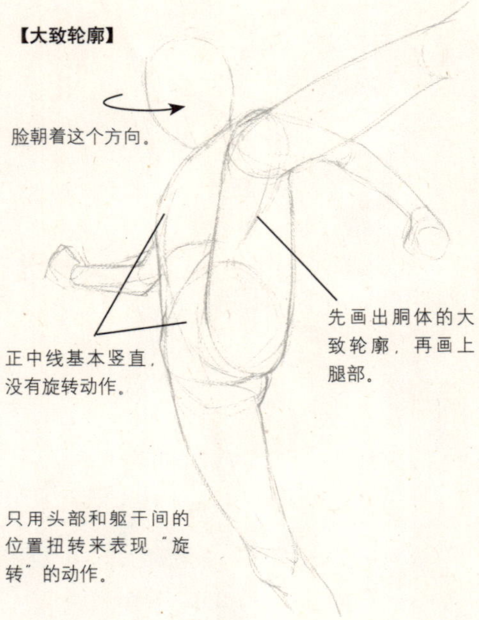

【裸体人物线稿】

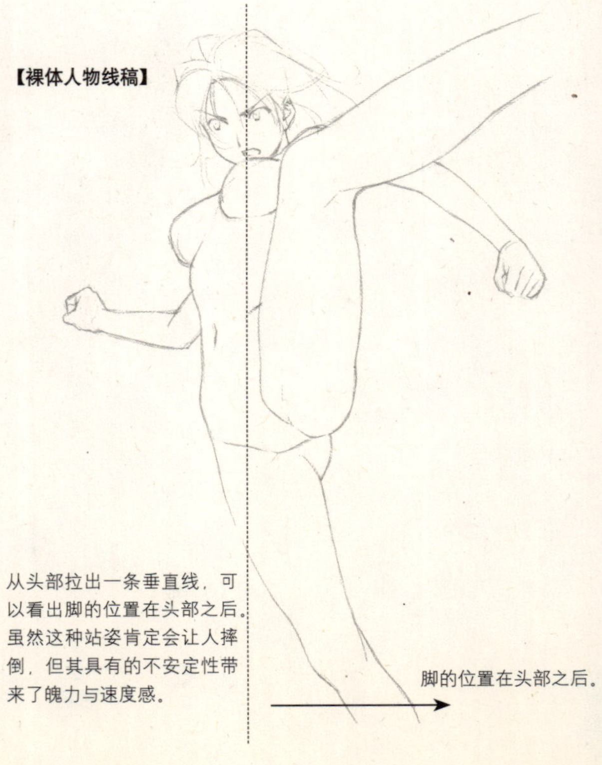

【完成】

【加入服装的线稿】

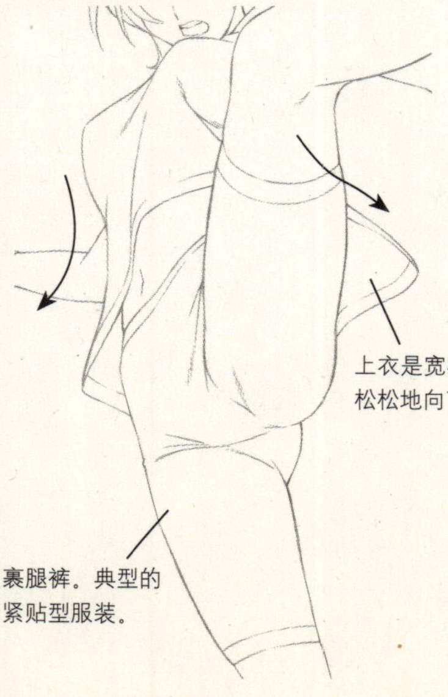

上衣是宽松型的，
松松地向下展开。

裹腿裤。典型的
紧贴型服装。

在贴网点纸之前，要将发际线、
衣服下摆周遭等处涂黑，进一
步突出人物的立体感。

用绝妙的平衡表现来描绘人物姿态

【草稿】

【裸体人物草稿】

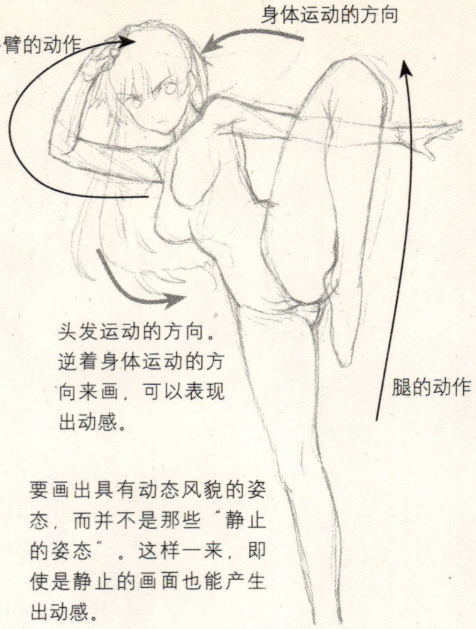

要画出具有动态风貌的姿态，而并不是那些〝静止的姿态〞。这样一来，即使是静止的画面也能产生出动感。

对于特别的姿态，要画出几幅其他角度的草图，以此来把握腰部的旋转以及四肢和头部的位置关系等要点。在随后画服装的时候，这也可以是添加褶皱的基准。

【裸体人物线稿】

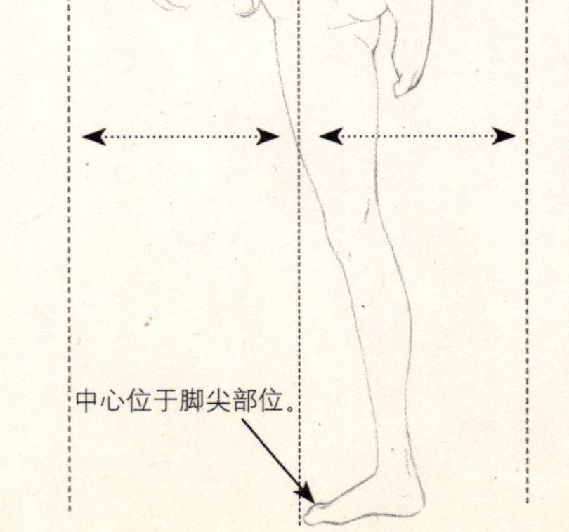

【完成】

【加上服装的线稿】

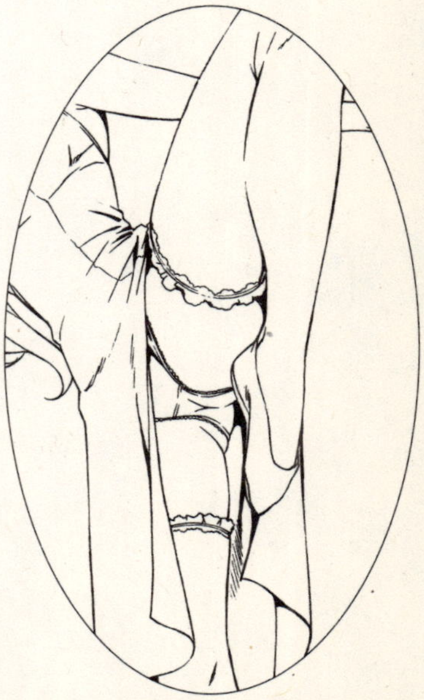

涂黑的要点。强调裙摆周围和褶皱的部分。

扭转动作呈现出的华丽表现

【草稿】

【大致轮廓】

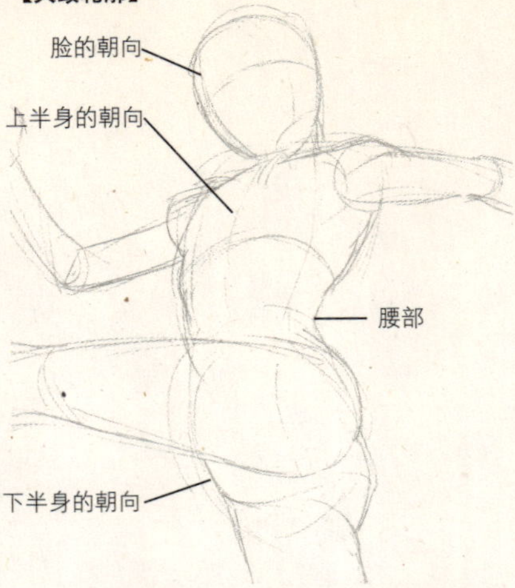

让头部、上半身和下半身朝着不同的方向，以此来表现大幅度的扭转动作。

【裸体人物草稿】

头发要用充满活力的起伏来表现。

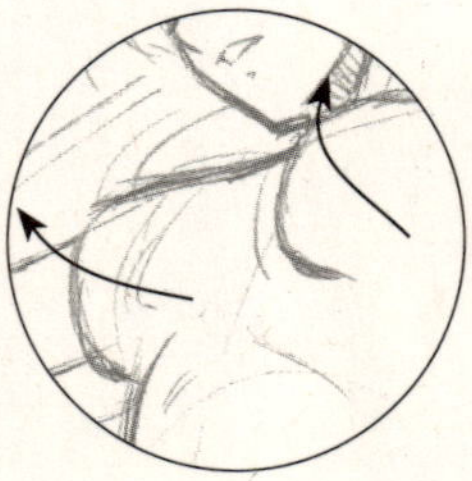

胸部的变形能突出上半身动作的剧烈性。

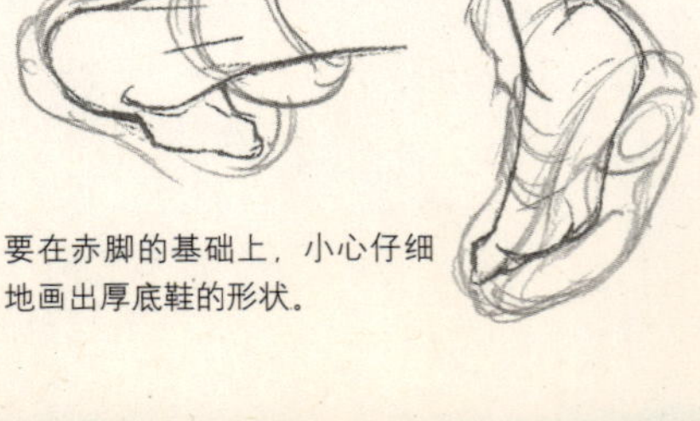

要在赤脚的基础上，小心仔细地画出厚底鞋的形状。

涂黑的要点。画出袖子和短裤内侧的阴影。

【完成】

【加入服装的线稿】

贴紧的长手套。
在关节部位画出
细小的褶皱。

紧贴型的服装。
根据扭身的动作
稍稍加入褶皱。

下摆宽松的短裤。

朝着踢腿的方向向上
扬起。将下摆部分画
成波浪形可以体现出
布料柔软的质感。

紧身长袜贴在腿上。令袜
筒边形成凹陷，可以使之
与腿部的裸露部分形成鲜
明的分界。

裸露的腿部

紧身长袜

袜筒边的凹陷表现

鞋子可以表现人物的性格，同
时可以给人物以超乎想象的说
服力，因此要仔细地描绘。

加工指示稿

对于动漫作品的最后加工，需要制作一份指示稿来说明阴影、对比度等方面的处理方式。在指示稿中会用到漫画素描的肉体基础知识。

指示内容要用铅笔（或活动铅笔）加注在原稿的复制稿上。为了便于理解，有时还会用各种彩色铅笔做出好像儿童填色画那样的指示稿。

彩色原稿也会有指示稿。可以从平时就开始养成用填色画方式做指示稿的习惯。

封面人物 设计现场

让我们来看看本书封面图的绘制过程，以此作为人物设计的一次实践。作画者是森田和明先生。

设想图。出于将本书主题——创想素描简明地图像化的想法，"罐头"、"青蛙"和"思考"被设想为作画的要素。

这是为了突出人物脸部而采用俯瞰构图所画成的大致轮廓。这时，人物抱着一枝铅笔。

这是披肩式风衣的大致风貌图，服装是从青蛙～雨披～带帽斗篷联想而来的。舒展的动作设想原是候补之一，但由于和写实型的罐头配在一起时这种人物显得不醒目，所以这个设想便就此打住。

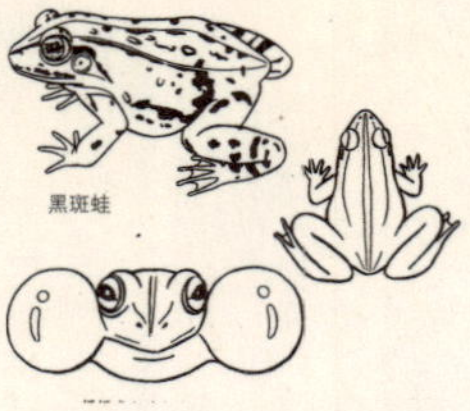

这是当初计划中的青蛙动物服的头部草创图。从"只有眼睛不好玩"、"青蛙叫的时候两颊会鼓起来"这些讨论中，诞生出两颊带有鼓起物的设想，于是就画成了这个样子。

根据大致轮廓的通常要领来进行作画。

这是决定好俯瞰构图后，根据青蛙鼓起的脸颊、带帽风衣、青蛙风貌和可爱等这些要素画出来的着装形象设想图。正面和侧面的设计差不多确定后，接下来就是配合构图作画了。

作画、加工中

在用铅笔进行最后加工（清稿）的阶段，要进行大量的描边和加线工作。为了不蹭到画面，作画时手下要垫一张纸。

完成的原画

让我们来上色

进一步表现人物的工作是上色。色彩能有效地提升人物的存在感。要从皮肤、青蛙的颜色等这些面积大、决定整体色彩风貌的区域开始上色。

简单的上色顺序

涂上皮肤的颜色。因为发间的部位很容易漏涂，所以先别去管头发，把皮肤区域一并涂上颜色。

涂上风帽（外侧、面积大的部分）的颜色。

涂上衣服和头发等部分（内侧、细微的部分）的颜色。

最后涂上眼珠和地上阴影的颜色，完成。

皮肤和脸部的上色

以对着光源的右下方区域为主涂上阴影。按照光影原理来说，鼻子的阴影应该是在鼻梁右侧，但为了对鼻子进行强调，将阴影画在了左侧（本来是不可能落在这边的）。

光和影是立体表现的基础。确定光线的方向后，设想好阴影的部位后为其上色。

手臂和腿是圆柱形的，因此在受光面要以"普通、明、暗"的顺序上色，以此来表现立体感。

上眼皮要涂上浓重的颜色，然后为眼球上色。

眼球和脸颊上的光泽，要在最后用白色涂点。

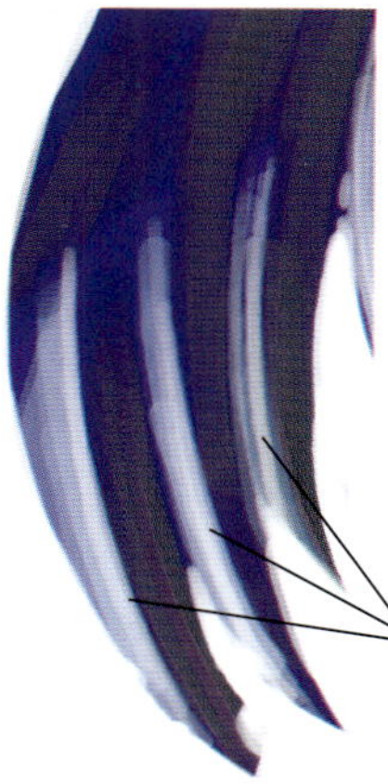

头发要沿着曲线画出明暗。

发簇中部涂上白色可以突出立体感。

手套的表现

【明暗产生立体感】

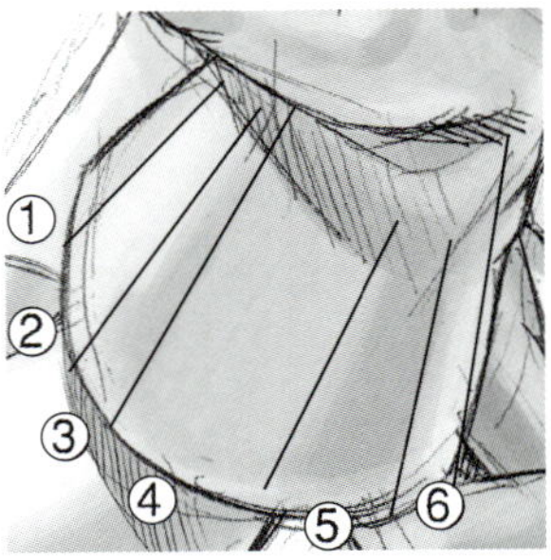

在手套的筒状部分上画出四边形的块面，可以表现出手套独特的硬质感。

制造手套立体感的三个明暗度

亮色 ②⑥　居中色 ①④　暗色 ③⑤

裙子褶皱的表现

突起部分要画得较亮。

裙子的颜色　突起（明亮）部分的颜色　将裙子的颜色增大明度后的结果。

在表现两色对比的场合，明亮的部分不要用提高原来色彩的明度这种方式来表现，而要选用不同种类的浅色。这种方法才能突出色彩的对比度。

球体感的表现

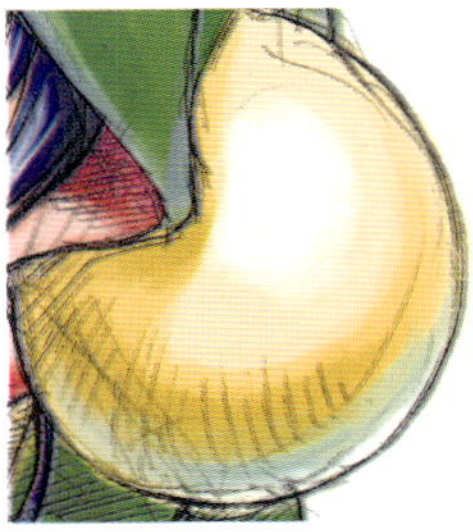

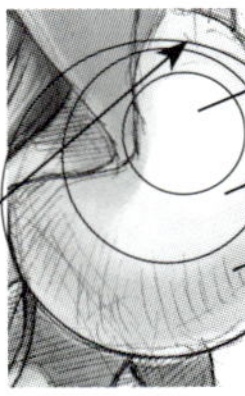

由一系列从亮到暗的圆形构成。注意让圆形向着一侧靠拢，不要画成同心圆，这是表现球体感的诀窍。

带子（青蛙脚）押着胸部。因为胸部是圆形的，所以最明亮的区域也要画成圆形。

有光泽球面的表现

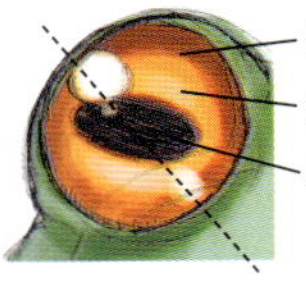

在对角线两侧画上光亮点，中央的黑色区周围画成亮色，而外围区域则画成暗色，由此可以表现出球面效果。

完成

色彩运用的

水准提升术

这是对《格斗的画法》（绘图出版社）的封面上色进行提升水准的尝试。让我们来学习画出“更帅气、更有力”效果的秘诀。

原画是松本刚彦先生，而上色是别人完成的，最后画成了有模糊过渡的水彩画风格。这对期望能画成赛璐璐风格的松本先生来说，真是相当令人失望的结果。
知晓原委的森田和明先生试着让这幅画提升水准得以起死回生，这一挑战成了本书内容的一部分。

着色的顺序

首先用玩填色图的感觉来上色。

人物个性化之一 每个人的肤色要有区别

女性
粉色系的肤色

肌肉型
古铜色风格的肤色。

东南亚型
带青的浅黄色。基本不晒太阳的风格。

主角型
带红的黄色。具有日本人气质的黄种人风格。

人物个性化之二 用头发和服装的颜色突出特征

作为代表人物形象的色彩，头发和衣服的颜色要预先决定。
主角用热情的红色，配角用沉静的紫色，考虑色彩的通常印象因素也能带来效果。

仅仅填入色彩后的效果。对整体平衡、人物差别、醒目情况等内容进行确认。

提升水准的着色

提升水准的秘诀在于用心画出阴影，强调对比。

1.用服装阴影和褶皱的表现来提升水准

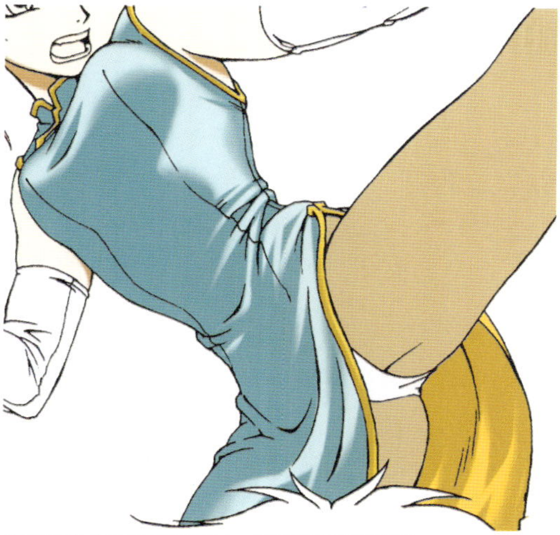

在强调身体立体感的同时，用阴影来表现褶皱。

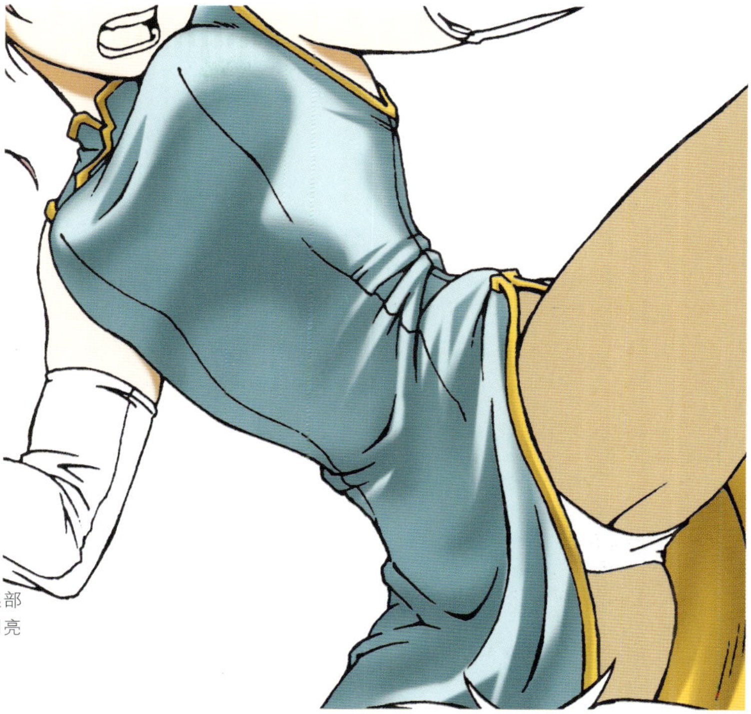

在胸部下方、褶皱线下方等区域的某些部分，涂上更深的颜色，突出身体的立体感。

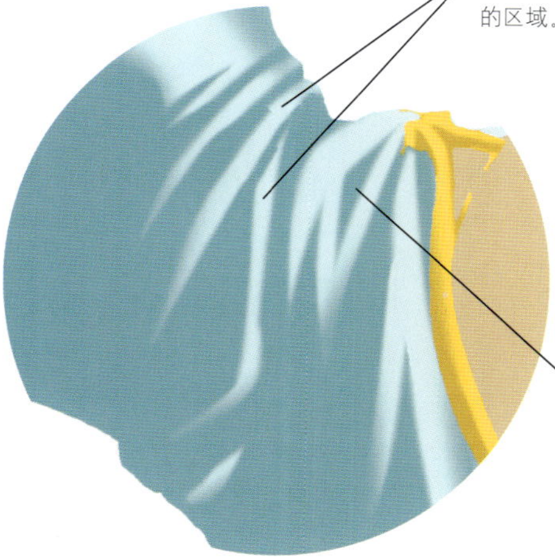

强调褶皱的凸起部分。留出色彩明亮的区域。

不用线条描绘的部分。加入三角形的阴影区后，就产生了褶皱感。

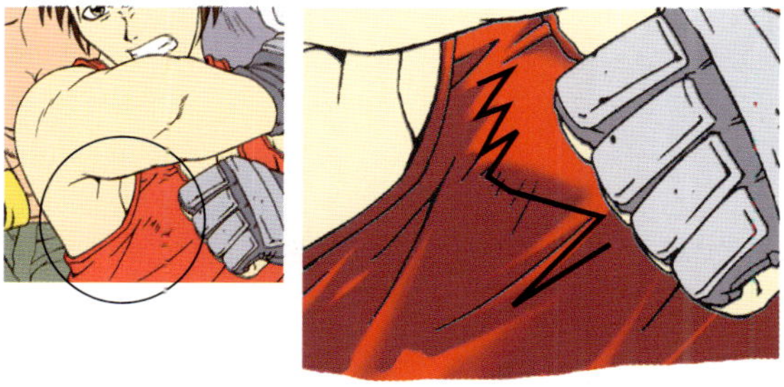

不画出线条、单用阴影表现轮廓这种赛璐璐式的手法，也能起到很好的提高对比度的效果。

2.用头发的表现来提升水准

结合光环带和发簇阴影的表现来为头发上色。

光环带的表现

+

发簇阴影的表现

完成

3.用肌肉阴影来提升肉体感的水准

要用皮肤的阴影来表现肌肉的凹凸。通过描绘表现肌肉的阴影和强调立体的阴影这两个步骤，可以提升肉体的存在感。

表现肌肉的阴影是对于面的强调。可以在想要突出受光部分时加以运用。

在画表现立体的阴影时，也要特别注意必须根据肌肉的起伏将轮廓画成曲线。

【加入光区（白色），强调立体感】

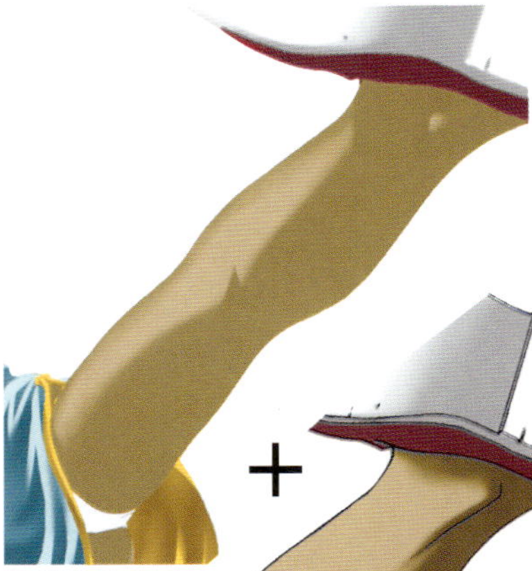

用浅色来表现腿部的立体感。

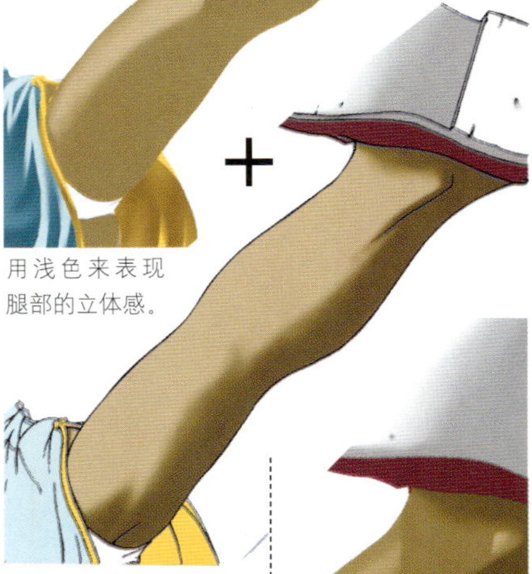

用深色来表现肌肉的起伏。

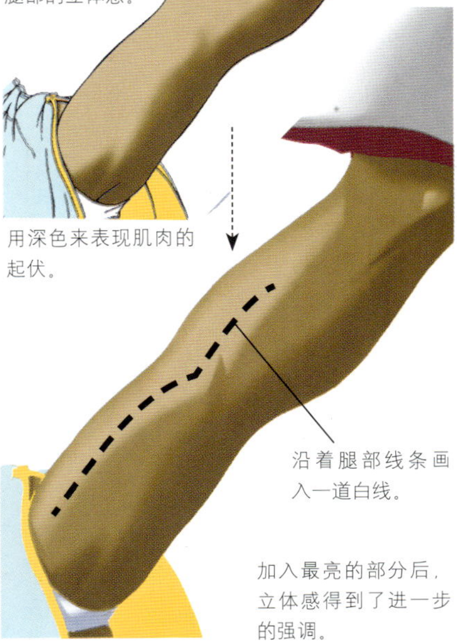

加入最亮的部分后，立体感得到了进一步的强调。

为皮肤上色的第一阶段状态。

用灰度表示的状态。

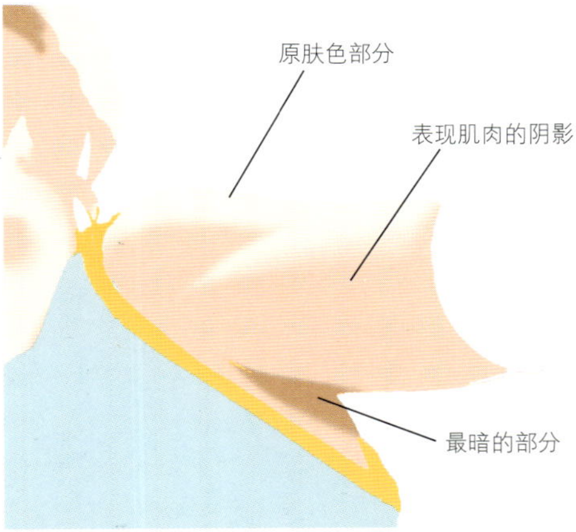

因为画上了阴影，所以最初涂好的肌肤颜色成了最亮的部分。在黑白（灰度）图的情况下，这部分是白色的。

水准提升处理完成后的原稿

服装、头发、肌肉（皮肤）、各方面的立体感都通过色彩得到了强调。

（着色的水准提升/森田和明）

松本刚彦

《夜行侦探PLUS》 ©姬屋软件

森田和明

《贝维克传说》 ©Enterbrain

东京电视台《超正战士！》

《勇午～交涉人～》 ©真刈信二、赤名修/讲谈社
©勇午制作委员会

松本刚彦

1973年 2月9日出生于静冈县
1992年 毕业于动画专科学校
同年 作为助手跟随漫画家衣谷游先生学习
1995年 作为漫画技法研究会的成员参与绘图出版社《漫画描绘法》系列丛书的制作
1998年 协助制作Go office技法书。负责正文部分的插图和《格斗的画法》一书的封面原画
2001年 加入Logistics股份公司 Team Till Dawn
2003年 负责PS2游戏《夜行侦探PLUS》的人物设计和宣传原画的作画工作
2004年 担任KIDS STATION动画片《勇午～交涉人～》巴基斯坦篇的人物设计和总作画监督
2005年 担任东京电视台动画片《超正战士！》第10～13集、第19～20集的原画和作画监督

《夜勤病栋3》 ©M no Violet

《学园少女奇谈》 ©姬屋软件

森田和明

1972年 12月26日出生于静冈县
1991年 成为一名普通公司职员
1996年 作为助手跟随漫画家大野司郎先生学习
1998年 协助制作Go office技法书。从《服装描绘法图鉴》一书开始，负责绘画系列封面用图
2000年 担任PC游戏《学园少女奇谈》的人物设计、原画
2002年 开始Logistics股份公司 Team Till Dawn的活动
2003年 负责PC游戏《夜勤病栋2》的人物设计、原画
同年 负责PC游戏《夜勤病栋3》的人物设计、原画
2004年 负责PC游戏《七濑恋》/©M no Violet的人物设计、原画
2005年 担任PS2游戏《贝维克传说》的人物设计

“说说漫画素描的本质”

松本刚彦与森田和明畅谈作画

动漫是享誉世界的日本文化。其中，“描绘人物”是我们从孩提时代开始就熟悉的最切身、最基础的行为。
而本册《超级漫画素描技法——基础篇》则进行了一种尝试——试着将“描绘人物”作为一种“技巧”来把握。
我们请教了两位描绘人物的专业人士。

素描。捕捉人物的面部形象。

漫画素描。用圆和叉来捕捉。

素描和漫画素描的区别是——

● “素描”这个词是在“平衡”的意义上使用的。

主持 漫画家、插图家聚在一起时，经常会听到他们说“这幅画的素描有问题啊。”所谓漫画，的确是要掌握好素描来作画的吧。

森田 经常会用这种说法来形容“眼睛位置错了”、“轮廓线很奇怪”之类的情况。嗯，感觉这是在和原来不同的意义上使用“素描”这个词。
好像“走样了”（平衡没掌握好）就会改说成“素描有问题”。

松本 其实“把握好平衡去画”也经常被说成“把握好素描去画”。

主持 乍看上去，似乎漫画中有很多素描出问题的作品呢，而牢牢把握好素描的作品反倒让人觉得没什么魅力。当然，写实漫画的存在感还是相当强烈的……

森田 这个啊，我觉得可能是存心这样（为了突出魄力反而不照素描去画）的吧。第一眼看上去觉得普通的东西不太能让人留下印象。

如果哪里带点不协调感，就会吸引人们的注意力——这能造就让人印象深刻的东西。

● **脑中构建**

主持 第二章的人体和肌肉相当逼真啊。这是参照资料画出来的么？

松本 是的。如果不看资料是画不出来的。不过，应该说不是“看着画”而是“看后画”才对。

主持 “看后”……也就是说，“知道后”就能画出来了么？

森田 素描呢，好像就像这样，是一边看着一边作画的把？而我们经常采用和这种做法不同的方式——将对象一股脑收入头脑中记住，过后再去作画。

主持 漫画素描可以根据记忆作画么？

松本 从某个层面来说，的确如此。可以说这是把假的东西画出真实感的技术吧。

森田 ——就算分明是假的，也要画成好像是真的那样，这就是动漫啊。

松本 只要经过一定程度的训练，任何人都能照着看到的东西把它画下来。而我们则将每一次的记忆“积攒起来”。把它重新抽出来的时候，“看到过的东西”会通过我们自己的过滤器之后再出来，于是画出来的东西在别人看来就有特点、有个性、有原创味道。

森田 是的。可以说当时的视觉印象是经过加工后再输出的——从某种意义上来说，是在大脑中进行补充、省略、变形，然后再输出的吧。

编辑 和所谓绘画的素描比起来，漫画素描应该一开始就进行了省略、夸张处理吧。不知道这是有意识地促成的，还是自然就如此进行的，总之让人感觉头脑中的构建是个相当巨大的工程啊。

森田 漫画家大多自然就会具备强烈的这种倾向吧。

● 漫画素描就是把看到的东西（素材）主动用自己的过滤器进行“脑中构建”后再画出来。

● 脑中构建能给作品带来个性和原创性。（森田）

漫画素描和人物设计

● 漫画素描是一项工具

主持 两位经常为动画和游戏设计人物。请问在进行人物设计时，漫画素描能起到什么作用呢？

松本 如果有了现成的角色表，要让角色动起来，就得用到漫画素描。

森田 在描绘角色的时候也不会用素描的方式去做。举例来说，画上有一条某个人物的手臂。为了突出人物性格，要在手臂的这个部位加上一个臂环。在这种情况下，如果用素描的思想去作画，那么虽然知道手臂另一侧也有环的一部分，但根本就不会把那个部分画出来啊。

主持 看不见的部分也要画出来啊……

森田 因为我是在进行“漫画素描”啊。

编辑 漫画素描是一项道具吧。

松本 正是如此。可能就像是电脑中的图像处理软件吧。
能根据需要对选定的图像（设计）进行加工和转变。

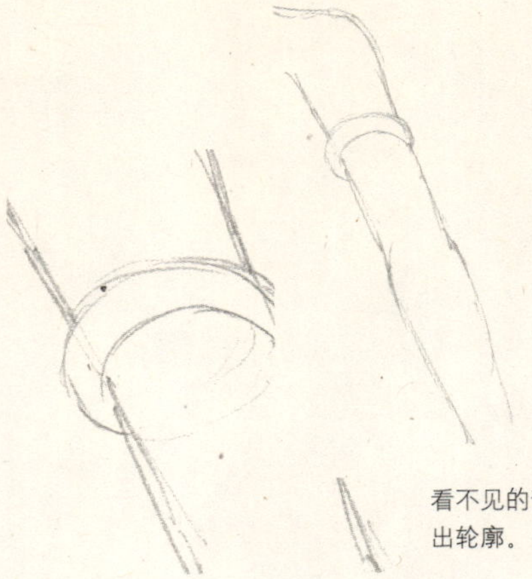

看不见的部分也要画出轮廓。

服装设计的平面概略图。虽然这里不需要体现立体感，但如果运用漫画素描来作画，就可以画得很立体。

“说起立体感，画个机器人就明白了。因为机器人是由箱体构成的啊。比起人类，机器人有更多的角和面，更容易让人去考虑‘背面’的情况。”（森田）

森田 做设计时，如果要设计人物的服装，只要让人明白服装的样子就行了，没必要去画成立体的。而设计游戏角色时就需要把人物也画出来，因为必须要具备鲜明的形象，让人第一眼看上去就觉得“是这个样子的人啊”。

主持 要把平面的服装设计图画成立体的样子难度应该很高吧。

松本 这时可以运用安装好的漫画素描软件。在头脑中进行立体化的工作——有了经验的积累，就能把加工好的形象抽取出来。

森田 这就是所谓的创想素描。从某种意义上来说，或许设计也应该称为“创想设计”。服装、发型，各种要素都是从脑海中诞生然后画出来的。不过，现成的角色表应该看成是资料、素材之类的东西吧。

主持 以角色表为素材，实际表现其中的角色时，需要用漫画素描来进行加工。而制做角色表的时候，也要用到漫画素描式的‘脑中构建’。所以只有掌握了漫画素描才能完成从角色设计到作画表现的任务。

表现人物的秘诀（情感表现和信息量）

● 把对象画大，就能画出大量的东西

主持 经常听人说画表情很难，那么在描绘人物表情时哪个部分是最重要的呢？

松本 情感和脸、身体要作为一个整体，把握好平衡来画，不能说眼睛或其他什么部位特别重要。

森田 偏写实风格的角色和偏变形风格的角色是不同的。从头身比来说，当然是6头身等头身比例大的人物信息量大。

主持 信息量？

松本 脸有多个部分，举例来说，就算在做出惊讶表情的时候，作为脸的一部分的眼睛其实也并不大。

然而，在画一张愤怒的脸时，必须画出眉心的褶皱、鼻部的褶皱、鼓起的小鼻子上的筋络等各种细节。这就意味着一定要加入大量的信息。

主持 那么肌肉方面的知识就要起作用了啊，当然，不了解这个的话根本就没法作画。

● 在做出表情时，与表情相关的各个部分本身并不是什么重要的信息。
● 每个部分只能表达出有限的信息。而将其作为集合体来描绘时，就能传达大量的信息。（松本）

松本 没错。不过，这里要说明的是作画的对象其实是“小部件”。而这些部件只有成为一个集合体之后，才能形成表情、表现出情感来。没法光把眼睛拿出来说。

森田 也就是说，在画写实风格的人物时，如果肌肉处于某个状态，那么就要画出某个状态的样子。作画对象大了，必须要画出来的东西也就多了。

松本 相反，对于变形风格的人物，可以把特征部分符号化、简洁地画出来。画上新月形的嘴就是“笑”。由于只要画出简单的图形就足够了，所以即使信息量少，表现得也很充分。

森田 另外，必须努力做到，无论用写实风格去画，还是用变形风格去画，都能带给人同样的印象。

● 建议学画写实风格的人物

主持 是不是应该再多学一点肌肉方面的知识呢？

松本 了解基础知识会带来帮助，不过一旦用错了地方，反而会造成缺乏真实感、破坏人物特点等后果，或许有了最低限度的知识就可以了。对于脸部，只要知道存在着和轮廓起伏以及动作有关的肌肉就差不多了。

不如在平时多多观察人们的动作，这可以为表现带来很大的帮助，这就足够了。

“用写实风格作画时，要在这里增加手的表情。要让看的人能根据形态想象出相应的状况和心情。”（森田）

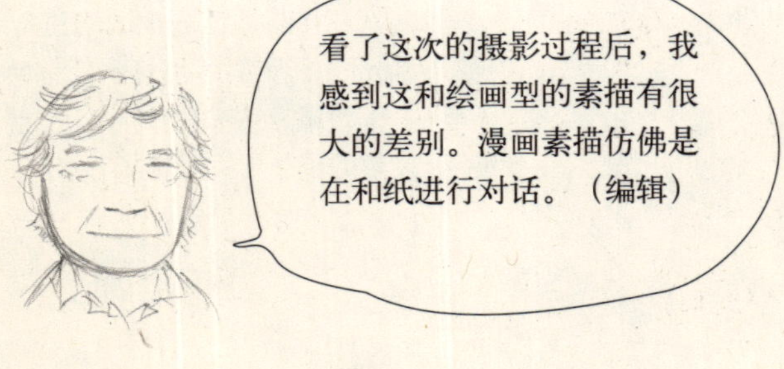

编辑 其实这已经是解剖学方面的知识了。如果不了解就没法作画吧。

主持 有了实际的知识，然后再对之进行简化处理和强调——通过这种变形的方式可以画出变形人物。

松本 我听说在画变形人物的动作时，在动作紧张感的营造方面，只会画变形人物的人和能画写实人物的人会采用不同的方法。

森田 有些人只会画变形人物，有些人只会画真人样式的变化，对于具有某一方面技巧的人来说，去画打破自己领域的东西才更有意义吧。

编辑 这就意味着，在钻研解剖图的时候，也必须要有漫画素描技能来活用解剖学知识的吧。

主持 今天有劳两位了。

（于东京上井草工作室）

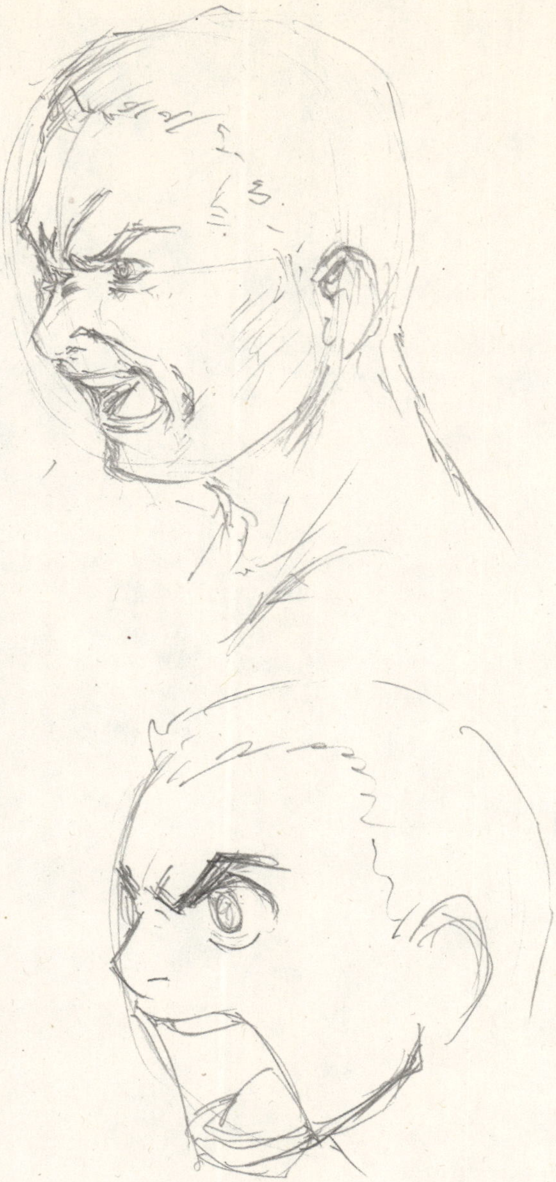

“写实风格的人物从整体上能形成冲击力。而变形风格的人物则可以只用个别部位来进行表现。”（松本）

●设计人物时，让设计出来的人物动起来时，描绘变形人物时，漫画素描在各方面都能起到显著的作用。（主持：林晃）

The original Japanese edition was first designed and published in 2005 by Graphic-sha Publishing Co., Ltd. 1-14-17 Kudankita, Chiyoda-ku, Tokyo, 102-0073 Japan
Simplified Chinese edition 2007 China Youth Press
This simplified Chinese edition was published in China in 2007 by:
China Youth Press
Room 502, OSROC OFFICE BUILDING
No. 94 Dongsi Shitiao, Eastern district,
Beijing 100007 China
Chinese translation rights arranged with Graphic-sha Publishing Co., Ltd. Through Japan UNI Agency, Inc. Tokyo
ISBN: 4-7661-1653-4

First printing: Jan. 2007
Printed and bound in China

版权登记号：01-2006-3387

图书在版编目(CIP)数据
超级漫画素描技法 /（日）林晃著；俞，李景岩译. 一北京：中国青年出版社，2007.1
ISBN 978-7-5006-7310-1
I.超… II.①林… ②俞… ③李… III.漫画 — 素描 — 技法（美术） IV.①J218.2②J214
中国版本图书馆CIP数据核字（2006）第164279号

责任编辑：郭 光 冉 悦

超级漫画素描技法（共2分册）——基础篇

编 著：〔日〕林 晃 松本刚彦 森田和明
出版发行：中国青年出版社
地 址：北京市东四十二条 21 号 邮政编码：100708
电 话：(010) 59521188
传 真：(010) 59521111
印 刷：中国农业出版社印刷厂
开 本：787×1092 1/16 总 印 张：23
版 次：2007 年 1 月北京第 1 版
印 次：2009 年 1 月第 5 次印刷
书 号：ISBN 978-7-5006-7310-1
总 定 价：58.00 元（共 2 分册）